한국
도로공사

(순찰직/실무직)직업기초능력평가

한국도로공사

(순찰직/실무직)직업기초능력평가

개정2판 발행	2023년 5월 19일
개정3판 발행	2024년 10월 25일

편 저 자 │ 취업적성연구소

발 행 처 │ ㈜서원각

등록번호 │ 1999-1A-107호

주　　소 │ 경기도 고양시 일산서구 덕산로 88-45(가좌동)

교재주문 │ 031-923-2051

팩　　스 │ 031-923-3815

교재문의 │ 카카오톡 플러스 친구[서원각]

홈페이지 │ goseowon.com

PREFACE

우리나라 기업들은 1960년대 이후 현재까지 비약적인 발전을 이루었다. 이렇게 급속한 성장을 이룰 수 있었던 배경에는 우리나라 국민들의 근면성 및 도전정신이 있었다. 그러나 빠르게 변화하는 세계 경제의 환경에 적응하기 위해서는 근면성과 도전정신 이외에 또 다른 성장 요인이 필요하다.

최근 많은 공사·공단에서는 기존의 직무 관련성에 대한 고려 없이 인·적성, 지식 중심으로 치러지던 필기전형을 탈피하고, 산업현장에서 직무를 수행하기 위해 요구되는 능력을 산업부문별·수준별로 체계화 및 표준화한 NCS를 기반으로 하여 채용공고 단계에서 제시되는 '직무 설명자료'에서 제시되는 직업기초능력과 직무수행능력을 측정하기 위한 직업기초능력평가, 직무수행능력평가 등을 도입하고 있다.

한국도로공사에서도 업무에 필요한 역량 및 책임감과 적응력 등을 구비한 인재를 선발하기 위하여 고유의 직업기초능력평가를 치르고 있다. 본서는 한국도로공사 순찰직(안전순찰원), 실무직(사무원, 상황관리원) 채용대비를 위한 필독서로 한국도로공사 직업기초능력평가의 출제경향을 철저히 분석하여 응시자들이 보다 쉽게 시험유형을 파악하고 효율적으로 대비할 수 있도록 구성하였다.

신념을 가지고 도전하는 사람은 반드시 그 꿈을 이룰 수 있습니다. 처음에 품은 신념과 열정이 취업 성공의 그 날까지 빛바래지 않도록 서원각이 수험생 여러분을 응원합니다.

STRUCTURE

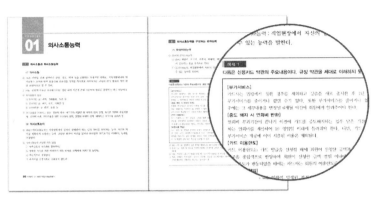

핵심이론정리

NCS 기반 직업기초능력평가에 대해 핵심적으로 알아야 할 이론을 체계적으로 정리하여 단기간에 학습할 수 있도록 하였습니다.

출제예상문제

적중률 높은 영역별 출제예상문제를 상세하고 꼼꼼한 해설과 함께 수록하여 학습효율을 확실하게 높였습니다.

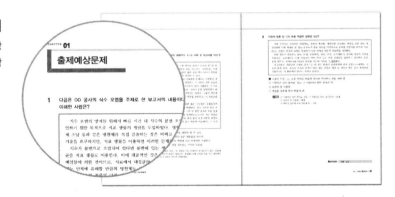

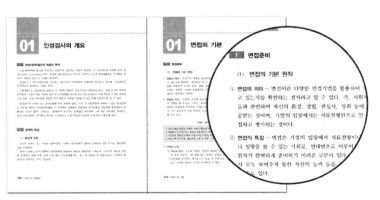

인성검사 및 면접

인성검사 대비를 위한 실전 인성검사 및 면접기출을 수록하여 취업의 마무리까지 책임집니다.

CONTENTS

PART

01

한국도로공사
소개

CHAPTER
01 기업소개

(1) 비전 및 전략체계

① 미션 … 우리는 길을 열어 사람과 문화를 연결하고 새로운 세상을 넓혀간다.

② 비전 … 안전하고 편리한 미래교통 플랫폼 기업

③ 핵심가치 및 경영목표

    ㉠ 핵심가치 … 안전, 혁신, 공감, 신뢰

    ㉡ 경영목표

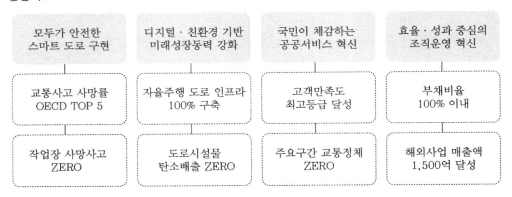

(2) 열린경영

① ESG경영

    ㉠ 기업이념 : 우리는 길을 열어 사람과 문화를 연결하고 새로운 세상을 넓혀간다.

    ㉡ 비전 : 안전하고 편리한 지속가능 고속도로

    ㉢ ESG 추진체계

탄소중립(E)	안전(S)	포용(S)	윤리 · 청렴(G)
생애 숲 주기 친환경 대응체계 구축	안전하고 편리한 스마트 도로 구축	국민 체감 사회적 책임 실천	ESG 책임경영 강화

② ESG 추진내용

환경	• 탄소 감축량 역대 최고 달성 • 친환경 충전 인프라 확대 • AI 기반 생태통로 혁신
안전	• 교통사고 사망자 역대 최저 • 기상청 협업 노선별 '도로위험기상서비스' • 건설현장 안전관리 '안전신호등'
사회	• 중소기업 성장 견인 「중소기업기술마켓」 • 공존의 가치를 담은 사회공헌
윤리 · 청렴	• 청렴윤리경영 컴플라이언스(CP) 운영 • ESG 해외채권 성공적 발행

② 안전보건 경영방침

국민안전 최우선 경영

한국도로공사는 국민과 직원의 안전을 최우선 가치로 인식하고 산업재해 예방을 위해 모든 종사자가 안전하고 쾌적한 환경에서 근무할 수 있도록 다음과 같이 안전보건활동을 지속적으로 추진한다.

㉠ 경영책임자는 '국민과 직원의 생명 보호'와 '안전한 작업환경 조성'을 경영활동의 최우선 목표로 삼는다.

㉡ 경영책임자는 사업장에 안전보건관리체계를 구축하여 사업장의 위험요인 제거 · 통제를 위한 충분한 인적 · 물적 자원을 제공한다.

㉢ 안전보건 목표를 설정하고, 이를 달성하기 위한 실행계획과 안전보건 관련 내부규정을 수립하여 충실히 이행한다.

㉣ 모든 구성원(수급업체 포함)의 실질적 참여를 통해 유해 · 위험요인을 파악하여 반드시 개선하고 교육을 통해 공유한다.

㉤ 모든 구성원(수급업체 포함)은 우리 공사의 안전보건방침과 안전 요구사항을 성실히 준수하여야 한다.

③ 사회공헌

　㉠ 사회공헌 추진체계 : 사회봉사단을 구성하여 더 많은 사람들이 행복한 세상을 위해 지속가능한 나눔 경영을 실천하고 있다.
- 슬로건 : 길을 열어 행복한 세상을
- 핵심가치 : 業 특성 기반, 지속가능한 활동, 자발적 참여
- 실행과제 : 교통약자 지원, 미래인재 양성, 생명 나눔, 지역 밀착

　㉡ 운영체계

한국도로공사 사회봉사단	해피펀드와 매칭그랜트
• 사회봉사단 운영기준 제정 • 1기관 1봉사단	• 해피펀드 : 직원들의 자발적 성금모금액으로 1계좌당 1,000원 공제 • 매칭그랜트 : 직원들이 조성하는 금액만큼 회사도 기금 조성 참여

　㉢ 사회공헌 활동
- 헌혈뱅크 운영 : 2008년 10월 공기업 최초로 헌혈뱅크를 도입한 이후, 전 직원 대상 연 3회의 헌혈 캠페인을 통해 총 9만 1천장의 헌혈증서를 기증 받았다. 기증받은 헌혈증서는 매년 백혈병 어린이 및 희귀난치병 어린이에게 전달되고 있으며, 지금까지 총 8만 2천장의 헌혈증을 기부하였다.
- 희귀난치병 치료 지원 : 2008년부터 국내 희귀난치병 치료 지원사업을 시작하여 2023년까지 총 8.5억원의 후원금과 헌혈증 8만 2천장을 지원, 소아암 및 희귀질환으로 고통 받고 있는 어린이와 가족들을 돕고 있다.
- 고속도로장학재단 운영 : 고속도로 이용 또는 건설ㆍ유지관리 중 불의의 사고로 어려움을 겪고 계신 분들께 도움을 드리고자 한국도로공사에서 출연한 자금을 바탕으로 1996년 설립하여 운영하고 있는 (재)고속도로장학재단은 현재까지 총 6,804명에게 117억원의 장학금을 지급해오고 있다. 장학사업 외에도 장학생 경제적 자립 지원(스탠드업), 장학생 견문 확대(비전캠프), 고속도로 사고 피해가족 심리상담(안아드림) 등 다양한 교통복지사업과 함께 모범 화물운전자 자녀 장학금 등 교통사고 예방 캠페인을 진행하고 있다.
- 해외 심장병 어린이 치료지원 : 한국도로공사는 매년 말 고속도로 톨게이트, 휴게소 등에서의 모금액을 바탕으로 해외 저개발국가 심장병 어린이들의 치료를 지원하고 있다. 1998년 한국구세군과 함께 '사랑의 톨게이트 모금운동'으로 시작한 이 사업은 지금까지 7개국 429명의 어린이들에게 소중한 새 생명을 선물하였다.

- 지역사회 공헌활동 : 배구단 ex-사랑기금을 통한 희귀난치병 어린이 치료비 지원, 동절기 방한용품을 전달하는 사랑나눔 활동, 지역소외계층 대상 정기지원 등 다양한 지역사회 공헌활동을 추진하고 있다.
- 여름생태학교 : 한국도로공사 수목원은 1998년부터 미래세대의 주역인 어린이들에게 생태체험학습의 기회를 제공하여 식물에 대한 올바른 이해와 자연환경의 소중함을 느낄 수 있는 여름생태학교를 운영하고 있다. 수목원에서 보유하고 있는 식물자원으로 어린이들이 스스로 식물에 대한 이해를 넓혀가고 자연보호의식을 함양할 수 있도록 돕고, 지역본부 교통센터와 연계하여 어린이 눈높이 교통안전교육을 시행하는 등 공기업의 사회적 책임(SR)을 실천하고 있다.
- 고속도로 진로체험 교실 : 학생들에게 교통센터 및 교통방송 촬영장을 견학하고 고속도로 교통관리시스템을 이해할 수 있도록 고속도로 진로체험 교실을 운영하고 있다.

(3) 주요 사업

① 고속도로 건설

㉠ 타당성 · 기본설계

순번	구간명	차로수	사업연장(km)	조사(설계)기간
1	호남선(김제-삼례)	4→6	18.3	'21 - '24
2	서해안선(서평택-안산)	6, 8→10	33.4	'22 - '24
3	중앙선(김해공항 - 대동)	4, 6→6, 8	8.7	'23 - '25

㉡ 기본 · 실시설계

순번	구간명	차로수	사업연장(km)	설계기간
1	세종-청주	4	19.4	'21 - '24
2	울산외곽순환	4	15.1	'21 - '24
3	부산신항-김해	4	12.8	'21 - '24
4	당진-천안(당진-아산)	4	15.7	'21 - '24
5	안산-인천	4	8.4	'21 - '25
6	계양-강화	4~6	29.9	'22 - '24
7	제천-영월	4	29.1	'22 - '24

ⓒ 실시설계

순번	구간명	차로수	사업연장(km)	설계기간
1	영동선(서창-안산)	6 → 8, 10	5.9	'17 - '24
2	중부선(서청주-증평)	4 → 6	15.8	'22 - '24
3	남해선(칠원-창원)	4 → 6	13.1	'24 - '25

ⓔ 국고사업공사

• 신설

순번	구간명	차로수	사업연장(km)	건설기간
1	양평-이천	4	19.43	'19 - '26
2	용인-구리	6	32.30	'16 - '24
3	안성-용인	6	39.90	'17 - '24
4	세종-안성	6	62.07	'19 - '25
5	포항-영덕	4	30.90	'16 - '25
6	강진-광주	4	51.10	'17 - '26
7	인주-염치	4	7.12	'21 - '26
8	김포-파주	4	25.42	'19 - '27
9	파주-양주	4	24.75	'17 - '24
10	새만금-전주	4	55.10	'18 - '25
11	창녕-밀양	4	28.54	'16 - '24
12	합천-창녕	4	36.84	'18 - '26
13	함양-합천	4	34.10	'17 - '26
14	대산-당진	4	25.36	'23 - '30

• 확장

순번	구간명	차로수	사업연장(km)	건설기간
1	서창-안산	6,9 → 8,10	15.81	'21 - '25
2	안산-북수원	6~8 → 8~10	13.88	'21 - '25
3	동광주-광산	4 → 6~8	11.20	'24 - '29

② 고속도로 유지관리

    ㉠ **고속도로 유지관리** : 건설된 도로의 기능을 보전하고 이용차량의 편의와 안전을 도모하기 위하여 기존 시설물을 일상정비하고 손상된 시설물을 원상 복구하여 당초 건설된 상태로 유지한다.

    ㉡ **포장관리** : 도로포장은 지반의 특성, 지세, 강우, 기온의 변화, 강우량 등의 환경적인 요인과 교통량, 중형차량 구성비 등 교통 특성에 따라 매우 다양한 문제를 유발시킨다. 따라서 도로 이용자에게 쾌적하고 안전한 도로를 지속적으로 제공하기 위해서는 도로 포장 유지관리 실무자가 도로포장의 파손원인을 파악하고, 파손원인에 따라 적절한 보수를 적절한 시기에 수행하여 포장의 상태를 양호하게 유지해야 한다.

    ㉢ **구조물관리** : 교량 터널 등의 이상 유무를 정기적으로 점검하고 보수보강 또는 개량을 실시하여 구조물의 안전과 기능을 유지함으로써 재난사고를 예방하고 고객이 고속도로를 안전하고 편리하게 이용할 수 있도록 해야 한다.

    ㉣ **도로시설관리** : 비탈면 보안, 방음벽, 비상주차대 등 도로시설을 관리한다.

③ **지능화고속도로(ITS)** … ITS란 Intelligent Transport Systems의 약자로 지능형 교통체계로 교통지체, 교통사고, 대기오염을 보다 더 경제적이고 효과적으로 개선하기 위하여 컴퓨터, 통신, 전자 등 첨단과학기술로 기존의 교통체계를 지능화시킨 새로운 개념의 시스템이다. 정부차원의 ITS 기본계획은 수도권, 부산권, 대구권, 대전권, 광주권, 강원권 등 6대 광역별 시스템을 구축하여 장기적으로 6개 권역 시스템을 연계, 전국종합시스템으로 확대하는 것이다.

CHAPTER

02 채용안내

(1) 인재상

① 인재상 … Expander, 길의 가치를 확장하는 융합형 인재

② 인재요인

Responsibility	Open-mind	Acceleration	Dedication
개인역량의 확장	사고의 확장	변화와 가능성의 확장	지속가능한 미래의 확장
미래도로의 변화를 예측하고 지식과 아이디어를 융합하여 새로운 해결책을 찾아낸다.	다양성을 존중하고 나와 다른 생각을 포용한다.	문제를 다양한 시각에서 바라보며 창의적인 방법으로 상상을 실현한다.	협력과 상생을 통해 더 나은 세상이 되도록 노력한다.

③ 기본역량 … 책임 · 열정, 공감 · 포용, 혁신 · 도전, 신뢰 · 헌신

(2) 인재육성제도

① 인재개발체계
   ㉠ 단계별 다양한 직무교육 실시
   ㉡ 전문인 양성을 위한 국내 · 외 위탁교육
   ㉢ 다양한 자기계발 교육지원(어학 등)

② 자기계발지원
   ㉠ 구성원의 잠재능력 개발을 위한 수요자 중심의 자기개발 교육 및 지원
   ㉡ 외국어, IT교육, 독서 · 통신교육 실시 및 지원

③ 역량개발교육
   ㉠ 직급별 능력개발 교육과정 운영
   ㉡ 직무별 다양한 실무교육과정 운영

④ 전문가육성
　　㉠ 국내 연구기관 및 대학원 위탁교육(국내전문가)
　　㉡ 국외 장기 위탁교육(국제전문가)
　　㉢ 기타 직무별 다양한 전문가육성 과정 운영

⑤ 변화관리교육
　　㉠ 의식개혁과 자기혁신을 통한 조직목표달성 능력 배양
　　㉡ 직무별 다양한 실무교육과정 운영

(3) 채용안내

① **채용인원** ··· 직무별, 본부별, 근무지별 상이(개별 채용 공고 참조)

② **채용조건**
　　㉠ **고용형태** : 인턴사원 3개월 내외, 인턴기간 중 평가를 거쳐 결격사유 없을 시 임용
　　　　※ 실무직 : 기간의 정함이 없는 근로계약을 체결하고, 상시적·지속적인 업무를 담당하는 근로자
　　　　※ 순찰직 : 기간의 정함이 없는 근로계약을 체결하고, 고속도로 안전순찰 업무와 관련된 상시적·지속적인 업무를 담당하는 근로자
　　㉡ **보수수준** : 각 직무 임용 시 해당 보수기준 적용
　　㉢ **근무조건**
　　　　• 실무직(사무원) : 40시간/주, 8시간/일 (09:00~18:00), 주5일 근무
　　　　• 실무직(상황관리원), 순찰직 : 토·일요일 및 공휴일 등과 관계없이 4조 3교대 근무편성표(초번·중번·말번)에 따라 교대근무 또는 통상근무 시행
　　　　※ 근무편성 또는 공사 경영사정, 긴급상황 및 대체근무 등에 따라 연장근로 가능
　　㉣ **복리후생** : 4대보험 가입 등
　　㉤ **담당업무**
　　　　• 실무직(사무원) : 비서업무, 회의준비, 민원응대, 사무보조업무 등 기타 사무업무
　　　　• 실무직(상황관리원) : 교통상황관리 지원 업무, 사무실 점검, 문서 및 자료 취합 업무, 민원 응대
　　　　• 순찰직 : 고속도로 정기순찰 및 사고처리, 안전관리, 법규위반차량 단속, 고객지원 업무 등

③ **지원자격**
　　㉠ 연령·성별·학력 제한 없음[단, 공사 정년(만 60세)에 도달하는 자 제외]
　　㉡ 남자의 경우 병역필 또는 면제자 (병역특례 근무중인 자 제외)
　　　　※ 인턴 근무시작일 이전 전역 예정자 포함
　　㉢ 우리 공사 인사규정 제8조의 결격사유가 없는 자

ⓔ 인턴 근무시작일 부터 근무 가능한 자

ⓜ 지원 기관에서 3년 이상 계속 근무 가능한 자

　　※ 인력운영 여건에 따라 변경 가능

ⓗ 다음의 자격을 보유한 자

- 실무직(사무원) : 부기 또는 전산세무회계(또는 전산회계운용사) 3급 이상 자격소지자, 워드프로세서 3급(또는 정보처리기능사) 이상 자격소지자

- 순찰직 : 채용공고일 기준 제1종 보통 또는 대형 운전면허 취득 후 1년 이상 경과자

　　※ 채용공고일로부터 인턴근무 시작일까지 법률 또는 법원의 판결에 의하여 제1종 보통 또는 대형 운전면허가 취소 또는 정지되지 아니한 자

④ 전형절차

원서접수 → 서류전형 → 필기/체력시험 → 인성검사 → 면접전형 → 최종합격

⑤ 전형방법

㉠ 원서접수 : 한국도로공사 홈페이지(www.ex.co.kr)에서 온라인 접수

　　※ 접수 마감시간에는 지원자의 동시접속으로 시스템 장애가 우려되니 접수기간 내 미리 지원서 작성 및 최종제출 완료

㉡ 서류전형

- 선발인원 : 최종선발인원의 7배수 (동점자 전원 선발)

- 선발기준 : 자격요건을 갖춘 자를 대상으로 서류심사 결과 고득점자 순

- 서류심사

－ 실무직(사무원, 상황관리원) : 자격증(30), 역량기술서 평가(10), 선택가점 합계

－ 순찰직 : 경력(10), 자격증(20), 역량기술서 평가(10), 선택가점 합계(경력은 채용공고일 기준 최근 5년 이내 경찰청 발행 '운전경력증명서' 상의 교통사고 및 법규위반 이력)

　　※ (자격증) 자격증 등 평가와 관련된 사항은 채용공고 마감일까지 취득하고 유효기간 내인 경우에 한하여 인정함
　　※ (자격증) 자격증 분야별 가장 유리한 자격증 1개 적용

㉢ 필기전형 및 체력전형

- 전형대상 : 서류전형 통과자

- 선발인원 : 최종선발인원의 3배수(동점자 전원 선발)

- 선발기준

－ 실무직(사무원, 상황관리원) : 서류전형(40), 필기시험(60) 합계 고득점자 순

－ 순찰직 : 서류전형(40), 필기전형(30), 체력전형(30) 합계 고득점자 순(단, 체력전형 0점인 항목이 3개 이상인 경우에는 불합격 처리)

- 필기시험
- 평가영역 : 직업기초능력평가 (의사소통, 조직이해, 문제해결)
- 평가방법 : 객관식 문제 (60문항 내외, 4지선다형)
- 체력전형(순찰직에 한함)
- 전형대상 : 필기전형 응시자
- 전형방법 : 체력전형 세부기준 및 채점표 활용

ⓔ 온라인 인성검사
- 전형대상 : 필기전형 통과자
- 인성검사 : JAT(Job Aptitude Test) 검사(부적격자 불합격 처리)

ⓜ 면접전형
- 전형대상 : 필기전형 통과자
- 전형방법 : 블라인드 면접 (일대다 면접 방식)
  ※ 무작위 면접번호 부여 (개인신상 비공개), 면접 시 성명 등 개인 신상 표출 금지, 직무역량 중심의 질의 · 평가

ⓗ 최종합격자 결정
- 선발기준
- 실무직(사무원, 상황관리원) : 필기전형(40), 면접전형(60) 합계 고득점자 순
  ※ 면접전형 및 인성검사 불합격자 제외
- 순찰직 : 필기전형(20), 체력전형(20), 면접전형(60) 합계 고득점자 순
  ※ 면접전형 및 인성검사 불합격자 제외
- 동점자 처리 : 취업지원대상자 > 장애인 > 면접전형 > 필기/체력전형 > 서류전형
- 후보합격자 선발 : 최종 선발인원의 1배수 (정규임용 시까지)

PART

02

NCS
직업기초능력평가

CHAPTER

01 의사소통능력

1 의사소통과 의사소통능력

(1) 의사소통

① 개념 : 사람들 간에 생각이나 감정, 정보, 의견 등을 교환하는 총체적인 행위로, 직장생활에서의 의사소통은 조직과 팀의 효율성과 효과성을 성취할 목적으로 이루어지는 구성원 간의 정보와 지식 전달 과정이라고 할 수 있다.

② 기능 : 공동의 목표를 추구해 나가는 집단 내의 기본적 존재 기반이며 성과를 결정하는 핵심 기능이다.

③ 의사소통의 종류
   ㉠ 언어적인 것 : 대화, 전화통화, 토론 등
   ㉡ 문서적인 것 : 메모, 편지, 기획안 등
   ㉢ 비언어적인 것 : 몸짓, 표정 등

④ 의사소통을 저해하는 요인 : 정보의 과다, 메시지의 복잡성 및 메시지 간의 경쟁, 상이한 직위와 과업지향형, 신뢰의 부족, 의사소통을 위한 구조상의 권한, 잘못된 매체의 선택, 폐쇄적인 의사소통 분위기 등

(2) 의사소통능력

① 개념 : 의사소통능력은 직장생활에서 문서나 상대방이 하는 말의 의미를 파악하는 능력, 자신의 의사를 정확하게 표현하는 능력, 간단한 외국어 자료를 읽거나 외국인의 의사표시를 이해하는 능력을 포함한다.

② 의사소통능력 개발을 위한 방법
   ㉠ 사후검토와 피드백을 활용한다.
   ㉡ 명확한 의미를 가진 이해하기 쉬운 단어를 선택하여 이해도를 높인다.
   ㉢ 적극적으로 경청한다.
   ㉣ 메시지를 감정적으로 곡해하지 않는다.

2 의사소통능력을 구성하는 하위능력

(1) 문서이해능력

① 문서와 문서이해능력

ㄱ 문서 : 제안서, 보고서, 기획서, 이메일, 팩스 등 문자로 구성된 것으로 상대방에게 의사를 전달하여 설득하는 것을 목적으로 한다.

ㄴ 문서이해능력 : 직업현장에서 자신의 업무와 관련된 문서를 읽고, 내용을 이해하고 요점을 파악할 수 있는 능력을 말한다.

예제 1

다음은 신용카드 약관의 주요내용이다. 규정 약관을 제대로 이해하지 못한 사람은?

[부가서비스]
카드사는 법령에서 정한 경우를 제외하고 상품을 새로 출시한 후 1년 이내에 부가서비스를 줄이거나 없앨 수가 없다. 또한 부가서비스를 줄이거나 없앨 경우에는 그 세부내용을 변경일 6개월 이전에 회원에게 알려주어야 한다.

[중도 해지 시 연회비 반환]
연회비 부과기간이 끝나기 이전에 카드를 중도해지하는 경우 남은 기간에 해당하는 연회비를 계산하여 10 영업일 이내에 돌려줘야 한다. 다만, 카드 발급 및 부가서비스 제공에 이미 지출된 비용은 제외된다.

[카드 이용한도]
카드 이용한도는 카드 발급을 신청할 때에 회원이 신청한 금액과 카드사의 심사기준을 종합적으로 반영하여 회원이 신청한 금액 범위 이내에서 책정되며 회원의 신용도가 변동되었을 때에는 카드사는 회원의 이용한도를 조정할 수 있다.

[부정사용 책임]
카드 위조 및 변조로 인하여 발생된 부정사용 금액에 대해서는 카드사가 책임을 진다. 다만, 회원이 비밀번호를 다른 사람에게 알려주거나 카드를 다른 사람에게 빌려주는 등의 중대한 과실로 인해 부정사용이 발생하는 경우에는 회원이 그 책임의 전부 또는 일부를 부담할 수 있다.

① 혜수 : 카드사는 법령에서 정한 경우를 제외하고는 1년 이내에 부가서비스를 줄일 수 없어
② 진성 : 카드 위조 및 변조로 인하여 발생된 부정사용 금액은 일괄 카드사가 책임을 지게 돼
③ 영훈 : 회원의 신용도가 변경되었을 때 카드사가 이용한도를 조정할 수 있어
④ 영호 : 연회비 부과기간이 끝나기 이전에 카드를 중도해지하는 경우에는 남은 기간에 해당하는 연회비를 카드사는 돌려줘야 해

출제의도
주어진 약관의 내용을 읽고 그에 대한 상세 내용의 정보를 이해하는 능력을 측정하는 문항이다.

해 설
② 부정사용에 대해 고객의 과실이 있으면 회원이 그 책임의 전부 또는 일부를 부담할 수 있다.

답 ②

② 문서의 종류

    ㉠ 공문서 : 정부기관에서 공무를 집행하기 위해 작성하는 문서로, 단체 또는 일반회사에서 정부기관을 상대로 사업을 진행할 때 작성하는 문서도 포함된다. 엄격한 규격과 양식이 특징이다.

    ㉡ 기획서 : 아이디어를 바탕으로 기획한 프로젝트에 대해 상대방에게 전달하여 시행하도록 설득하는 문서이다.

    ㉢ 기안서 : 업무에 대한 협조를 구하거나 의견을 전달할 때 작성하는 사내 공문서이다.

    ㉣ 보고서 : 특정한 업무에 관한 현황이나 진행 상황, 연구·검토 결과 등을 보고하고자 할 때 작성하는 문서이다.

    ㉤ 설명서 : 상품의 특성이나 작동 방법 등을 소비자에게 설명하기 위해 작성하는 문서이다.

    ㉥ 보도자료 : 정부기관이나 기업체 등이 언론을 상대로 자신들의 정보를 기사화 되도록 하기 위해 보내는 자료이다.

    ㉦ 자기소개서 : 개인이 자신의 성장과정이나, 입사 동기, 포부 등에 대해 구체적으로 기술하여 자신을 소개하는 문서이다.

    ㉧ 비즈니스 레터(E-mail) : 사업상의 이유로 고객에게 보내는 편지다.

    ㉨ 비즈니스 메모 : 업무상 확인해야 할 일을 메모형식으로 작성하여 전달하는 글이다.

③ 문서이해의 절차 : 문서의 목적 이해 → 문서 작성 배경·주제 파악 → 정보 확인 및 현안문제 파악 → 문서 작성자의 의도 파악 및 자신에게 요구되는 행동 분석 → 목적 달성을 위해 취해야 할 행동 고려 → 문서 작성자의 의도를 도표나 그림 등으로 요약·정리

(2) 문서작성능력

① 작성되는 문서에는 대상과 목적, 시기, 기대효과 등이 포함되어야 한다.

② 문서작성의 구성요소

    ㉠ 짜임새 있는 골격, 이해하기 쉬운 구조

    ㉡ 객관적이고 논리적인 내용

    ㉢ 명료하고 설득력 있는 문장

    ㉣ 세련되고 인상적인 레이아웃

③ 문서의 종류에 따른 작성방법

  ㉠ 공문서

- 육하원칙이 드러나도록 써야 한다.
- 날짜는 반드시 연도와 월, 일을 함께 언급하며, 날짜 다음에 괄호를 사용할 때는 마침표를 찍지 않는다.
- 대외문서이며, 장기간 보관되기 때문에 정확하게 기술해야 한다.
- 내용이 복잡할 경우 '-다음-', '-아래-'와 같은 항목을 만들어 구분한다.
- 한 장에 담아내는 것을 원칙으로 하며, 마지막엔 반드시 '끝'자로 마무리 한다.

  ㉡ 설명서

- 정확하고 간결하게 작성한다.
- 이해하기 어려운 전문용어의 사용은 삼가고, 복잡한 내용은 도표화 한다.
- 명령문보다는 평서문을 사용하고, 동어 반복보다는 다양한 표현을 구사하는 것이 바람직하다.

  ㉢ 기획서

- 상대를 설득하여 기획서가 채택되는 것이 목적이므로 상대가 요구하는 것이 무엇인지 고려하여 작성하며, 기획의 핵심을 잘 전달하였는지 확인한다.
- 분량이 많을 경우 전체 내용을 한눈에 파악할 수 있도록 목차구성을 신중히 한다.
- 효과적인 내용 전달을 위한 표나 그래프를 적절히 활용하고 산뜻한 느낌을 줄 수 있도록 한다.
- 인용한 자료의 출처 및 내용이 정확해야 하며 제출 전 충분히 검토한다.

ⓔ 보고서

- 도출하고자 한 핵심내용을 구체적이고 간결하게 작성한다.
- 내용이 복잡할 경우 도표나 그림을 활용하고, 참고자료는 정확하게 제시한다.
- 제출하기 전에 최종점검을 하며 질의를 받을 것에 대비한다.

예제 3

다음 중 공문서 작성에 대한 설명으로 가장 적절하지 못한 것은?

① 공문서나 유가증권 등에 금액을 표시할 때에는 한글로 기재하고 그 옆에 괄호를 넣어 숫자로 표기한다.
② 날짜는 숫자로 표기하되 년, 월, 일의 글자는 생략하고 그 자리에 온점(.)을 찍어 표시한다.
③ 첨부물이 있는 경우에는 붙임 표시문 끝에 1자 띄우고 "끝."이라고 표시한다.
④ 공문서의 본문이 끝났을 경우에는 1자를 띄우고 "끝."이라고 표시한다.

출제의도

업무를 할 때 필요한 공문서 작성법을 잘 알고 있는지를 측정하는 문항이다.

해 설

공문서 금액 표시

아라비아 숫자로 쓰고, 숫자 다음에 괄호를 하여 한글로 기재한다.
예) 123,456원의 표시 : 금 123,456(금 일십이만삼천사백오십육원)

답 ①

---

④ 문서작성의 원칙

ㄱ 문장은 짧고 간결하게 작성한다. → 간결체 사용

ㄴ 상대방이 이해하기 쉽게 쓴다.

ㄷ 불필요한 한자의 사용을 자제한다.

ㄹ 문장은 긍정문의 형식을 사용한다.

ㅁ 간단한 표제를 붙인다.

ㅂ 문서의 핵심내용을 먼저 쓰도록 한다. → 두괄식 구성

⑤ 문서작성 시 주의사항

ㄱ 육하원칙에 의해 작성한다.

ㄴ 문서 작성시기가 중요하다.

ㄷ 한 사안은 한 장의 용지에 작성한다.

ㄹ 반드시 필요한 자료만 첨부한다.

ㅁ 금액, 수량, 일자 등은 기재에 정확성을 기한다.

ㅂ 경어나 단어사용 등 표현에 신경 쓴다.

ㅅ 문서작성 후 반드시 최종적으로 검토한다.

⑥ 효과적인 문서작성 요령

　㉠ 내용이해 : 전달하고자 하는 내용과 핵심을 정확하게 이해해야 한다.

　㉡ 목표설정 : 전달하고자 하는 목표를 분명하게 설정한다.

　㉢ 구성 : 내용 전달 및 설득에 효과적인 구성과 형식을 고려한다.

　㉣ 자료수집 : 목표를 뒷받침할 자료를 수집한다.

　㉤ 핵심전달 : 단락별 핵심을 하위목차로 요약한다.

　㉥ 대상파악 : 대상에 대한 이해와 분석을 통해 철저히 파악한다.

　㉦ 보충설명 : 예상되는 질문을 정리하여 구체적인 답변을 준비한다.

　㉧ 문서표현의 시각화 : 그래프, 그림, 사진 등을 적절히 사용하여 이해를 돕는다.

(3) 경청능력

① 경청의 중요성 : 경청은 다른 사람의 말을 주의 깊게 들으며 공감하는 능력으로 경청을 통해 상대방을 한 개인으로 존중하고 성실한 마음으로 대하게 되며, 상대방의 입장에 공감하고 이해하게 된다.

② 경청을 방해하는 습관 : 짐작하기, 대답할 말 준비하기, 걸러내기, 판단하기, 다른 생각하기, 조언하기, 언쟁하기, 옳아야만 하기, 슬쩍 넘어가기, 비위 맞추기 등

③ 효과적인 경청방법

　㉠ 준비하기 : 강연이나 프레젠테이션 이전에 나누어주는 자료를 읽어 미리 주제를 파악하고 등장하는 용어를 익혀둔다.

　㉡ 주의 집중 : 말하는 사람의 모든 것에 집중해서 적극적으로 듣는다.

　㉢ 예측하기 : 다음에 무엇을 말할 것인가를 추측하려고 노력한다.

　㉣ 나와 관련짓기 : 상대방이 전달하고자 하는 메시지를 나의 경험과 관련지어 생각해 본다.

　㉤ 질문하기 : 질문은 듣는 행위를 적극적으로 하게 만들고 집중력을 높인다.

　㉥ 요약하기 : 주기적으로 상대방이 전달하려는 내용을 요약한다.

　㉦ 반응하기 : 피드백을 통해 의사소통을 점검한다.

다음은 면접스터디 중 일어난 대화이다. 민아의 고민을 해소하기 위한 조언으로 가장 적절한 것은?

> 지섭 : 민아씨, 어디 아파요? 표정이 안 좋아 보여요.
>
> 민아 : 제가 원서 넣은 공단이 내일 면접이어서요. 그동안 스터디를 통해서 면접 연습을 많이 했는데도 벌써부터 긴장이 되네요.
>
> 지섭 : 민아씨는 자기 의견도 명확히 피력할 줄 알고 조리 있게 설명을 잘 하시니 걱정 안하셔도 될 것 같아요. 아, 손에 꼭 쥐고 계신 건 뭔가요?
>
> 민아 : 아, 제가 예상 답변을 정리해서 모아둔거에요. 내용은 거의 외웠는데 이렇게 쥐고 있지 않으면 불안해서.
>
> 지섭 : 그 정도로 준비를 철저히 하셨으면 걱정할 이유 없을 것 같아요.
>
> 민아 : 그래도 압박면접이거나 예상치 못한 질문이 들어오면 어떻게 하죠?
>
> 지섭 : _____

① 시선을 적절히 처리하면서 부드러운 어투로 말하는 연습을 해보는 건 어때요?
② 공식적인 자리인 만큼 옷차림을 신경 쓰는 게 좋을 것 같아요.
③ 당황하지 말고 질문자의 의도를 잘 파악해서 침착하게 대답하면 되지 않을까요?
④ 예상 질문에 대한 답변을 좀 더 정확하게 외워보는 건 어떨까요?

상대방이 하는 말을 듣고 질문 의도에 따라 올바르게 답하는 능력을 측정하는 문항이다.

민아는 압박질문이나 예상치 못한 질문에 대해 걱정을 하고 있으므로 침착하게 대응하라고 조언을 해주는 것이 좋다.

답 ③

(4) 의사표현능력

① 의사표현의 개념과 종류

　㉠ 개념 : 화자가 자신의 생각과 감정을 청자에게 음성언어나 신체언어로 표현하는 행위이다.

　㉡ 종류

　　• 공식적 말하기 : 사전에 준비된 내용을 대중을 대상으로 말하는 것으로 연설, 토의, 토론 등이 있다.

　　• 의례적 말하기 : 사회 · 문화적 행사에서와 같이 절차에 따라 하는 말하기로 식사, 주례, 회의 등이 있다.

　　• 친교적 말하기 : 친근한 사람들 사이에서 자연스럽게 주고받는 대화 등을 말한다.

② 의사표현의 방해요인

　㉠ 연단공포증 : 연단에 섰을 때 가슴이 두근거리거나 땀이 나고 얼굴이 달아오르는 등의 현상으로 충분한 분석과 준비, 더 많은 말하기 기회 등을 통해 극복할 수 있다.

　㉡ 말 : 말의 장단, 고저, 발음, 속도, 쉼 등을 포함한다.

　㉢ 음성 : 목소리와 관련된 것으로 음색, 고저, 명료도, 완급 등을 의미한다.

② 몸짓 : 비언어적 요소로 화자의 외모, 표정, 동작 등이다.

⑩ 유머 : 말하기 상황에 따른 적절한 유머를 구사할 수 있어야 한다.

③ 상황과 대상에 따른 의사표현법

　㉠ 잘못을 지적할 때 : 모호한 표현을 삼가고 확실하게 지적하며, 당장 꾸짖고 있는 내용에만 한정한다.

　㉡ 칭찬할 때 : 자칫 아부로 여겨질 수 있으므로 센스 있는 칭찬이 필요하다.

　㉢ 부탁할 때 : 먼저 상대방의 사정을 듣고 응하기 쉽게 구체적으로 부탁하며 거절을 당해도 싫은 내색을 하지 않는다.

　㉣ 요구를 거절할 때 : 먼저 사과하고 응해줄 수 없는 이유를 설명한다.

　㉤ 명령할 때 : 강압적인 말투보다는 '○○을 이렇게 해주는 것이 어떻겠습니까?'와 같은 식으로 부드럽게 표현하는 것이 효과적이다.

　㉥ 설득할 때 : 일방적으로 강요하기보다는 먼저 양보해서 이익을 공유하겠다는 의지를 보여주는 것이 좋다.

　㉦ 충고할 때 : 충고는 가장 최후의 방법이다. 반드시 충고가 필요한 상황이라면 예화를 들어 비유적으로 깨우쳐주는 것이 바람직하다.

　㉧ 질책할 때 : 샌드위치 화법(칭찬의 말 + 질책의 말 + 격려의 말)을 사용하여 청자의 반발을 최소화한다.

예제 5

당신은 팀장님께 업무 지시내용을 수행하고 결과물을 보고드렸다. 하지만 팀장님께서는 "최대리 업무를 이렇게 처리하면 어떡하나? 누락된 부분이 있지 않은가."라고 말하였다. 이에 대해 당신이 행할 수 있는 가장 부적절한 대처 자세는?

① "죄송합니다. 제가 잘 모르는 부분이라 이수혁 과장님께 부탁을 했는데 과장님께서 실수를 하신 것 같습니다."

② "주의를 기울이지 못해 죄송합니다. 어느 부분을 수정보완하면 될까요?"

③ "지시하신 내용을 제가 충분히 이해하지 못하였습니다. 내용을 다시 한 번 여쭤보아도 되겠습니까?"

④ "부족한 내용을 보완하는 자료를 취합하기 위해서 하루정도가 더 소요될 것 같습니다. 언제까지 재작성하여 드리면 될까요?"

출제의도

상사가 잘못을 지적하는 상황에서 어떻게 대처해야 하는지를 묻는 문항이다.

해　설

상사가 부탁한 지시사항을 다른 사람에게 부탁하는 것은 옳지 못하며 설사 그렇다고 해도 그 일의 과오에 대해 책임을 전가하는 것은 지양해야 할 자세이다.

답 ①

---

④ 원활한 의사표현을 위한 지침

　㉠ 올바른 화법을 위해 독서를 하라.

　㉡ 좋은 청중이 되라.

　㉢ 칭찬을 아끼지 마라.

ⓔ 공감하고, 긍정적으로 보이게 하라.

　　ⓜ 겸손은 최고의 미덕임을 잊지 마라.

　　ⓗ 과감하게 공개하라.

　　ⓢ 뒷말을 숨기지 마라.

　　ⓞ 첫마디 말을 준비하라.

　　ⓩ 이성과 감성의 조화를 꾀하라.

　　ⓒ 대화의 룰을 지켜라.

　　ⓚ 문장을 완전하게 말하라.

⑤ 설득력 있는 의사표현을 위한 지침

　　㉠ 'Yes'를 유도하여 미리 설득 분위기를 조성하라.

　　㉡ 대비 효과로 분발심을 불러 일으켜라.

　　㉢ 침묵을 지키는 사람의 참여도를 높여라.

　　㉣ 여운을 남기는 말로 상대방의 감정을 누그러뜨려라.

　　㉤ 하던 말을 갑자기 멈춤으로써 상대방의 주의를 끌어라.

　　㉥ 호칭을 바꿔서 심리적 간격을 좁혀라.

　　㉦ 끄집어 말하여 자존심을 건드려라.

　　㉧ 정보전달 공식을 이용하여 설득하라.

　　㉨ 상대방의 불평이 가져올 결과를 강조하라.

　　㉩ 권위 있는 사람의 말이나 작품을 인용하라.

　　㉪ 약점을 보여 주어 심리적 거리를 좁혀라.

　　㉫ 이상과 현실의 구체적 차이를 확인시켜라.

　　㉬ 자신의 잘못도 솔직하게 인정하라.

　　㉭ 집단의 요구를 거절하려면 개개인의 의견을 물어라.

　　ⓐ 동조 심리를 이용하여 설득하라.

　　ⓑ 지금까지의 노고를 치하한 뒤 새로운 요구를 하라.

　　ⓒ 담당자가 대변자 역할을 하도록 하여 윗사람을 설득하게 하라.

　　ⓓ 겉치레 양보로 기선을 제압하라.

　　ⓔ 변명의 여지를 만들어 주고 설득하라.

　　ⓕ 혼자 말하는 척하면서 상대의 잘못을 지적하라.

(5) 기초외국어능력

① 기초외국어능력의 개념과 필요성
　　㉠ 개념 : 기초외국어능력은 외국어로 된 간단한 자료를 이해하거나, 외국인과의 전화응대와 간단한 대화 등 외국인의 의사표현을 이해하고, 자신의 의사를 기초외국어로 표현할 수 있는 능력이다.
　　㉡ 필요성 : 국제화·세계화 시대에 다른 나라와의 무역을 위해 우리의 언어가 아닌 국제적인 통용어를 사용하거나 그들의 언어로 의사소통을 해야 하는 경우가 생길 수 있다.

② 외국인과의 의사소통에서 피해야 할 행동
　　㉠ 상대를 볼 때 흘겨보거나, 노려보거나, 아예 보지 않는 행동
　　㉡ 팔이나 다리를 꼬는 행동
　　㉢ 표정이 없는 것
　　㉣ 다리를 흔들거나 펜을 돌리는 행동
　　㉤ 맞장구를 치지 않거나 고개를 끄덕이지 않는 행동
　　㉥ 생각 없이 메모하는 행동
　　㉦ 자료만 들여다보는 행동
　　㉧ 바르지 못한 자세로 앉는 행동
　　㉨ 한숨, 하품, 신음소리를 내는 행동
　　㉩ 다른 일을 하며 듣는 행동
　　㉪ 상대방에게 이름이나 호칭을 어떻게 부를지 묻지 않고 마음대로 부르는 행동

③ 기초외국어능력 향상을 위한 공부법
　　㉠ 외국어공부의 목적부터 정하라.
　　㉡ 매일 30분씩 눈과 손과 입에 밸 정도로 반복하라.
　　㉢ 실수를 두려워하지 말고 기회가 있을 때마다 외국어로 말하라.
　　㉣ 외국어 잡지나 원서와 친해져라.
　　㉤ 소홀해지지 않도록 라이벌을 정하고 공부하라.
　　㉥ 업무와 관련된 주요 용어의 외국어는 꼭 알아두자.
　　㉦ 출퇴근 시간에 외국어 방송을 보거나, 듣는 것만으로도 귀가 트인다.
　　㉧ 어린이가 단어를 배우듯 외국어 단어를 암기할 때 그림카드를 사용해 보라.
　　㉨ 가능하면 외국인 친구를 사귀고 대화를 자주 나눠 보라.

CHAPTER 01

출제예상문제

1 다음 문장이 들어갈 곳으로 알맞은 것은?

> 면접관들이 면접자들을 평가할 때 그들의 부분적인 특성인 외모나 용모, 인상 등만을 보고 회사 업무에 잘 적응할 만한 사람이라고 판단하는 경우 이러한 효과가 작용했다고 할 수 있다.

> (가)처음 보는 사람을 평가할 때 몇 초 안에 첫인상이 모든 것을 좌우한다고 할 수 있다. 첫인상이 좋으면 이후에 발견되는 단점은 작게 느껴지지만 첫인상이 좋지 않으면 그의 어떠한 장점도 눈에 들어오지 않는 경우가 많다. (나)미국 유명 기업 CEO들의 평균 신장이 180cm를 넘는다는 것 역시 큰 키에서 우러나오는 것들이 다른 특징들을 압도했다고 볼 수 있을 것이다. (다)소비자들이 가격이 비싼 명품 상품이나 인기 브랜드의 상품을 판단할 때 대상의 품질이나 디자인에 있어 다른 브랜드의 상품들에 비해 우수할 것이라고 생각하는 경우도 역시 이러한 내용이 작용한 결과라고 볼 수 있다. (라)'브랜드의 명성'이라는 일부에 대한 특성이 품질, 디자인 등 대상의 전체적인 평가에까지 영향을 준 것이다.

① (가)   ② (나)

③ (다)   ④ (라)

✔해설 (나)부분 이전 문장에는 첫인상의 효과가 나오고 있고 (나)부분 이후 문장에는 유명 기업의 사례를 들며 첫인상의 영향을 설명하고 있다. 그러므로 (나)부분에는 유명 기업 사례가 나오게 된 배경을 설명하는 것이 적절하다.

2 다음은 OO 공사의 식수 오염을 주제로 한 보고서의 내용이다. A~D 사원 중 보고서를 바르게 이해한 사람은?

　　식수 오염의 방지를 위해서 빠른 시간 내 식수의 분변 오염 여부를 밝히고 오염의 정도를 확인하기 위한 목적으로 지표 생물의 개념을 도입하였다. 병원성 세균, 바이러스, 원생동물, 기생체 소낭 등과 같은 병원체를 직접 검출하는 것은 비싸고 시간이 많이 걸릴 뿐만 아니라 숙달된 기술을 요구하지만, 지표 생물을 이용하면 이러한 문제를 많이 해결할 수 있다.

　　식수가 분변으로 오염되어 있다면 분변에 있는 병원체 수와 비례하여 존재하는 비병원성 세균을 지표 생물로 이용한다. 이에 대표적인 것은 대장균이다. 대장균은 그 기원이 전부 동물의 배설물에 의한 것이므로, 시료에서 대장균의 균체 수가 일정 기준보다 많이 검출되면 그 시료에는 인체에 유해할 만큼의 병원체도 존재한다고 추정할 수 있다. 그러나 온혈 동물에게서 배설되는 비슷한 종류의 다른 세균들을 배제하고 대장균만을 측정하기는 어렵다. 그렇기 때문에 대장균이 속해 있는 비슷한 세균군을 모두 검사하여 분변 오염 여부를 판단하고, 이 세균군을 총대장균군이라고 한다.

　　총대장균군에 포함된 세균이 모두 온혈동물의 분변에서 기원한 것은 아니지만, 온혈동물의 배설물을 통해서도 많은 수가 방출되고 그 수는 병원체의 수에 비례한다. 염소 소독과 같은 수질 정화 과정에서도 병원체와 유사한 저항성을 가지므로 식수, 오락 및 휴양 용수의 수질 결정에 좋은 지표이다. 지표 생물로 사용하는 또 다른 것은 분변성 연쇄상구균군이다. 이는 대장균을 포함하지는 않지만 사람과 온혈동물의 장에 흔히 서식하므로 물의 분변 오염 여부를 판정하는 데 이용된다. 이들은 잔류성이 높고 장 밖에서는 증식하지 않기 때문에 시료에서도 그 수가 일정하게 유지되어 좋은 상수 소독 처리지표로 활용된다.

---

① A 사원 : 온혈동물의 분변에서 기원되는 균은 모두 지표 생물이 될 수 있다.

② B 사원 : 수질 정화 과정에서 총대장균군은 병원체보다 높은 생존율을 보인다.

③ C 사원 : 채취된 시료 속의 총대장균군의 세균 수와 병원체 수는 비례하여 존재한다.

④ D 사원 : 지표 생물을 검출하는 것은 병원체를 직접 검출하는 것보다 숙달된 기술은 필요로 한다.

> ✔**해설**　C 사원은 "채취된 시료 속의 총대장균군의 세균 수와 병원체 수는 비례하여 존재한다"고 본다. 문단에서는 온혈동물의 배설물을 통해서 다수의 세균이 방출되고, 총대장균군에 포함된 세균 수는 병원에의 수에 비례한다고 설명하고 있으므로 C 사원은 바르게 이해하였다.

3 다음은 아래의 공모전을 준비하고 있는 담당자와 그 상사 간의 대화이다. 공고문을 바탕으로 대화 중 옳지 않은 것을 고르면?

제9회 어(語)울림 공모전 시행을 알려드립니다.

1. 공모기간 : 2022.08.01.(월) ~ 08.12.(금) 18:00
2. 주　　제 : '가을'을 주제로 감동, 희망, 행복을 주는 글
3. 시상내역 : 당선작 1작품(상금20만 원), 가작 5작품(상금 각 10만 원)
4. 응모문안 : 개인 창작 문안으로 한글 30자 이내, 띄어쓰기 불포함
5. 접수방법 : 이메일(○○○@works.co.kr)
6. 제출자료 : 응모신청서(별첨)

〈창작작품 서약사항〉

• 제출한 작품은 미발표된 순수 창작물이며 작품과 모든 제출 문서는 허위 사실이 없음
• 차후 문제가 발생할 경우 관련된 일체의 법적·도덕적 책임은 본인에게 있음
• 접수된 작품은 반환되지 않아도 이의를 제기하지 않으며 접수된 작품에 대한 저작권 등 지적재산권 및 일체의 권리는 당사에 귀속됨

---

① 상　사 : 공고문에 참여대상이 나와 있지 않은데요?
　 담당자 : 참여대상은 국민 누구나 참여 가능하며 이 내용을 반영하여 별도의 포스터를 배포할 예정입니다.

② 상　사 : 서약사항은 어떻게 확보할 예정입니까?
　 담장자 : 응모신청서의 별지로 첨부하여 서명을 받겠습니다.

③ 상　사 : 접수기간이 2주가 안되는데 많은 사람들이 신청을 할지 의문입니다.
　 담당자 : 9회째 공모전을 시행하고 있으므로 상당 수 국민들에게 홍보가 되어 있다고 생각합니다.

④ 상　사 : 응모문안이 이해가 안 될 수 있을 것 같은데 예시를 들어주는 건 어떨까요?
　 담당자 : "가을은 코스모스의 계절, 아름다운 가을을 맞이하여 기차를 타고 떠나는 가을 여행을 만끽해 보세요!"가 좋을 것 같습니다.

✔해설 제9회 어(語)울림 공모전의 응모문안은 개인 창작 문안으로 한글 30자 이내(띄어쓰기 불포함)다. 담당자가 예시한 문안은 30자를 초과하여 예시로 부적절하다.

4 다음 빈칸에 들어갈 단어로 적절한 것은?

> 어떤 사람들이 특정 옷을 입으면 마치 유행처럼 주변 사람들도 이 옷을 따라 입는 경우가 있다. 이처럼 다른 사람의 영향을 받아 상품을 사는 것은 '유행효과'라고 부른다. 유행효과는 일반적으로 특정 상품에 대한 수요가 예측보다 더 늘어나는 현상을 설명해준다. 예를 들어 옷의 가격이 4만 원일 때 5천 벌의 수요가 있고, 3만 원일 때 6천 벌의 수요가 있다고 하자. ㉠____ 유행효과가 있으면 늘어난 소비자의 수에 영향을 받아 새로운 소비가 창출되게 된다. ㉡____ 가격이 3만 원으로 떨어지면 수요가 6천 벌이 되어야 하지만 실제로는 8천 벌로 늘어나게 된다.

	㉠	㉡
①	그런데	그래서
②	그러나	그런데
③	그래서	그런데
④	반면에	그러나

✔해설 ㉠의 앞부분과 뒷부분이 다른 방향으로 전개되고 있으므로 ㉠에는 화제를 앞의 내용과 관련시키면서 다른 방향으로 이끌어 나갈 때 쓰는 접속 부사인 '그런데'를 쓰는 것이 적절하다. ㉡은 앞의 내용이 뒤의 내용의 원인이나 근거, 조건 따위가 될 때 쓰는 접속 부사인 '그래서'를 배치하는 것이 알맞다.

5 다음의 글에서 문맥상 ㉠~㉣과 바꿔 쓰기에 가장 적절한 것은?

> 근래 들어 노동 양식에 주목한 생산학파와 소비 양식에 주목한 소비학파의 입장을 ㉠아우르려는 연구가 진행되고 있다. 일찍이 근대 도시의 복합적 특성에 주목했던 발터 벤야민은 이러한 연구의 선구자 중 한 명으로 재발견되었다. 그는 새로운 테크놀로지의 도입이 노동의 소외를 심화한다는 점은 인정하였다. 하지만 소비 행위의 의미가 자본가에게 이윤을 ㉡가져다주는 구매 행위로 축소될 수는 없다고 생각했다. 벤야민은 근대 도시의 복합적 특성이 영화라는 예술 형식에 드러난다고 주장한다. 영화는 조각난 필름들이 일정한 속도로 흘러가면서 움직임을 만들어 낸다는 점에서 공장에서 컨베이어 벨트가 만들어 내는 기계의 리듬을 ㉢떠올리게 한다. 영화는 보통 사람의 육안이라는 감각적 지각의 정상적 범위를 넘어선 체험을 가져다준다. 벤야민은 이러한 충격 체험을 환각, 꿈의 체험에 ㉣빗대어 '시각적 무의식'이라고 불렀다. 이렇게 벤야민의 견해는 근대 도시에 대한 일면적인 시선을 바로잡는 데 도움을 준다.

① ㉠ : 봉합(縫合)하려는
② ㉡ : 보증(保證)하는
③ ㉢ : 연상(聯想)하게
④ ㉣ : 의지(依支)하여

✔ 해설 '연상(聯想)하다'는 '하나의 관념이 다른 관념을 불러일으키다'라는 의미로 문맥상 ㉢과 바꿔 쓰기에 적절하다.
① '봉합(縫合)하다'는 '수술을 하려고 절단한 자리나 외상으로 갈라진 자리를 꿰매어 붙이다'는 의미다.
② '보증(保證)하다'는 '어떤 사물이나 사람에 대하여 책임지고 틀림이 없음을 증명하다'라는 의미다.
④ '의지(依支)하다'는 '다른 것에 몸을 기대다, 다른 것에 마음을 기대어 도움을 받다'는 의미다.

6 다음 중 유아인 대리가 회의 전 후 취해야 할 행동 중 가장 우선순위가 낮은 것은?

> 홍보팀 유아인 대리는 국내 방송사 기자와의 인터뷰 일정을 최종 점검 중이다. 다음은 기자와의 통화내용이다.
>
> 유대리 : 김강우 기자님 안녕하세요. 저는 ○○공사 홍보팀 대리 유아인입니다. 인터뷰일정 확인차 연락드립니다. 지금 통화가능하세요?
>
> 김기자 : 네, 말씀하세요.
>
> 유대리 : 인터뷰 예정일이 7월 10일 오후 2시인데 변동사항이 있나 확인하고자 합니다.
>
> 김기자 : 네, 예정된 일정대로 진행 가능합니다. 인터뷰는 ○○공사 회의실에서 하기로 했죠?
>
> 유대리 : 맞습니다. 인터뷰 준비와 관련해서 저희 측에서 더 준비해야 하는 사항이 있나요?
>
> 김기자 : 카메라 기자와 함께 가니 회의실 공간이 좀 넓어야 하겠고, 회의실 배경이 좀 깔끔해야 할 텐데 준비가 가능할까요?

① 총무팀에 연락해서 회의실 주변 정리 및 회의실 예약을 미리 해 놓는다.

② 인터뷰 내용을 미리 받아보아 정확한 답변을 할 수 있도록 자료를 준비한다.

③ 인터뷰 당일 늦어질 수 있는 점심식사 약속은 되도록 잡지 않도록 한다.

④ 기자에게 인터뷰 방영일자를 확인하여 인터뷰 영상내용을 자료로 보관하도록 한다.

> ✔**해설** 방영일자를 확인하고 인터뷰 영상을 보관하는 것은 모든 인터뷰가 끝나고 난 이후의 상황이므로 가장 나중에 확인하도록 한다.

7 다음에 제시된 문장 (가)~(배)의 빈칸 어디에도 사용될 수 없는 단어는 어느 것인가?

(가) 우리나라의 사회보장 체계는 사회적 위험을 보험의 방식으로 (　　)함으로써 국민의 건강과 소득을 보장하는 사회보험이다.

(나) 노인장기요양보험은 고령이나 노인성질병 등으로 인하여 6개월 이상 동안 혼자서 일상생활을 (　　)하기 어려운 노인 등에게 신체활동 또는 가사지원 등의 장기요양급여를 사회적 연대 원리에 의해 제공하는 사회보험 제도이다.

(다) 사회보험 통합징수란 2011년 1월부터 국민건강보험공단, 국민연금공단, 근로복지공단에서 각 각 (　　)하였던 건강보험, 국민연금, 고용보험, 산재보험의 업무 중 유사·중복성이 높은 보험료 징수업무(고지, 수납, 체납)를 국민건강보험공단이 통합하여 운영하는 제도이다.

(라) 보장구 제조·판매업자가 장애인으로부터 서류일체를 위임받아 청구를 (　　)하였을 경우 지급이 가능한가요?

(마) 우리나라 장기요양제도의 발전방안을 모색하고 급속한 고령화에 능동적으로 (　　)할 수 있는 능력을 배양하며, 장기요양분야 전문가들로 구성된 인적네트워크 형성 지원을 목적으로 한 사례발표와 토론형식의 참여형 역량강화 프로그램이다.

---

① 완수　　　　　　　　　　② 대행

③ 수행　　　　　　　　　　④ 대처

✔ 해설 '완수'가 들어가서 의미를 해치지 않는 문장은 없다. 빈칸을 완성하는 가장 적절한 단어들은 다음과 같다.
(가) 대처
(나), (다) 수행
(라) 대행
(마) 대처

8 다음 글을 읽고 잘못된 부분을 바르게 설명한 것은?

> 기획사 편집부에 근무하는 박 대리는 중요 출판사로부터 출간기획서를 요청받았다. 그 출판사 대표는 박 대리가 근무하는 회사와 오랫동안 좋은 관계를 유지하며 큰 수익을 담당하던 사람이었다. 박 대리는 심혈을 기울인 끝에 출간기획서를 완성하였고 개인적인 안부와 함께 제안서 초안을 이메일로 송부하였다.
>
> 한편 그 대표의 비서는 여러 군데 기획사에 맡긴 출간기획서를 모두 취합하여 간부회의에 돌려볼 수 있도록 모두 출력하였다. 그러나 박 대리가 보낸 이메일 내용이 간부회의 때 큰 파장을 일으켰다. 이메일에는 이전 저녁 접대자리가 만족스러웠는지를 묻고 다음에는 더 좋은 곳으로 모시겠다는 지극히 개인적인 내용이 들어 있었던 것이었다.
>
> 며칠 후 박 대리는 그 대표로부터 제안서 탈락과 동시에 거래처 취소 통보를 받았다. 박 대리는 밀접한 인간관계를 믿고 이메일을 보냈다가 공과 사를 구분하지 못한다는 대표의 불만과 함께 거래처 개인적인 만남이고 모든 관계가 끝이 나 버리게 되었다.

① 이메일을 송부했다는 연락을 하지 못한 것이 실수이다.

② 출간기획서 초안을 보낸 것이 실수이다.

③ 공과 사를 엄격하게 구분하지 못한 것이 실수이다.

④ 대표의 요구사항을 반영하지 못한 기획서를 보낸 것이 실수이다.

✔ 해설 위 내용을 보면 박 대리는 공적인 업무를 처리하는 과정에서 출판사 대표와의 사적인 내용을 담아 출판사 대표와 자신이 근무하는 회사에 피해를 안겨주었다.

9 다음 보도자료 작성 요령을 참고할 때, 적절한 보도자료 문구를 〈보기〉에서 모두 고른 것은 어느 것인가?

---

1. 인명과 호칭

〈우리나라 사람의 경우〉

- 우리나라 사람의 인명은 한글만 쓴다. 동명이인 등 부득이한 경우에만 괄호 안에 한자를 써준다.
- 직함은 소속기관과 함께 이름 뒤에 붙여 쓴다.
- 두 명 이상의 이름을 나열할 경우에는 맨 마지막 이름 뒤에 호칭을 붙인다.

〈외국인의 경우〉

- 중국 및 일본사람의 이름은 현지음을 한글로 외래어 표기법에 맞게 쓰고 괄호 안에 한자를 쓴다. 한자가 확인이 안 될 경우에는 현지음만 쓴다.
- 기타 외국인의 이름은 현지발음을 외래어 표기법에 맞게 한글로 적고 성과 이름 사이를 띄어 쓴다.

2. 지명

- 장소를 나타내는 국내 지명은 광역시 · 도→시 · 군 · 구→동 · 읍 · 면 · 리 순으로 표기한다.
- 시 · 도명은 줄여서 쓴다.
- 자치단체명은 '서울시', '대구시', '경기도', '전남도' 등으로 적는다.
- 중국과 일본 지명은 현지음을 한글로 외래어 표기법에 맞게 쓰고 괄호 안에 한자를 쓴다.(확인이 안 될 경우엔 현지음과 한자 중 택일)
- 외국 지명의 번역명이 통용되는 경우 관용에 따른다.

3. 기관 · 단체명

- 기관이나 단체 이름은 처음 나올 때는 정식 명칭을 적고 약칭이 있으면 괄호 안에 넣어주되 행정부처 등 관행화된 것은 넣지 않는다. 두 번째 표기부터는 약칭을 적는다.
- 기관이나 단체명에 대표 이름을 써야할 필요가 있을 때는 괄호 안에 표기한다.
- 외국의 행정부처는 '부', 부처의 장은 '장관'으로 표기한다. 단 한자권 지역은 그 나라에서 쓰는 정식명칭을 따른다.
- 국제기구나 외국 단체의 경우 처음에는 한글 명칭과 괄호 안에 영문 약어 표기를 쓴 다음 두 번째부터는 영문 약어만 표기한다.
- 언론기관 명칭은 AP, UPI, CNN 등 잘 알려진 경우는 영문을 그대로 사용하되 잘 알려지지 않은 기관은 그 앞에 설명을 붙여 준다.
- 약어 영문 이니셜이 우리말로 굳어진 것은 우리말 발음대로 표기한다.

<보기>
(가) '최한국 사장, 조대한 사장, 강민국 사장을 등 재계 주요 인사들은 모두 ~'
(나) '버락오바마 미국 대통령의 임기는 ~'
(다) '절강성 온주에서 열리는 박람회에는 ~~'
(라) '국제노동기구(ILO) 창설 기념일과 때를 같이하여 ILO 회원국들은 ~'

① (다)
② (라)
③ (가), (나)
④ (가), (다), (라)

 해설 (가) 두 명 이상의 이름을 나열할 경우에는 맨 마지막 이름 뒤에 호칭을 붙인다는 원칙에 따라 '최한국, 조대한, 강민국 사장을 등 재계 주요 인사들은 모두 ~'로 수정해야 한다. (X)
(나) 외국인의 이름은 현지발음을 외래어 표기법에 맞게 한글로 적고 성과 이름 사이를 띄어 쓴다는 원칙에 따라 '버락 오바마 미국 대통령의 임기는 ~'으로 수정해야 한다. (X)
(다) 중국 지명이므로 현지음을 한글로 외래어 표기법에 맞게 쓰고 괄호 안에 한자를 써야한다는 원칙에 따라, '절강(浙江)성 온주(溫州)'로 수정해야 한다. (X)
(라) 국제기구나 외국 단체의 경우 처음에는 한글 명칭과 괄호 안에 영문 약어 표기를 쓴 다음 두 번째부터는 영문 약어만 표기한다는 원칙에 따른 올바른 표기이다. (O)

Answer 9.②

10 다음 중 의사소통의 두 가지 수단인 문서적인 의사소통과 언어적인 의사소통에 대하여 올바르게 설명하지 못한 것은 어느 것인가?

① 문서적인 의사소통은 언어적인 의사소통에 비해 권위감이 있다.

② 의사소통 시에는 일반적으로 언어적인 방법보다 문서적인 방법이 훨씬 많이 사용된다.

③ 문서적인 방법은 때로는 혼란과 곡해를 일으키는 경우가 있을 수 있다.

④ 언어적인 의사소통은 정확성을 기하기 힘든 경우가 있다.

✔해설 문서적인 의사소통은 언어적인 의사소통에 비해 권위감이 있고, 정확성을 기하기 쉬우며, 전달성이 높고, 보존성도 크다. 언어적인 의사소통은 여타의 의사소통 보다는 정확을 기하기 힘든 경우가 있는 결점이 있기는 하지만 대화를 통해 상대방의 반응이나 감정을 살필 수 있고, 그때그때 상대방에게 설득시킬 수 있으므로 유동성이 있다. 또한 모든 계층에서 관리자들이 많은 시간을 바치는 의사소통 중에서도 듣고 말하는 시간이 상대적으로 비교할 수 없을 만큼 많다는 점에서 경청능력과 의사표현력은 매우 중요하다.

11 다음에 제시된 글의 목적을 바르게 나타낸 것은?

제목 : 사내 신문 발행

1. 우리 회사 직원의 원만한 커뮤니케이션과 대외 이미지를 재고하기 위해 사내 신문을 발간하고자 합니다.

2. 사내 신문은 홍보지와 달리 새로운 정보와 소식지로서의 역할이 기대되오니 아래의 사항을 검토하시고 재가해주시기 바랍니다.

－아래－

• 제목 : 우도리로
• 페이지 : 10쪽
• 출간 예정 : 2022. 03. 01

별첨 견적서 1부

① 회사 상품의 특징을 소비자에게 설명하기 위해 작성한 문서이다.

② 회사의 업무에 대한 현황이나 진행사항 등을 보고하기 위한 문서이다.

③ 회사의 업무에 대한 협조를 구하기 위해 작성한 문서이다.

④ 회사에서 정부를 상대로 사업을 진행하기 위해 작성한 문서이다.

✔ 해설 위 문서는 기안서로 회사의 업무에 대한 협조를 구하거나 의견을 전달할 때 작성하며, 흔히 사내 공문서라고도 한다.

12 다음은 스티븐씨의 한국방문일정이다. 정확하지 않은 것은?

Tues. march. 24, 2022
10:30 Arrive Seoul (KE 086)
12:00 ~ 14:00 Luncheon with Directors at Seoul Branch
14:30 ~ 16:00 Meeting with Suppliers
16:30 ~ 18:00 Tour of Insa-dong
19:00 Depart for Dinner
Wed. march. 25, 2022
8:30 Depart for New York (OZ 222)
11:00 Arrive New York

① 총 2대의 비행기를 이용할 것이다.
② 오후에 인사동을 관광할 것이다.
③ 서울에 도착 후 이사와 오찬을 먹을 것이다.
④ 이틀 동안 서울에 머무를 예정이다.

✔ 해설 ④ 그는 하루 동안 서울에 머무를 예정이다.
① KE 086, OZ 222을 탔다는 내용을 보아 두 편의 항공기를 이용했음을 알 수 있다.
② 4시 30분부터 6시까지 인사동 관광이 예정되어 있다.
③ 12시부터 2시까지 이사와 Seoul Branch에서 오찬약속이 있다.

13 다음은 사내홍보물에 사용하기 위한 인터뷰 내용이다. ㉠~㉣에 대한 설명으로 적절하지 않은 것을 고르면?

> 지성준 : 안녕하세요. 저번에 인사드렸던 홍보팀 대리 지성준입니다. 바쁘신 데도 이렇게 인터뷰에 응해주셔서 감사합니다. ㉠이번 호 사내 홍보물 기사에 참고하려고 하는데 혹시 녹음을 해도 괜찮을까요?
>
> 김혜진 : 네, 그렇게 하세요.
>
> 지성준 : 그럼 ㉡우선 사랑의 도시락 배달이란 무엇이고 어떤 목적을 갖고 있는지 간단히 말씀해 주시겠어요?
>
> 김혜진 : 사랑의 도시락 배달은 끼니를 챙겨 드시기 어려운 독거노인분들을 찾아가 사랑의 도시락을 전달하는 일이에요. 이 활동은 공단 이미지를 홍보하는데 기여할 뿐만 아니라 개인적으로는 마음 따뜻해지는 보람을 느끼게 된답니다.
>
> 지성준 : 그렇군요, ㉢한번 봉사를 할 때에는 하루에 몇 십 가구를 방문하신다고 들었는데요, 어떻게 그렇게 많은 가구들을 다 방문할 수가 있나요?
>
> 김혜진 : 아, 비결이 있다면 역할을 분담한다는 거예요.
>
> 지성준 : 어떻게 역할을 나누나요?
>
> 김혜진 : 도시락을 포장하는 일, 배달하는 일, 말동무 해드리는 일 등을 팀별로 분산해서 맡으니 효율적으로 운영할 수 있어요.
>
> 지성준 : ㉣(고개를 끄덕이며) 그런 방법이 있었군요. 마지막으로 이런 봉사활동에 관심 있는 사원들에게 한 마디 해주세요.
>
> 김혜진 : 주중 내내 일을 하고 주말에 또 봉사활동을 가려고 하면 몸은 꽹장히 피곤합니다. 하지만 거기에서 오는 보람은 잠깐의 휴식과 비교할 수 없으니 꼭 한번 참석해보시라고 말씀드리고 싶네요.
>
> 지성준 : 네, 그렇군요. 오늘 귀중한 시간을 내어 주셔서 감사합니다.

① ㉠ : 기록을 위한 보조기구를 사용하기 위해서 사전에 허락을 구하고 있다.

② ㉡ : 면담의 목적을 분명히 밝히면서 동의를 구하고 있다.

③ ㉢ : 미리 알고 있던 정보를 바탕으로 질문을 하고 있다.

④ ㉣ : 적절한 비언어적 표현을 사용하며 상대방의 말에 반응하고 있다.

✔**해설** 지성준은 사랑의 도시락 배달에 대한 정보를 얻기 위해 김혜진과 면담을 하고 있다. 그러므로 ㉡은 면담의 목적에 대한 동의를 구하는 질문이 아니라 알고 싶은 정보를 얻기 위한 질문에 해당한다고 할 수 있다.

┃14~15┃ 다음은 회의의 일부이다. 물음에 답하시오.

본부장 : 요즘 영업팀 때문에 불편을 호소하는 팀이 많습니다. 오늘 회의는 소음문제에 관한 팀 간의 갈등 해결 방
안에 대해서 논의해보려고 하는데요, 먼저 디자인팀에서 말씀해주시죠.

박팀장 : 창의적인 디자인을 만들기 위해서는 고도의 집중력이 필요합니다. 그런데 영업팀의 시끄러운 전화소리 때
문에 집중도가 떨어집니다. 이러다가 마감 내에 시안을 완성 할 수 있을까 걱정이 되네요.

서팀장 : 저희 편집팀도 마찬가지입니다. 저희도 원고 마감에 쫓기고 있는데 다들 시끄러운 분위기 때문에 집중할
수 없다는 게 주 의견입니다.

정팀장 : 먼저, 저희 팀의 소음으로 불편을 드려서 죄송합니다. 하지만 저희의 입장도 고려해주셨으면 합니다. 저
희가 하는 일이 영업이기 때문에 아무래도 거래처와의 전화업무가 주를 이룹니다. 또한 그 와중에 업무적
인 얘기만 하고 전화를 끊을 수 없으니 본의 아니게 사적인 통화도 하게 되고요. 이러한 점을 조금이나마
이해를 해주셨으면 합니다.

본부장 : 세 팀의 고충을 들어봤는데 혹시 해결방안을 생각해 놓으신 것 있나요?

서팀장 : 팀별 자리 이동을 하는 게 어떨까요? 아무래도 영업팀이 디자인팀과 편집팀 사이에 있으니 한 쪽으로 옮
겨진다면 좀 더 소음이 줄어들 것 같아요.

박팀장 : 아니면, 전화하실 때만이라도 잠시 회의실로 이동하시는 건 어떨까 싶네요.

정팀장 : 두 팀의 의견을 들어봤는데요, 통화 시 회의실로 이동하는 건은 회의실이 차 있을 수도 있고 또 자리를
빈번히 비우는 것은 보기에 안 좋으니 팀 자리를 이동하는 게 더 좋을 것 같네요.

본부장 : 그럼 일단 옮기는 것으로 결론을 내리고 자리를 어떻게 배치할 지는 다음 회의 때 논의하도록 하죠. 그럼
회의를 마치겠습니다.

14 위의 회의에서 '본부장'이 수행한 역할로 옳지 않은 것은?

① 회의를 하게 된 배경과 의제에 대해 설명하고 있다.

② 회의 참여자들의 발언 순서를 안내하고 있다.

③ 각 팀의 의견에 보충설명을 해주고 있다.

④ 다음에 회의할 안건에 대해 미리 제시하고 있다.

> ✔**해설** 본부장은 첫 번째 발언에서 회의를 하게 된 배경과 의제, 참여자들의 발언 순서를 정하고 있으며 마지막 발언에서 다음 회의 안건에 대한 예고를 하고 있다. 그러나 각 팀의 의견에 대해 보충설명을 하고 있지는 않다.

15 위의 회의에 대한 분석으로 적절하지 않은 것은?

문제확인	• 디자인팀장은 디자인 업무의 특성을 고려하며 문제제기를 했다. …㉠ • 영업팀장은 영업팀의 업무적 성격을 고려해서 문제제기를 했다.
해결방안 모색	• 편집팀장은 팀별 자리배치 이동을 해결방안으로 제시하였다. …㉡ • 디자인팀장은 회의실 통화를 해결방안으로 제시하였다. …㉢ • 영업팀장은 현실적인 이유를 들어 편집팀장의 제안을 거절하였다. …㉣

① ㉠

② ㉡

③ ㉢

④ ㉣

> ✔**해설** 영업팀장은 팀별 자리배치 이동이라는 편집팀장의 의견은 수락하였으나 현실적인 이유를 들어 디자인팀장의 회의실 통화업무는 거절하였다.

16 다음 대화의 의사소통 유형으로 적절한 것은?

> 상담원 : 네, (주)애플망고 소비자센터입니다.
> 고객 : 제가 최근에 인터넷으로 핸드폰을 구입했는데요, 제품에 문제가 있는 것 같아서요.
> 상담원 : 아, 어떤 문제가 있으신지 여쭤어 봐도 될까요?
> 고객 : 제가 물건을 받고 핸드폰을 사용했는데 통화음질도 안 좋을 뿐더러 통화 연결이 잘 안
> 되더라고요. 그래서 통신 문제인 줄 알고 통신사 고객센터에 연락해보니 테스트해보더니
> 통신의 문제는 아니라고 해서요, 제가 보기엔 핸드폰 기종 자체가 통화 음질이 떨어지는
> 거 같거든요? 그래서 구매한지 5일 정도 지났지만 반품하고 싶은데 가능할까요?
> 상담원 : 네, 고객님. 「전자상거래 등 소비자보호에 관한 법」에 의거해서 물건 수령 후 7일 이내
> 에 청약철회가 가능합니다. 저희 쪽에 물건을 보내주시면 곧바로 환불처리 해 드리겠습
> 니다.
> 고객 : 아, 감사합니다.
> 상담원 : 행복한 하루 되세요. 상담원 ○○○였습니다.

① 대화하는 사람들의 친교와 관계유지를 위한 의사소통이다.
② 화자가 청자의 긍정적 반응을 유도하는 의사소통이다.
③ 일대일 형식의 공식적 의사소통이다.
④ 정보전달적 성격의 비공식적 의사소통이다.

✔ 해설 주어진 대화는 소비자센터의 상담원과 반품문의를 물어보는 고객과의 일대일 면담으로 정보전달적 공식
적 의사소통이다.

17 공문서를 작성할 때, 명확한 의미 전달은 의사소통에 있어 가장 중요한 요소라고 할 수 있다. 다음 제시문 중 명확하지 않은 중의적 의미를 포함한 문장이 아닌 것은?

① 그를 기다리고 있던 경수는 안경을 쓰고 있었다.

② 울면서 떠나는 지영이에게 호준이는 손을 흔들었다.

③ 고등학교 동창이던 소희와 준영이는 어제 결혼을 하였다.

④ 참석자가 모두 오지 않아서 파티를 시작할 수 없다.

> ✔해설 ① 경수가 안경을 쓴 상태인지 안경을 쓰는 동작을 한 것인지 명확하지 않다.
> ③ 소희와 준영이가 부부가 된 것인지, 다른 사람과 결혼을 한 것인지 명확하지 않다.
> ④ 참석자 전원이 오지 않은 것인지, 모두가 다 온 것은 아닌지 명확하지 않다.

18 다음 말하기의 문제점을 해결하기 위한 의사소통 전략으로 적절한 것은?

> • (부장님이 팀장님께) "어이, 김팀장 이번에 성과 오르면 내가 술 사줄게."
> • (팀장님이 거래처 과장에게) "그럼 그렇게 일정을 맞혀보도록 하죠."
> • (뉴스에서 아나운서가) "이번 부동산 정책은 이전과 비교해서 많이 틀려졌습니다."

① 청자의 배경지식을 고려해서 표현을 달리한다.

② 문화적 차이에서 비롯되는 갈등에 효과적으로 대처한다.

③ 상대방의 공감을 이끌어 낼 수 있는 전략을 효과적으로 활용한다.

④ 상황이나 어법에 맞는 적절한 언어표현을 사용한다.

> ✔해설 제시된 글들은 모두 상황이나 어법에 맞지 않는 표현을 사용한 것이다. 상황에 따라 존대어, 겸양어를 적절히 사용하고 의미가 분명하게 드러나도록 어법에 맞는 적절한 언어표현이 필요하다.

19 〈보기 1〉을 보고 '전력 수급 위기 극복'을 주제로 보고서를 쓰기 위해 〈보기 2〉와 같이 개요를 작성하였다. 개요를 수정한 내용으로 적절하지 않은 것은?

〈보기 1〉

　대한민국은 전기 부족 국가로 블랙아웃(Black Out)이 상존한다. 2000년대 들어 두 차례 에너지 세제 개편을 실시한 후 난방유 가격이 오르면서 저렴한 전기로 난방을 하는 가구가 늘어 2010년대 들어서는 겨울철 전기 수요가 여름철을 넘어섰으며 실제 2011년 9월 한국전력은 전기 부족으로 서울 일부 지역을 포함한 지방 중소도시에 순환 정전을 실시했다.

〈보기 2〉

Ⅰ. 블랙아웃 사태 ……………………………………………………… ㉠
Ⅱ. 전력 수급 위기의 원인
　1. 공급측면
　　가. 전력의 비효율적 관리
　　나. 한국전력의 혁신도시 이전 ………………………………… ㉡
　2. 수요측면
　　가. 블랙아웃의 위험성 인식부족
　　나. 전력의 효율적 관리구축 …………………………………… ㉢
Ⅲ. 전력 수급 위기의 극복방안
　1. 공급측면
　　가. 전력 과소비문화 확대
　　나. 발전 시설의 정비 및 확충
　2. 수요측면
　　가. 에너지 사용량 강제 감축 할당량 부과
　　나. 송전선로 지중화 사업에 대해 홍보 활동 강화 ………… ㉣
Ⅳ. 전력 수급 안정화를 위한 각계각층의 노력 촉구

---

① ㉠은 〈보기 1〉을 근거로 '블랙아웃의 급증'으로 구체화한다.

② ㉡은 주제와 관련 없는 내용이므로 삭제한다.

③ ㉢은 상위 항목과의 관계를 고려하여 'Ⅲ-1-가'와 위치를 바꾼다.

④ ㉣은 글의 일관성을 고려하여 '혁신도시 이전에 따른 홍보 강화'로 내용을 수정한다.

　✔해설 ㉣은 블랙아웃의 해결책이 제시되어야 하므로 '절전에 대한 국민 홍보 강화'로 내용을 수정한다.

(개) 안녕하세요? 사내 홈페이지 운영의 총책임을 담당하고 있는 전산팀 김수현 팀장입니다. 다름이 아니라 사내 홈 페이지의 익명게시판 사용 실태에 대한 말씀을 드리기 위해 이렇게 공지를 올리게 되었습니다.

요즘 ㉠익명게시판의 일부 분들의 행동으로 얼굴이 찌푸리는 일들이 많아지고 있습니다. 타부서 비판 및 인 신공격은 물론이고 차마 입에 담기 어려운 욕설까지 하고 있습니다. 사내의 활발한 의견 교류 및 정보교환을 위해 만들어진 익명게시판이지만 이렇게 물의를 일으키는 공간이 된다면 더 이상 게시판의 순 목적을 달성할 수 없을 것이라 생각합니다. 그렇기 때문에 전산팀은 ㉡내일부터 익명게시판을 폐쇄하겠습니다. 애석한 일 입니다만, 회사 내에서 서로 생채기를 내는 일이 더 이상 없어야 하기에 이와 같이 결정했습니다.

(내) 팀장님, 게시판을 폐쇄하시겠다는 공문은 잘 보았습니다. 물론 익명게시판의 활성화로 많은 문제가 양상된 것은 사실이지만 그 결정은 너무 성급한 것 같습니다. 한 번이라도 주의나 경고의 글을 올려 주실 수는 없었나요? 그랬으면 지금보다는 상황이 나아질 수도 있었을 텐데요.

팀장님! 이번 결정이 누구의 뜻에 의한 것인가요? 게시판의 관리는 전산팀에서 맡지만, 그 공간은 우리 회사 사 원 모두의 공간이 아닌가요? 저는 홈페이지 폐쇄라는 문제가 전산팀 내에서 쉽게 정할 일이 아니라고 봅니다. 그 공간은 사내의 중요한 정보를 나누는 곳이고 친교를 행사하는 곳입니다. 즉 게시판의 주체는 '우리'라는 것입 니다. 그렇기 때문에 이렇게 독단적인 결정은 받아드릴 수 없습니다. 다시 한 번 재고해주시길 바라겠습니다.

20 ㉠의 행동과 맥락이 통하는 속담을 고르면?

① 가는 말이 고와야 오는 말이 곱다.

② 미꾸라지 한 마리가 강물을 흐린다.

③ 콩 심은 데 콩 나고 팥 심은 데 팥 난다.

④ 바늘도둑이 소도둑 된다.

✔해설 ② 한 사람의 좋지 않은 행동이 집단 전체에 나쁜 영향을 미친다는 뜻으로 일부 사람들의 비윤리적 행 태가 게시판 폐쇄라는 결과로 이어진 현 상황에 적절한 속담이라 볼 수 있다.

21 ⓒ에 대한 반발의 근거로 (나)가 제시한 논거가 아닌 것은?

① 악플러에게도 한 번의 용서의 기회를 주어야 한다.

② 게시판은 회사 사원 모두의 공간이다.

③ 전산팀의 독단적인 결정은 지양되어야 한다.

④ 주의나 경고 없이 폐쇄라는 결정을 한 것은 성급한 결정이다.

> ✔ 해설 (나)는 게시판을 폐쇄하겠다는 (가)의 의견에 반박하고 있으나 악플러에게도 한 번의 용서의 기회를 주어야 한다는 의견은 찾아 볼 수 없다.

22 다음 중 제시문의 '보다'와 같은 의미로 사용된 문장은?

> 그는 맞선을 본 여자와 몇 달 만에 결혼하여 행복한 생활을 하였다.

① 부부는 아이를 봐 줄 사람이 필요하다.

② 지금 나 좀 잠깐 볼 수 있니?

③ 수상한 사람을 보면 신고하세요.

④ 나 혼자 일을 보느라 바쁘다.

> ✔ 해설 제시문과 ②번의 '보다'는 '일정한 목적 아래 만나다'의 의미를 갖는 어휘이다.
> ① '맡아서 보살피거나 지키다'
> ③ '눈으로 대상의 존재나 형태적 특징을 알다'
> ④ '어떤 일을 맡아 하다'

|23~24| 다음 도표를 보고 물음에 답하시오.

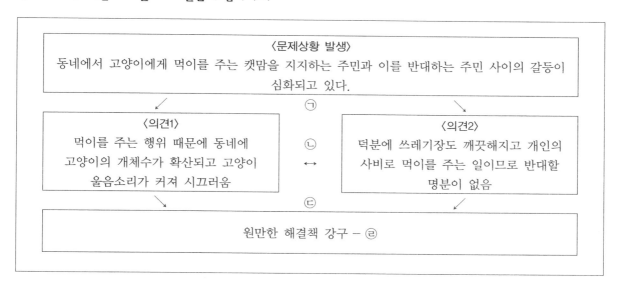

〈문제상황 발생〉
동네에서 고양이에게 먹이를 주는 캣맘을 지지하는 주민과 이를 반대하는 주민 사이의 갈등이 심화되고 있다.

ⓐ

〈의견1〉
먹이를 주는 행위 때문에 동네에 고양이의 개체수가 확산되고 고양이 울음소리가 커져 시끄러움

ⓑ
↔

〈의견2〉
덕분에 쓰레기장도 깨끗해지고 개인의 사비로 먹이를 주는 일이므로 반대할 명분이 없음

ⓒ

원만한 해결책 강구 – ⓓ

23 위의 표에 대한 설명으로 적절하지 않은 것은?

① ⓐ과 같은 과정이 발생하는 것은 문제에 대한 해결방안이 각자의 입장에 따라 다르기 때문이다.

② ⓐ이 의견을 확산하는 과정이라면, ⓒ은 의견을 수렴하는 과정이다.

③ ⓑ과 ⓒ의 과정에서 가장 필요한 덕목은 상대방의 의견에 대한 경청과 배려, 양보의 마음이다.

④ ⓐ과 ⓑ의 과정을 거치지 않고 곧바로 ⓓ을 이끌어내는 것이 가장 바람직한 협의의 과정이다.

✔ **해설** 원만한 협의를 위해서는 서로 갈등을 일으키는 사안에 대해서 충분한 대화와 의견을 조율하는 것이 바람직하다.

24 ㄹ의 내용을 선정하기 위한 협의의 자세로 적절하지 않은 것은?

① 덕선 : 주민들의 피해도 있지만 동물도 생명이라는 점에서 보호해야겠지.

② 선우 : 우리 진주도 무서워하는 걸? 주민의 희생을 무조건 강요하는 건 옳지 않아.

③ 보라 : 민주주의 사회는 무조건적으로 다수결이 옳으니까 한 명이라도 많은 쪽의 의견으로 결정하는 게 나아.

④ 정환 : 동네 바깥쪽에 먹이 주는 장소를 따로 마련하는 것도 하나의 방법일 것 같아.

> ✔ 해설 무조건적인 다수결의 방법보다는 협의를 위해서는 양쪽의 의견을 잘 경청해 본 다음 원만한 합의점을 찾는 것이 가장 옳다.

25 다음은 어느 회사의 홈페이지에 올라와 있는 기업 소개 글이다. 이에 대한 설명으로 틀린 것은?

ㅇㅇㅇ은 국내 제일의 온라인 전문 교육기관으로 수험생 여러분께 양질의 교육 콘텐츠를 제공하기 위하여 끊임없는 노력을 기울입니다. 21세기가 요구하는 변화의 물결 속에서 새로운 교육문화를 창조하고 합격의 원동력이 되기 위하여, ㅇㅇㅇ은 수험생 여러분의 '만족'을 지고(至高)의 가치로 삼았습니다. 처음에 품은 신념과 열정이 합격의 그 날까지 빛바래지 않도록, ㅇㅇㅇ이 수험생 여러분과 함께 하겠습니다. 수험생 여러분의 무한한 가능성을 ㅇㅇㅇ에서 열어드리겠습니다.

〈핵심가치〉

'신념'을 가지고 '도전'하는 '사람'은 반드시 그 '꿈'을 이룰 수 있습니다.
ㅇㅇㅇ에서 수험생 여러분의 꿈을 응원합니다.

신념	신념은 모든 일에 '주추'라고 할 수 있습니다. ㅇㅇㅇ의 신념은 수험생 여러분이 만족할 수 있는 양질의 교육 서비스 제공을 위해 최선을 다하는 것입니다. 최고의 강사진과 최첨단 이러닝(e-learning) 시스템, 오랜 노하우가 담긴 차별화된 교재 등은 ㅇㅇㅇ의 신념을 뒷받침하는 비기(秘技)입니다.
도전	영국의 정치가 윈스턴 처칠은 "성공은 절대 끝이 아니고, 실패는 절대 치명적이지 않다. 중요한 것은 용기이다."라고 말했습니다. 도전은 성공으로 가는 유일한 길이며, 용기 있는 사람만이 할 수 있는 일입니다. ㅇㅇㅇ이 수험생 여러분의 용기 있는 도전을 성공으로 연결해 드립니다.
사람	사람은 모든 일에 기본입니다. 매체를 사이에 두고 이루어지는 온라인 강의의 경우, 자칫 면대면으로 이루어지는 수업에 비해 충분한 의사소통이 이루어지지 않을 우려가 있습니다. ㅇㅇㅇ에서는 1:1 서비스와 빠른 피드백(feedback)으로 개개인을 위한 맞춤형 교육을 실현합니다.

꿈	누구든 한 번쯤은 자신의 꿈을 위하여 밤잠을 설치던 순간이 있을 것입니다. ○○○은 수험생 여러분이 꿈을 이루기 위하여 쏟은 시간과 노력을 헛된 일로 만들지 않습니다. 쉽지 않기에 더욱 가치 있는 그 길을 수험생 여러분과 함께 걷겠습니다.

① 이 회사에서는 면대면 교육 서비스를 제공한다.

② 한자, 영어 등을 동시에 표기하여 문맥의 이해를 돕는다.

③ 유명인사의 말을 인용하여 전달하고자 하는 내용을 효과적으로 표현하고 있다.

④ 이 회사는 핵심가치를 말하며 수험생을 응원하고 있다.

> ✔해설 이 회사는 이러닝(e-learning) 시스템을 통해 교육 서비스를 제공하는 온라인 전문 교육기관으로 면대면 교육 서비스를 제공하는 것은 아니다.

26 다음 중 업무상 의사소통능력을 배양하기 위한 올바른 방법으로 보기 어려운 것은?

① 자신의 감정을 억제하려고 노력하며, 자신이 평정을 찾을 때까지 의사소통을 연기해 보는 것도 좋은 방법이 될 수 있다.

② 사용하는 언어를 단순화할 필요가 있다. 자신이 쓰는 전문용어가 항상 상대방도 이해할 수 있는 용어라고 판단해서는 안 된다.

③ 의사소통의 왜곡에서 오는 오해와 부정확성을 줄이기 위해 전달자는 적절한 피드백을 통해 메시지의 내용이 실제로 어떻게 해석되고 있는가를 확인할 필요가 있다.

④ 상대방의 이야기를 들으며 메모지를 꺼내 필기하는 것은 상대방의 집중력을 떨어뜨리는 요인이 되므로 업무상 대화 시 필기는 지양한다.

> ✔해설 업무상 이루어지는 공적인 대화에는 가급적 필기를 하는 습관을 들이는 것이 바람직하다. 필기는 집중력을 떨어뜨리기보다 오히려 상대방의 의사를 다시 한 번 검토하여 오해와 왜곡을 방지할 수 있고, 상대방의 이야기를 적극적으로 듣고 있다는 경청의 신호이기도 하다.

Answer 24.③ 25.① 26.④

27 다음 글은 합리적 의사결정을 위해 필요한 절차적 조건 중의 하나에 관한 설명이다. 다음 보기 중 이 조건을 위배한 것끼리 묶은 것은?

합리적 의사결정을 위해서는 정해진 절차를 충실히 따르는 것이 필요하다. 고도로 복잡하고 불확실하나 문제상황 속에서 결정의 절차가 합리적이기 위해서는 다음과 같은 조건이 충족되어야 한다.

〈조건〉

정책결정 절차에서 논의되었던 모든 내용이 결정절차에 참여하지 않은 다른 사람들에게 투명하게 공개되어야 한다. 그렇지 않으면 이성적 토론이 무력해지고 객관적 증거나 논리 대신 강압이나 회유 등의 방법으로 결론이 도출되기 쉽기 때문이다.

〈보기〉

㉠ 심의에 참여한 분들의 프라이버시 보호를 위해 오늘 회의의 결론만 간략히 알려드리겠습니다.

㉡ 시간이 촉박하니 회의 참석자 중에서 부장급 이상만 발언하도록 합시다.

㉢ 오늘 논의하는 안건은 매우 민감한 사안이니만큼 비참석자에게는 그 내용을 알리지 않을 것입니다. 그러니 회의자료 및 메모한 내용도 두고 가시기 바랍니다.

㉣ 우리가 외부에 자문을 구한 박사님은 이 분야의 최고 전문가이기 때문에 참석자 간의 별도 토론 없이 박사님의 의견을 그대로 채택하도록 합시다.

㉤ 오늘 안건은 매우 첨예한 이해관계가 걸려 있으니 상대방에 대한 반론은 자제해주시고 자신의 주장만 말씀해주시기 바랍니다.

---

① ㉠, ㉡

② ㉠, ㉢

③ ㉢, ㉣

④ ㉢, ㉤

28 다음 중 밑줄 친 부분에 담긴 의미로 가장 적절한 것은?

　　최근 국제 시장에서 원유 가격이 가파르게 오르면서 세계 경제를 크게 위협하고 있다. 기름 한 방울 나지 않는 나라에 살고 있는 우리로서는 매우 어려운 상황이 아닐 수 없다. 에너지 자원을 적극적으로 개발하고, 다른 한편으로는 에너지 절약을 생활화해서 이 어려움을 슬기롭게 극복해야 한다.

　　다행히 우리는 1970년대 초부터 원자력 발전소 건설을 적극적으로 추진해 왔다. 그 결과 현재 원자력 발전소에서 생산하는 전력이 전체 전력 생산량의 약 40%를 차지하고 있다. 원자력을 주요 에너지 자원으로 활용함으로써 우리는 석유, 석탄, 가스와 같은 천연 자원에 대한 의존도를 어느 정도 낮출 수 있게 되었다.

　　그러나 그 정도로는 턱없이 부족하다. 전체 에너지 자원의 97%를 수입하는 우리는 절약을 생활화하지 않으면 안 된다. 하지만 국민들은 아직도 '설마 전기가 어떻게 되랴'하는 생각을 하면서 살고 있다. 한여름에도 찬 기운을 느낄 정도로 에어컨을 켜 놓은 곳도 많다. 이것은 지나친 에너지 낭비이다. 여름철 냉방 온도를 1도만 높이면 약 2조 5천억 원의 건설비가 들어가는 원자로 1기를 덜 지어도 된다. '절약이 곧 생산'인 것이다.

　　에너지를 절약하는 방법에는 여러 가지가 있다. 가까운 거리는 걸어서 다니기, 승용차 대신 대중교통 · 자전거 이용하기, 에너지 절약형 가전제품 쓰기, 승용차 요일제 참여하기, 적정 냉 · 난방 온도 지키기, 사용하지 않는 가전제품의 플러그 뽑기 등이 모두 에너지를 절약하는 방법이다.

　　또, 에너지 절약 운동은 일회성으로 그쳐서는 안 되며 반복적이고 지속적으로 실천해야만 하는 과제이다. 국가적 어려움을 극복하기 위해 얼마간의 개인적 불편을 기꺼이 받아들이겠다는 마음가짐이 필요하다.

　　에너지 절약은 더 이상 선택 사항이 아니다. 이것은 생존과 직결되므로 반드시 실천해야 할 사항이다. 고유가 시대를 극복하기 위해서는 우리 모두 허리띠를 졸라매는 것 외에는 다른 방법이 없다. 당장 에어컨보다 선풍기를 사용해서 전기 절약을 생활화해 보자. 온 국민이 지혜를 모으고 에너지 절약에 적극적으로 동참한다면 우리는 이 어려움을 슬기롭게 극복할 수 있을 것이다.

---

① 절약을 통해 전력 생산량을 증가시킨다.

② 생산을 줄이게 되면 절약을 하게 된다.

③ 절약을 하면 불필요한 생산을 하지 않아도 된다.

④ 절약은 절약일 뿐 생산과 아무 관련이 없다.

　　✔ 해설　절약은 소비를 줄이는 행동이지만 이를 통해 1기의 원자로를 덜 지어도 동일한 생산 효과를 얻을 수 있다는 의미이다.

29 다음 〈보기〉는 임주환 대리에게 온 상사로부터의 SNS이다. 아래와 같은 지시사항을 받은 후 임 대리가 수행해야 할 업무의 우선순위를 나열한 것으로 가장 적절한 것은?

〈보기〉

11월 14일 (월) 오전 11시
오늘 오후 급하게 비행기로 울산에 다녀와야겠어요. 재무팀 김상무님하고 장팀장님이 같이 갈 거니까 3시 이후 일정으로 알아보고, 예약되면 연락주세요. 그리고 내일 오전에 회의하고 돌아올 예정이니, 숙소도 같이 예약해주세요.

11월 14일(월) 오전 12시
아참, 내일 있을 회의 자료는 20부 정도 필요하니까 준비해주세요. 그리고 내일 오전에 만나기로 한 거래처 정사장님께는 전화해서 약속을 변경하도록 해주세요.

㉠ 항공편 예약
㉡ 숙박시설 예약
㉢ 거래처 정사장에게 전화
㉣ 회의자료 정리 후 울산지사로 e-mail 전송
㉤ 울산지사에 전화하여 회의실 신청

---

① ㉠㉡㉢㉣㉤

② ㉤㉠㉡㉢㉣

③ ㉠㉡㉤㉢㉣

④ ㉢㉠㉡㉣㉤

✔해설 울산에서의 회의 참석 일정이므로 울산으로의 항공편 예약이 가장 시급하며, 그 이후 숙박시설을 예약해야 한다. 이 두 가지를 완료한 후 회의를 하기 위한 회의실을 신청한 후 회의 자료의 경우 내일 회의에서 사용하는 것으로 여유가 있기 때문에 가장 마지막에 행하도록 한다.

30 다음은 사내게시판에 올라온 상담내용이다. 응답한 내용 중 적절하지 않은 것을 고르면?

① Q : 제가 말을 직설적으로 해서 그런지 몰라도 팀원들과의 갈등이 잦은 편이에요.

　A : 대인관계를 원만히 쌓아가기 위해서는 서로 이해하고 배려하는 마음이 전제되어야 해요. 원만한 의사소통을 위해서 서로의 입장에서 생각해보고 조금 말을 둥글게 하는 게 어떨까요?

② Q : 이번 프로젝트의 발표를 맡게 되었습니다. 앞에 나서서 말을 잘 못하는 편이라 걱정이 됩니다.

　A : 자신의 일을 묵묵히 잘 하는 것도 중요하지만 그것을 남들 앞에서 얼마나 잘 표현하느냐도 사회인이 갖추어 할 필요역량입니다. 적극적으로 의견을 펼쳐 보여주는 것이 중요합니다.

③ Q : 팀원들이 회의 시에 방관하고 소극적인 자세로 임해서 걱정입니다.

　A : 집단 의사소통의 상황에서는 목적을 분명하게 제시해주고 적극적인 방법으로 이끌어주려는 노력이 필요해요. 필요하다면 자극적인 경쟁의 방법을 통해서라도 확실히 회의에 임할 수 있게 하는 것이 필요합니다.

④ Q : 제가 사람들과 잘 대화를 나누지 못해요.

　A : 주변사람들과 대화할 때 상대의 관련 정보를 종합적으로 고려하여 상대방의 처지를 이해하면서 상호작용하려는 노력이 필요합니다.

> ✔ **해설**　집단적 의사소통상황에서는 협력적 상호작용이 중요하므로 중재자가 참여자 간의 의견이 자유롭게 오갈 수 있는 환경을 만들어 주는 것이 중요하다.

31 다음 글을 읽은 독자의 반응으로 적절하지 않은 것은?

> 인간은 흔히 자기 뇌의 10%도 쓰지 못하고 죽는다고 한다. 또 사람들은 천재 과학자인 아인슈타인조차 자기 뇌의 15% 이상을 쓰지 못했다는 말을 덧붙임으로써 이 말에 신빙성을 더한다. 이 주장을 처음 제기한 사람은 19세기 심리학자인 윌리엄 제임스로 추정된다. 그는 "보통 사람은 뇌의 10%를 사용하는데 천재는 15~20%를 사용한다."라고 말한 바 있다. 인류학자 마가렛 미드는 한발 더 나아가 그 비율이 10%가 아니라 6%라고 수정했다. 그러던 것이 1990년대에 와서는 인간이 두뇌를 단지 1% 이하로 활용하고 있다고 했다. 최근에는 인간의 두뇌 활용도가 단지 0.1%에 불과해서 자신의 재능을 사장시키고 있다는 연구 결과도 제기됐다.

① 영지 : 심리학자 윌리엄 제임스는 천재가 뇌의 10%를 사용한다고 주장했어.
② 우영 : 인류학자 마가렛 미드는 보통 사람이 뇌의 6%를 사용한다고 주장했구나.
③ 소희 : 1990년대에 와서 인간은 두뇌의 1% 이하를 사용한다고 보았구나.
④ 지훈 : 최근에는 인간이 두뇌의 0.1% 밖에 활용을 못한다는 연구 결과가 있어.

> ✔해설 심리학자 윌리엄 제임스는 "보통 사람은 뇌의 10%를 사용하는데 천재는 15~20%를 사용한다."라고 말한 바 있다.

32 다음 밑줄 친 단어의 의미가 다른 하나는?

> ㉠ 그는 <u>부정</u>이나 불의를 보면 참지 못한다.
> ㉡ 그 집에 가면 <u>부정</u>을 탄다는 소문이 있다.
> ㉢ 나는 입시 <u>부정</u>을 직접 보고는 놀라지 않을 수 없었다.
> ㉣ 이번 수능은 <u>부정</u> 행위를 방지하기 위하여 신고센터를 운영한다.

① ㉠　　　　　　　　　　　　　② ㉡
③ ㉢　　　　　　　　　　　　　④ ㉣

> ✔해설 ㉡ 부정(不淨) : 사람이 죽는 따위의 불길한 일.
> ㉠㉢㉣ 부정(不正) : 올바르지 아니하거나 옳지 못함.

33 다음 문장의 빈 칸에 들어갈 단어로 가장 적절한 것은?

> 포괄임금제는 회사가 노동자의 야·특근을 미리 계산해 연봉에 포함시키는 제도다. 몇 시간을 일하든 정해진 돈을 받기 때문에 '무제한 노동'을 (   )한다는 비판을 받는다.

① 권장   ② 조장
③ 권유   ④ 보장

> ✔해설 노동을 더 해도 추가되는 임금이 없으므로 무제한 노동을 부추기는 결과가 된다고 볼 수 있다. 따라서 '바람직하지 않은 일을 더 심해지도록 부추김'의 의미인 '조장'이 가장 적절하다.

34 다음의 자료를 활용하여 글을 쓰기 위해 구상한 내용으로 적절하지 않은 것은?

> 우리나라 중학교 여학생의 0.9%, 고등학교 여학생의 7.3%, 남학생의 경우는 중학생의 3.5%, 고등학생의 23.6%가 흡연을 하고 있다. 그리고 매년 청소년 흡연율은 증가하는 추세이다. 청소년보호법에 따르면 미성년자에게 담배를 팔 경우 2년 이하의 징역이나 1천만 원 이하의 벌금, 100만 원 이하의 과징금을 내도록 되어 있다. 그러나 담배 판매상의 잘못된 의식, 시민들의 고발정신 부족 등으로 인해 청소년에게 담배를 판매하는 행위가 제대로 시정되지 않고 있다.
> 또한 현재 담배 자동판매기의 대부분(96%)이 국민건강증진법에 허용된 장소에 설치되어 있다고는 하나, 그 장소가 주로 공공건물 내의 식당이나 상가 내 매점 등에 몰려 있다. 이런 장소들은 청소년들의 출입이 용이하기 때문에 그들이 성인의 주민등록증을 도용하여 담배를 사더라도 이를 단속하기가 어려운 실정이다.

① 시사점 : 시민의 관심이 소홀하며 시설 관리 체계가 허술하다.
② 원인 분석 : 법규의 실효성이 미흡하고 상업주의가 만연하고 있다.
③ 대책 : 국민건강증진법에 맞는 담배 자동판매기를 설치한다.
④ 결론 : 현실적으로 실효성이 있는 금연 관련법으로 개정한다.

> ✔해설 ③ 담배 자동판매기가 국민건강증진법에 허용된 장소에 설치되어 있다고 자료에서 이미 밝히고 있으므로 대책에 대한 구상으로 적절하지 않다.

Answer   31.①   32.②   33.②   34.③

35 다음 글의 문맥으로 보아 밑줄 친 단어의 쓰임이 올바른 것은?

> 우리나라의 저임금근로자는 소규모사업체 또는 자영업자에게 많이 고용되어 있기 때문에 최저임금의 과도한 인상은 많은 자영업자의 추가적인 인건비 인상을 ㉠표출할 것이다. 이것은 최저임금위원회의 심의 과정에서 지속적으로 논의된 사안이며 ㉡급박한 최저임금 인상에 대한 가장 강력한 반대 논리이기도 하다. 아마도 정부가 최저임금 결정 직후에 매우 포괄적인 자영업 지원대책을 발표한 이유도 이것 때문으로 보인다. 정부의 대책에는 기존의 자영업 지원대책을 비롯하여 1차 분배를 개선하기 위한 장·단기적인 대책과 단기적 충격 완화를 위한 현금지원까지 포함되어 있다. 현금지원의 1차적인 목적은 자영업자 보호이지만 최저임금제도가 근로자 보호를 위한 제도이기 때문에 궁극적인 목적은 근로자의 고용 안정 도모이다. 현금지원에 고용안정자금이라는 꼬리표가 달린 이유도 이 때문일 것이다.
>
> 정부의 현금지원 발표 이후 이에 대한 비판이 쏟아졌다. 비판의 요지는 자영업자에게 최저임금 인상으로 인한 추가적인 인건비 부담을 현금으로 지원할거면 최저임금을 덜 올리고 현금지원 예산으로 근로 장려세제를 ㉢축소하면 되지 않느냐는 것이다. 그러나 이는 두 정책의 대상을 ㉣혼동하기 때문에 제기되는 주장이라고 판단된다. 최저임금은 1차 분배 단계에서 임금근로자를 보호하기 위한 제도적 틀이고 근로 장려세제는 취업의 의지가 낮은 노동자의 노동시장 참여를 유보하기 위해 고안된 사회부조라는 점을 기억해야 할 것이다. 물론 현실적으로 두 정책의 적절한 조합이 필요하다.

① ㉠   ② ㉡

③ ㉢   ④ ㉣

> ✔해설 ① 최저임금 인상이 자영업자의 추가적 인건비 인상을 발생시키는 원인이 된다는 내용이므로 '초래'로 표현해야한다.
> ② 앞의 내용으로 보아 급하고 과도한 최저임금인상에 대한 수식어가 될 것이므로 '급격한'이 올바른 표현이다.
> ③ 최저임금인상 대신 그만큼에 해당하는 근로 장려세제를 '확대'하는 것의 의미를 갖는 문장이다.

36 다음 어느 항공사의 서비스 이용시 주의사항이다. 다음 중 주의사항에 어긋난 행동은?

항공사 서비스 이용시 주의사항

1. 운항지연 및 취소로 인해 출장·여행 등에 차질이 있을 수 있으므로 일정을 여유 있게 조정하시기 바랍니다.
   → 항공권은 다양한 이유로 취소되거나 지연될 수 있음을 고려하여, 예약확인 및 탑승 전까지 수시로 출발여부를 확인하여야 합니다.
2. 항공권 발권 즉시 탑승자의 영문철자, 출발 및 도착 일시, 도착지명 등 표시사항을 꼼꼼하게 확인하시기 바랍니다.
   → 항공권과 여권의 탑승자 영문철자가 다른 경우 탑승이 거절되거나, 시차를 고려하지 않아 출발·도착시간을 잘못 파악할 수 있으며, 도시 및 공항명 착오가 발생할 수 있으므로, 구입한 항공권 내용을 정확히 확인하여야 피해를 방지할 수 있습니다.
3. 고가이거나 손상되기 쉬운 물건은 반드시 휴대하시기 바랍니다.
   → 노트북컴퓨터나 카메라 등 고가의 전자제품이나 보석류·귀금속류·현금 등은 손상되거나 분실된 경우 항공사에 따라 보상 불가능한 경우가 많고, 소지가 금지되는 물품도 도착 국가별로 다양하므로 수하물 운송조건에 대한 내용은 사전에 항공사로 문의하거나 홈페이지를 통해 확인하시기 바랍니다.
4. 항공권 취소시 판매자인 여행사나 항공사에 환급을 요청하여야 하며, 환급시 공제된 수수료에 대한 내역을 꼭 확인하시기 바랍니다.
   → 환급시의 공제수수료는 항공권에 따라 다양하므로, 계약시 약정한 취소수수료로 공제되었는지 환급 즉시 확인하도록 합니다.

---

① 甲은 항공권을 발권하여 영문철자, 출발 및 도착 일시 등 표시사항을 꼼꼼히 확인하였다.
② 乙은 카메라를 애지중지하여 옷과 함께 캐리어에 넣어 수하물 위탁 처리하였다.
③ 丙은 운항이 지연될 수 있기 때문에 일정을 여유있게 잡았다.
④ 丁은 항공권을 취소하여 항공사에 환급을 요청하였고 수수료 내역을 꼼꼼히 확인하였다.

　✔해설　② 고가이거나 손상되기 쉬운 물건(카메라, 노트북 등)은 직접 휴대하여야 한다.

37 다음은 어느 회사의 인턴 채용공고문의 일부이다. 인사를 담당하고 있는 한과장은 공고문을 올리기 전에 최종적으로 점검하려고 한다. 잘못 쓰인 부분은 몇 개인가?

인턴근무 개요

• 체용인원 : 00명
• 근무조건 : 월급 140만 원(교통비 포함, 40h/주 근무) 및 4대 보험
　※ 채용 후 공사의 필요에 따라 근무시간은 조정될 수 있음
• 근무기간 : 4개월

지원서 작성 및 증빙서류 제출

• 접수마감일에는 다수의 동시접속 등으로 인하여 접수가 이루어지지 않을 수 있음에 유의하시고, 반드시 '접수처리 결과'를 확인하시기 바랍니다.
• 원활한 접수진행을 위하여 사징파일 및 자격사항, 어학성적의 관련 일자 등 필요사항은 사전에 확인·준비하시기 바랍니다.
• 서류전형은 지원자가 입력한 내용만으로 합격자 사정을 하며, 각종 증빙서류는 필기시험 합격자에 한하여 추후 접수합니다.
• 원본 제출이 곤란한 서류의 경우 원본제시 후 사본을 제출하셔야 합니다.
• 지원서 접수시 입력착오 등으로 인한 불합격이나 손해에 대한 모든 책임은 지원자 본인에게 있습니다.

---

① 1개　　　　　　　　　　　② 2개
③ 3개　　　　　　　　　　　④ 4개

✔ 해설　체용인원→채용인원
　　　　사징파일→사진파일

다음은 어느 공항의 〈교통약자 공항이용안내〉의 일부이다. 이를 읽고 물음에 답하시오.

패스트트랙

• Fast Track을 이용하려면 교통약자(보행장애인, 7세 미만 유소아, 80세 이상 고령자, 임산부, 동반여객 2인 포함)는 본인이 이용하는 항공사의 체크인카운터에서 이용대상자임을 확인 받고 'Fast Track Pass'를 받아 Fast Track 전용출국장인 출국장 1번, 6번 출국장입구에서 여권과 함께 제시하면 됩니다.

• 인천공항 동편 전용출국통로(Fast Track, 1번 출국장), 오전7시 ~ 오후7시까지 운영 중이며, 운영상의 미비점을 보완하여 정식운영(동·서편, 전 시간 개장)을 개시할 예정에 있습니다.

휠체어 및 유모차 대여

공항 내 모든 안내데스크에서 휠체어 및 유모차를 필요로 하는 분께 무료로 대여하여 드리고 있습니다.

장애인 전용 화장실

• 여객터미널 내 화장실마다 최소 1실의 장애인 전용화장실이 있습니다.

• 장애인분들의 이용 편의를 위하여 넓은 출입구와 내부공간, 버튼식자동문, 비상벨, 센서작동 물내림 시설을 설치하였으며 항상 깨끗하게 관리하여 편안한 공간이 될 수 있도록 하고 있습니다.

주차대행 서비스

• 공항에서 허가된 주차대행 서비스(유료)를 이용하시면 보다 편리하고 안전하게 차량을 주차하실 수 있습니다.

• 경차, 장애인, 국가유공자의 경우 할인된 금액으로 서비스를 이용하실 수 있습니다.

장애인 주차 요금 할인

주차장 출구의 유인부스를 이용하는 장애인 차량은 장애인증을 확인 후 일반주차요금의 50%를 할인하여 드리고 있습니다.

휠체어 리프트 서비스

• 장기주차장에서 여객터미널까지의 이동이 불편한 장애인, 노약자 등 교통약자의 이용 편의 증진을 위해 무료 이동 서비스를 제공하여 드리고 있습니다.

• 여객터미널↔장기주차장, 여객터미널↔화물터미널행의 모든 셔틀버스에 휠체어 탑승리프트를 설치, 편안하고 안전하게 모시고 있습니다.

Answer 37.②

38 다음 교통약자를 위한 서비스 중 무료로 이용할 수 있는 서비스만으로 묶인 것은?

① 주차대행 서비스, 장애인 전용 화장실 이용

② 장애인 차량 주차, 휠체어 및 유모차 대여

③ 휠체어 및 유모차 대여, 휠체어 리프트 서비스

④ 휠체어 및 유모차 대여, 주차대행 서비스

✔해설 ①④ 주차대행 서비스가 유료이다.
② 장애인 차량은 장애인증 확인 후 일반주차요금의 50%가 할인된다.

39 Fast Track 이용 가능한 교통약자가 아닌 사람은?

① 80세 이상 고령자   ② 임산부

③ 보행장애인   ④ 8세 아동

✔해설 Fast Track 이용 가능한 교통약자는 보행장애인, 7세 미만 유소아, 80세 이상 고령자, 임산부, 동반여객 2인이다.

40 다음은 사원들이 아래 신문 기사를 읽고 나눈 대화이다. 대화의 흐름상 빈칸에 들어갈 말로 가장 적절한 것은?

> "김치는 살아 있다"
> 젖산균이 지배하는 신비한 미생물의 세계
> 처음에 생기는 일반 세균 새콤한 맛 젖산균이 물리쳐 "우와~ 김치 잘 익었네."
> 효모에 무너지는 '젖산균 왕국' "어유~ 군내, 팍 시었네."
> 점차 밝혀지는 김치의 과학 토종 젖산균 '김치 아이'
> 유전자 해독 계기로 맛 좌우하는 씨앗균 연구 개발
>
> 1990년대 중반 이후부터 실험실의 김치 연구가 거듭되면서, 배추김치, 무김치, 오이김치들의 작은 시공간에서 펼쳐지는 미생물들의 '작지만 큰 생태계'도 점차 밝혀지고 있다. 20여 년째 김치를 연구해 오며 지난해 토종 젖산균(유산균) '류코노스톡 김치 아이'를 발견해 세계 학계에서 새로운 종으로 인정받은 인하대 한홍의(61) 미생물학과 교수는 "일반 세균과 젖산균, 효모로 이어지는 김치 생태계의 순환은 우리 생태계의 축소판"이라고 말했다.

흔히 "김치 참 잘 익었다."라고 말한다. 그러나 김치 과학자라면 매콤새콤하고 시원한 김치 맛을 보면 이렇게 말할 법하다. "젖산균들이 한창 물이 올랐군." 하지만, 젖산균이 물이 오르기 전까지 갓 담근 김치에선 배추, 무, 고춧가루 등에 살던 일반 세균들이 한때나마 왕성하게 번식한다. 소금에 절인 배추, 무는 포도당 등 영양분을 주는 좋은 먹이 터전인 것이다.

"김치 초기에 일반 세균은 최대 10배까지 급속히 늘어나다가 다시 급속히 사멸해 버립니다. 제 입에 맞는 먹잇감이 줄어드는데다 자신이 만들어 내는 이산화탄소가 포화 상태에 이르러 더는 살아갈 수 없는 환경이 되는 거죠." 한 교수는 이즈음 산소를 싫어하는 '혐기성' 미생물인 젖산균이 활동을 개시한다고 설명했다. 젖산균은 시큼한 젖산을 만들며 배추, 무를 서서히 김치로 무르익게 만든다. 젖산균만이 살 수 있는 환경이 되는데, "다른 미생물이 출현하면 수십 종의 젖산균이 함께 '박테리오신'이라는 항생 물질을 뿜어내어 이를 물리친다."라고 한다.

그러나 '젖산 왕조'도 크게 두 번의 부흥과 몰락을 겪는다. 김치 중기엔 주로 둥근 모양의 젖산균(구균)이, 김치 말기엔 막대 모양의 젖산균(간균)이 세력을 떨친다. 한국 식품 개발연구원 박완수(46) 김치 연구단장은 "처음엔 젖산과 에탄올 등 여러 유기물을 생산하는 젖산균이 지배하지만, 나중엔 젖산만을 내는 젖산균이 우세종이 된다."며 "김치가 숙성할수록 시큼털털해지는 것은 이 때문"이라고 설명했다.

−○○일보−

사원 甲 : 김치가 신 맛을 내는 이유는 젖산균 때문이었군? 난 세균 때문인 줄 알았어.
사원 乙 : 나도 그래. 처음에 번식하던 일반 세균이 스스로 사멸하다니, 김치는 참 신기해.
사원 丙 : 맞아. 게다가 젖산균이 출현한 이후에는 젖산균이 뿜어내는 항생 물질 때문에 다른 미생물들이 살 수 없는 환경이 된다는데.
사원 丁 : 하지만 _____

① 일반세균이 모두 죽고 나면 단 한가지의 젖산균만이 활동하게 돼.
② 모든 젖산균이 김치를 맛있게 만드는 것은 아니더군.
③ 김치는 오래되면 오래될수록 맛이 깊어지지.
④ 김치가 오래될수록 시큼해지는 이유는 젖산균에서 나오는 유기물들 때문이야.

> **해설** ① 김치 중기엔 주로 둥근 모양의 젖산균(구균)이, 김치 말기엔 막대 모양의 젖산균(간균)이 세력을 떨친다.
> ③ 나중엔 젖산만을 내는 젖산균이 우세종이 되어 김치가 숙성될수록 시큼털털해진다.
> ④ 김치가 오래될수록 시큼해지는 이유는 젖산균에서 나오는 젖산 때문이다.

Answer 38.③ 39.④ 40.②

41~42 다음 글을 읽고 물음에 답하시오.

식물의 생장에는 물이 필수적이다. 동물과 달리 식물은 잎에서 광합성을 통해 생장에 필요한 양분을 만들어 내는데, 물은 바로 그 원료가 된다. 물은 지구 중심으로부터 중력을 받기 때문에 높은 곳에서 낮은 곳으로 흐르지만, 식물은 지구 중심과는 반대 방향으로 자란다. 따라서 식물이 줄기 끝에 달려 있는 잎에 물을 공급하려면 중력의 반대 방향으로 물을 끌어 올려야 한다. 미국의 캘리포니아 레드우드 국립공원에는 세계에서 키가 가장 큰 세쿼이아가 있다. 이 나무는 키가 무려 112m에 이르며, 뿌리는 땅속으로 약 15m까지 뻗어 있다고 한다. 따라서 물이 뿌리에서 나무의 꼭대기에 있는 잎까지 도달하려면 127m나 끌어 올려져야 한다. 펌프 같은 장치도 보이지 않는데 대체 물이 어떻게 그 높은 곳까지 올라갈 수 있는 것일까? 식물은 어떤 힘을 이용하여 뿌리에서부터 잎까지 물을 끌어 올릴까? 식물이 물을 뿌리에서 흡수하여 잎까지 보내는 데는 뿌리압, 모세관 현상, 증산 작용으로 생긴 힘이 복합적으로 작용한다.

호박이나 수세미의 잎을 모두 떼어 내고 뿌리와 줄기만 남기고 자른 후 뿌리 끝을 물에 넣어 보면, 잘린 줄기 끝에서는 물이 힘차게 솟아오르지는 않지만 계속해서 올라온다. 뿌리털을 둘러싼 세포막을 경계로 안쪽은 땅에 비해 여러 가지 유기물과 무기물들이 더 많이 섞여 있어서 뿌리 바깥보다 용액의 농도가 높다. 다시 말해 뿌리털 안은 농도가 높은 반면, 흙 속에 포함되어 있는 물은 농도가 낮다. 이때 농도의 균형을 맞추기 위해 흙 속에 있는 물 분자는 뿌리털의 세포막을 거쳐 물 분자가 상대적으로 적은 뿌리 내부로 들어온다. 이처럼 농도가 낮은 흙 속의 물을 농도가 높은 뿌리 쪽으로 이동시키는 힘이 생기는데, 이를 뿌리압이라고 한다. 즉 뿌리압이란 뿌리에서 물이 흡수될 때 밀고 들어오는 압력으로, 물을 위로 밀어 올리는 힘이다.

물이 담긴 그릇에 가는 유리관을 꽂아 보면 유리관을 따라 물이 올라가는 것을 관찰할 수 있다. 이처럼 가는 관과 같은 통로를 따라 액체가 올라가거나 내려가는 것을 모세관 현상이라고 한다. 모세관 현상은 물 분자와 모세관 벽이 결합하려는 힘이 물 분자끼리 결합하려는 힘보다 더 크기 때문에 일어난다. 따라서 관이 가늘어질수록 물이 올라가는 높이가 높아진다. 식물체 안에는 뿌리에서 줄기를 거쳐 잎까지 연결된 물관이 있다. 물관은 말 그대로 물이 지나가는 통로인데, 지름이 75μm(마이크로미터, 1μm=0.001mm)로 너무 가늘어 눈으로는 볼 수 없다. 이처럼 식물은 물관의 지름이 매우 작기 때문에 ㉠모세관 현상으로 물을 밀어 올리는 힘이 생긴다.

뜨거운 햇볕이 내리쬐는 더운 여름철에는 큰 나무가 만들어 주는 그늘이 그렇게 고마울 수가 없다. 나무가 만들어 주는 그늘이 건물이 만들어 주는 그늘보다 더 시원한 이유는 무엇일까? 나무의 잎은 물을 수증기 상태로 공기 중으로 내보내는데, 이때 물이 주위의 열을 흡수하기 때문에 나무의 그늘 아래가 건물이 만드는 그늘보다 훨씬 시원한 것이다. 식물의 잎에는 기공이라는 작은 구멍이 있다. 기공을 통해 공기가 들락날락하거나 잎의 물이 공기 중으로 증발하기도 한다. 이처럼 식물체 내의 수분이 잎의 기공을 통하여 수증기 상태로 증발하는 현상을 ㉡증산 작용이라고 한다. 가로 세로가 10×10cm인 잔디밭에서 1년 동안 증산하는 물의 양을 조사한 결과, 놀랍게도 55톤이나 되었다. 이는 1리터짜리 페트병 5만 5천 개 분량에 해당하는 물의 양이다. 상수리나무는 6~11월 사이에 약 9,000kg의 물을 증산하며, 키가 큰 해바라기는 맑은 여름날 하루 동안 약 1kg의 물을 증산한다.

기공의 크기는 식물의 종류에 따라 다른데 보통 폭이 8μm, 길이가 16μm 정도밖에 되지 않는다. 크기가 1cm^{2}인 잎에는 약 5만 개나 되는 기공이 있으며, 그 대부분은 잎의 뒤쪽에 있다. 이 기공을 통해 그렇게 엄청난 양의 물이 공기 중으로 증발해 버린다. 증산 작용은 물을 식물체 밖으로 내보내는 작용으로, 뿌리에서 흡수된 물이 줄기를 거쳐 잎까지 올라가는 원동력이다. 잎의 세포에서는 물이 공기 중으로 증발하면서 아래쪽의 물 분자를 끌어 올리는 현상이 일어난다. 즉, 물 분자들은 서로 잡아당기는 힘으로써 연결되는데, 이는 물 기둥을 형성하는 것과 같다. 사슬처럼 연결된 물 기둥의 한쪽 끝을 이루는 물 분자가 잎의 기공을 통해 빠져 나가면 아래쪽 물 분자가 끌어 올려지는 것이다. 증산 작용에 의한 힘은 잡아당기는 힘으로 식물이 물을 끌어 올리는 요인 중 가장 큰 힘이다.

41 윗글의 내용과 일치하지 않는 것은?

① 식물의 종류에 따라 기공의 크기가 다르다.

② 식물의 뿌리압은 중력과 동일한 방향으로 작용한다.

③ 식물이 광합성 작용을 하기 위해서는 반드시 물이 필요하다.

④ 뿌리에서 잎까지 물 분자들은 사슬처럼 서로 연결되어 있다.

> ✔해설 뿌리압은 물을 위로 밀어 올리는 힘이라는 것을 확인할 수 있다. 이를 통해 중력의 반대 방향으로 작용하는 것을 알 수 있다.
> ① 식물의 종류에 따라 기공의 크기가 다르다는 것을 확인할 수 있다.
> ③ 식물의 광합성에 물이 원료가 된다는 것을 확인할 수 있다.
> ④ 물 분자들이 사슬처럼 서로 연결되어 있다는 것을 확인할 수 있다.

42 ㉠과 ㉡에 대한 설명으로 적절하지 않은 것은?

① ㉠에 의해 식물이 물을 밀어 올리는 힘보다 ㉡에 의해 식물이 물을 끌어 올리는 힘이 더 작다.

② ㉡이 일어나면 물이 식물체 내에서 빠져 나와 주변의 온도를 낮춘다.

③ ㉠에 의해서는 물의 상태가 바뀌지 않고, ㉡에 의해서는 물의 상태가 바뀐다.

④ ㉠으로 물을 위로 밀어 올리는 힘이, ㉡으로 물을 위에서 잡아당기는 힘이 생긴다.

> ✔해설 증산 작용이 식물이 물을 끌어 올리는 원동력이며 가장 큰 힘이라는 것을 알 수 있다.
> ② 증산 작용을 통해 수분이 수증기로 증발하면서 주위의 열을 흡수하기 때문에 주변의 온도가 떨어진다.
> ③ 증산 작용은 식물의 수분이 기공을 통해 빠져 나가며 수증기로 증발하는 것이므로 물의 상태가 바뀐다.
> ④ 모세관 현상은 물을 위로 밀어 올리며, 증산 작용은 위에서 잡아당기는 힘으로 결합된 물 분자를 위로 끌어 올리고 있다.

43 레일바이크 이용에 관한 다음 약관의 내용을 제대로 이해하지 못한 의견은?

제15조 이용 및 예약 사항 변경

① 이용자는 레일바이크 이용 예약 사항(이용 일자 및 인승)을 변경하고자 하는 경우 관리자와 상담 후 변경할 수 있습니다.

② 이용자가 대금 지급 방법을 변경하고자 하는 경우 레일바이크 이용 예약을 취소하고 새로운 예약을 하여야 합니다.

③ 이용자는 레일바이크 예약 사항을 변경하고자 하는 경우에는 당해 예약 부분 취소를 할 수 있으나, 부분 최소는 1회로 제한합니다. 단, 부분 취소는 단체 적용에서 일반 적용으로 전환되는 부분에 대해 전체 취소 후 일반으로 예매를 해야 합니다.

④ 예매 변동 내역 확인은 인터넷 예매 사이트에서 가능하며 별도의 통지는 하지 않으며, 예매 변동 내역 미확인으로 발생되는 사항은 예매자 본인의 책임으로 레일바이크 예매 관리자는 책임을 지지 않습니다.

제16조 이용 취소

① 이용자가 레일바이크 예약을 취소하고자 하면 본인이 직접 홈페이지를 통하거나, 전화를 통해 회사에 레일바이크 이용 예약 취소를 신청해야 합니다.

② 회사는 제 1항의 규정에 의하여 레일바이크 예약 취소 신청이 접수되면 빠른 시간 내에 처리하여 레일바이크 이용 예약을 취소합니다.

③ 이용자가 레일바이크 예약 취소 시 제 26조 4항의 내용에 적용되지 않는 한, 제 28조의 환불 규정에 의해 환불을 하여야 합니다.

제17조 레일바이크 시설 이용

① 회사의 레일바이크 시설의 이용 요금은 회사가 정한 레일바이크의 경우 1회 이용 요금을 의미합니다.

② 레일바이크시설의 이용 계약은 홈페이지를 통해 정해진 예약 절차에 의해 레일바이크 이용 일자와 시간, 인승을 선택하여 예약을 진행할 수 있습니다.

③ 레일바이크 시설 이용 및 결제에 관한 사항은 회사가 별도로 정한 대금 지급방법에 따릅니다.

④ 레일바이크 시설 이용에 따른 결제 대금 지급방법은 다음 각 호의 하나로 할 수 있습니다.
  1. 신용카드 결제
  2. 온라인 계좌이체

---

① 2회를 이용하려면, 이용 요금은 인터넷상에서 확인한 요금의 2배이다.

② 이용 예약을 취소할 경우, 모든 예약이 취소 가능한 것은 아니다.

③ 예매 내역을 변경 후 별도의 통지가 없으면 정상적으로 변경 조치된 것이다.

④ 제 26조 4항은 예약 취소 불가 또는 조건부 취소에 관한 내용일 것이다.

> ✔해설 제 15조 4항에 따라 예매 내역을 변경할 경우 별도의 통지를 하지 않으므로 반드시 인터넷 예매 사이트에서 변경 내역을 확인해야한다.

44 다음 표준 임대차 계약서의 일부를 보고 추론할 수 없는 내용은 어느 것인가?

[임대차계약서 계약조항]

제1조[보증금] 을(乙)은 상기 표시 부동산의 임대차보증금 및 차임(월세)을 다음과 같이 지불하기로 한다.

• 보증금 : 금○○원으로 한다.

• 계약금 : 금○○원은 계약 시에 지불한다.

• 중도금 : 금○○원은 2022년 ○월 ○일에 지불한다.

• 잔 금 : 금○○원은 건물명도와 동시에 지불한다.

• 차임(월세): 금○○원은 매월 말일에 지불한다.

제4조[구조변경, 전대 등의 제한] 을(乙)은 갑(甲)의 동의 없이 상기 표시 부동산의 용도나 구조 등의 변경, 전대, 양도, 담보제공 등 임대차 목적 외에 사용할 수 없다.

제5조[계약의 해제] 을(乙)이 갑(甲)에게 중도금(중도금 약정이 없는 경우에는 잔금)을 지불하기 전까지는 본 계약을 해제할 수 있는 바, 갑(甲)이 해약할 경우에는 계약금의 2배액을 상환하며 을(乙)이 해약할 경우에는 계약금을 포기하는 것으로 한다.

제6조[원상회복의무] 을(乙)은 존속기간의 만료, 합의 해지 및 기타 해지사유가 발생하면 즉시 원상회복하여야 한다.

---

① 중도금 약정 없이 계약이 진행될 수도 있다.

② 부동산의 용도를 변경하려면 갑(甲)의 동의가 필요하다.

③ 을(乙)은 계약금, 중도금, 보증금의 순서대로 임대보증금을 지불해야 한다.

④ 중도금 혹은 잔금을 지불하기 전까지만 계약을 해제할 수 있다.

> **해설** 주어진 자료를 빠르게 이해하여 문제가 요구하는 답을 정확히 찾아내야 하는 문제로, 계약서는 NCS 의사소통능력의 빈출문서이다.
> ③ 제1조에 을(乙)은 갑(甲)에게 계약금 → 중도금 → 잔금 순으로 지불하도록 규정되어 있다.
> ① 제1조에 중도금은 지불일이 정해져 있으나, 제5조에 '중도금 약정이 없는 경우'가 있을 수 있음이 명시되어 있다.
> ② 제4조에 명시되어 있다.
> ④ 제5조의 규정으로, 을(乙)이 갑(甲)에게 중도금을 지불하기 전까지는 을(乙), 갑(甲) 중 어느 일방이 본 계약을 해제할 수 있다. 단, 중도금 약정이 없는 경우에는 잔금 지불하기 전까지 계약을 해제할 수 있다.

45 다음은 가족제도의 붕괴, 비혼, 저출산 등 사회적인 이슈에 대해 자유롭게 의견을 나누는 자리에서 직원들 간에 나눈 대화의 일부분이다. 이를 바탕으로 옳게 추론한 것을 모두 고르면?

> 남1 : 가족은 혼인제도에 의해 성립된 집단으로 두 명의 성인 남녀와 그들이 출산한 자녀 또는 입양한 자녀로 이루어져야만 해. 이러한 가족은 공동의 거주, 생식 및 경제적 협력이라는 특성을 갖고 있어.
>
> 여1 : 가족은 둘 이상의 사람들이 함께 거주하면서 지속적인 관계를 유지하는 집단을 말해. 이들은 친밀감과 자원을 서로 나누고 공동의 의사결정을 하며 가치관을 공유하는 등의 특성이 있지.
>
> 남2 : 핵가족은 전통적인 성역할에 기초하여 아동양육, 사회화, 노동력 재생산 등의 기능을 가장 이상적으로 수행할 수 있는 가족 구조야. 그런데 최근 우리사회에서 발생하는 출산율 저하, 이혼율 증가, 여성의 경제활동 참여율 증가 등은 전통적인 가족 기능의 위기를 가져오는 아주 심각한 사회문제야. 그래서 핵가족 구조와 기능을 유지할 수 있는 정책이 필요해.
>
> 여2 : 전통적인 가족 개념은 가부장적 위계질서를 가지고 있었어. 하지만 최근에는 민주적인 가족관계를 형성하고자 하는 의지가 가족 구조를 변화시키고 있지. 게다가 여성의 자아실현 욕구가 증대하고 사회·경제적 구조의 변화에 따라 남성 혼자서 가족을 부양하기 어려운 것이 현실이야. 그래서 한 가정 내에서 남성과 여성이 모두 경제활동에 참여할 수 있도록 지원하는 국가의 정책이 필요하다고 생각해.

> ㉠ 남1에 의하면 민족과 국적이 서로 다른 두 남녀가 결혼하여 자녀를 입양한 가정은 가족으로 인정하기 어렵다.
> ㉡ 여1과 남2는 동성(同性) 간의 결합을 가족으로 인정하고 지지할 것이다.
> ㉢ 남2는 아동보육시설의 확대정책보다는 아동을 돌보는 어머니에게 매월 일정액을 지급하는 아동수당 정책을 더 선호할 것이다.
> ㉣ 여2는 무급의 육아휴직 확대정책보다는 육아도우미의 가정파견을 전액 지원하는 국가정책을 더 선호할 것이다.

① ㉠, ㉢
② ㉡, ㉣
③ ㉢, ㉣
④ ㉠, ㉡, ㉢

✔ **해설** ㉠ 남1의 발언에는 두 명의 성인 남녀라는 조건만 있을 뿐 민족과 국적에 대한 언급은 없다. 따라서 민족과 국적이 서로 다른 두 성인 남녀가 결혼하여 자녀를 입양한 가정은 가족으로 인정할 수 있다.
㉡ 여1은 동성 간의 결합을 가족으로 인정하고 지지할 수 있지만, 남2는 핵가족 구조를 전통적인 성역할에 기초한다고 보기 때문에 동성 간의 결합을 가족으로 인정하고 지지하지 않을 것이다.

ⓒ 남2는 여성의 경제활동 참여율 증가를 전통적인 가족 기능의 위기를 가져오는 심각한 사회문제로 보고 있다. 따라서 여성의 경제활동 참여를 지원하는 아동보육시설의 확대정책보다는 아동을 돌보는 어머니에게 매월 일정액을 지급하는 아동수당 정책을 더 선호할 것이다.

ⓔ 여2는 남성 혼자서 가족을 부양하기 어려운 현실을 지적하며 남녀 모두 경제활동에 참여할 수 있도록 지원하는 국가의 정책이 필요하다고 보는 입장이다. 따라서 여성 직장인이 휴직을 해야 하는 육아휴직 확대정책보다는 여성의 경제활동이 유지될 수 있도록 육아도우미의 가정파견을 전액 지원하는 국가정책을 더 선호할 것이다.

46 다음은 어느 공사의 윤리헌장이다. 밑줄 친 단어를 한자로 바꾸어 쓴 것으로 옳지 않은 것은?

> 우리 공사는 신뢰와 존경받는 일등 공기업으로서 새롭게 100년의 역사를 만들기 위하여 모든 임직원은 올바른 행동과 가치판단의 기준으로 아래와 같이 윤리헌장을 제정하고 <u>실천</u>을 다짐한다.
> 하나, 윤리적 기준과 원칙이 모든 경영 활동의 기본이 되고 의사결정의 <u>기초</u>가 된다.
> 하나, 국내외 법규와 국제협약을 준수한다.
> 하나, 임직원의 <u>존엄성</u>과 다양성을 존중한다.
> 하나, 개인의 이해를 초월하여 공사의 <u>이익</u>을 추구한다.
> 하나, 고객만족을 실천하고 협력업체와 상생을 추구한다.
> 하나, 기업시민으로서 지켜야 할 의무와 책임을 다한다.
> 하나, 지속가능경영을 위한 글로벌 스탠다드를 준수한다.

① 실천 – 實踐
② 기초 – 基礎
③ 존엄성 – 尊嚴性
④ 이익 – 李漢

✔ 해설 ④ '이익'은 한자로 '利益'으로 써야 한다.

47 다음 규정을 바탕으로 옳게 추론한 것을 〈보기〉에서 모두 고르면?

헌법 제117조
① 지방자치단체는 주민의 복리에 관한 사무를 처리하고 재산을 관리하며, 법령의 범위 안에서 자치에 관한 규정을 제정할 수 있다.
② 지방자치단체의 종류는 법률로 정한다.

헌법 제118조
① 지방자치단체에 의회를 둔다.
② 지방의회의 조직·권한·의원선거와 지방자치단체장의 선임방법 기타 지방자치단체의 조직과 운영에 관한 사항은 법률로 정한다.

헌법 제130조 국회는 재적의원 과반수의 출석과 출석의원 과반수의 찬성으로 법률을 제정·개정할 수 있다.

지방자치법 제41조 지방의회는 매년 1회 그 지방자치단체의 사무에 대하여 시·도에서는 10일의 범위에서, 시·군 및 자치구에서는 7일의 범위에서 감사를 실시할 수 있다.

지방자치법 제42조 지방자치단체는 관할 구역의 자치사무와 법령에 따라 지방자치단체에 속하는 사무를 처리한다.

감사원법 제22조
① 감사원은 다음 각 호의 사항을 검사한다.
　1. 국가의 회계
　2. 지방자치단체의 회계
② 감사원은 지방자치단체의 사무와 그에 소속한 지방공무원의 직무를 감찰한다.

※ 지방자치단체에는 ① 광역지방자치단체(특별시·광역시·도·특별자치도), ② 기초지방자치단체(시·군·자치구) 등이 있다.
※ 감사원의 감사권에는 회계검사권과 직무감찰권이 있다.

㉠ 법률을 개정하여 현행 지방행정체계를 변경할 수 있다.
㉡ 중앙정부가 지방자치단체장을 임명할 수 있도록 법률로 정할 수 있다.
㉢ 시·군 및 자치구가 독자적으로 처리하기에 부적당한 사무는 법률로 광역지방자치단체의 사무로 정할 수 있다.
㉣ 지방의회가 감사를 실시한 지방자치단체의 사무를 감사원이 중복하여 감사할 수 있다.
㉤ 특정한 목적을 수행하기 위하여 필요하면 법률로 특별지방자치단체를 설치할 수 있다.

① ㉠, ㉡, ㉢   ② ㉠, ㉢, ㉣

③ ㉠, ㉡, ㉢, ㉤   ④ ㉠, ㉡, ㉢, ㉣, ㉤

✔해설 ㉠㉤ 헌법 제117조 ②에 따르면 지방자치단체의 종류는 법률로 정한다. 따라서 법률을 개정하면 현행
        지방행정체계를 변경할 수 있으며, 특별지방자치단체를 설치할 수 있다.

       ㉡ 헌법 제118조 ②에 따르면 지방자치단체장의 선임방법은 법률로 정한다. 따라서 중앙정부가 지방자
        치단체장을 임명할 수 있도록 법률로 정할 수 있다.

       ㉢ 지방자치법 제42조에 따르면 지방자치단체는 법령에 따라 지방자치단체에 속하는 사무를 처리한다.
        따라서 시·군 및 자치구가 독자적으로 처리하기에 부적당한 사무는 법률로 광역지방자치단체 사무
        로 정할 수 있다.

       ㉣ 감사원법 제22조 ②에 따르면 감사원은 지방자치단체의 사무를 감찰한다. 중복감사 금지는 언급되어
        있지 않다.

Answer 47.④

48 A교육연구소 아동청소년연구팀에 근무하는 甲은 다음과 같은 연구를 시행하여 결과를 다음 중 빈칸 (가)~(라)에 들어갈 문서의 종류를 알맞게 나열한 것은?

(가)	• 외부로 전달하는 문서로 '누가, 언제, 어디서, 무엇을, 어떻게'가 정확하게 드러나도록 작성 • 이후 내용이 없을 때 반드시 '끝'자로 마무리
(나)	• 진행과정, 핵심 내용을 구체화 · 간결화
(다)	• 효과적인 내용 전달을 위해 목차를 체계적으로 구성하며 도표나 그래프를 활용 • 업무 진행과정을 구체적으로 제시하며, 핵심사항만 간결하게 작성하고 인용자료 출처 제시
(라)	• 명령문보다 평서문으로 작성하며 소비자가 이해하기 쉽도록 전문용어는 삼가는 것이 좋음 • 복잡한 내용은 도표를 통해 시각화

① 공문서, 보고서, 기획서, 설명서
② 공문서, 설명서, 기획서, 보고서
③ 설명서, 보고서, 기획서, 공문서
④ 설명서, 공문서, 기획서, 보고서

✔ 해설 공문서 : 정부 행정기관에서 내외적 공무를 집행하기 위해 작성하는 문서
보고서 : 특정한 일에 관한 현황 또는 진행 상황 · 결과를 보고하고자 할 때 작성하는 문서
기획서 : 적극적으로 아이디어를 내고 기획해 하나의 프로젝트를 문서형태로 만들어, 상대방에게 기획의 내용을 전달하여 기획을 시행하도록 설득하는 문서
설명서 : 상품의 특성 · 성질 · 가치, 작동방법이나 과정을 소비자에게 설명하는 것을 목적으로 작성한 문서

49

대부분의 사람들은 '이슬람', '중동', 그리고 '아랍'이라는 지역 개념을 혼용한다. 그러나 엄밀히 말하면 세 지역 개념은 서로 다르다.

우선 이슬람지역은 이슬람교를 믿는 무슬림이 많이 분포된 지역을 지칭하는 것으로 종교적인 관점에서 구분한 지역 개념이다. 오늘날 무슬림은 전 세계 약 57개국에 많게는 약 16억, 적게는 약 13억이 분포된 것으로 추정되며, 그 수는 점점 더 증가하는 추세이다. 무슬림 인구는 이슬람교가 태동한 중동지역에 집중되어 있다. 또한 무슬림은 중국과 중앙아시아, 동남아시아, 북아프리카 지역에 걸쳐 넓게 분포해 있다.

중동이란 단어는 오늘날 학계와 언론계에서 자주 사용되고 있다. 그러나 이 단어의 역사는 그리 길지 않다. 유럽, 특히 영국은 19세기 이래 아시아지역에서 식민정책을 펼치기 위해 전략적으로 이 지역을 근동, 중동, 극동의 세 지역으로 구분했으며, 이후 이러한 구분은 런던 타임즈에 기고된 글을 통해 정착되었다. 따라서 이 단어 뒤에는 중동을 타자화한 유럽 중심적인 사고관이 내재되어 있다.

중동지역의 지리적 정의는 학자에 따라, 그리고 국가의 정책에 따라 다르다. 북아프리카에 위치한 국가들과 소련 해체 이후 독립한 중앙아시아의 신생 독립국들을 이 지역에 포함시켜야 하는가에 대해서는 확고하게 정립된 입장은 아직 없지만, 일반적으로 합의된 중동지역에는 아랍연맹 22개국과 비아랍국가인 이란, 터키 등이 포함된다. 이 중 터키는 유럽연합 가입을 위해 계속적으로 노력하고 있으나 거부되고 있다.

이슬람지역이 가장 광의의 지역 개념이라면 아랍은 가장 협소한 지역 개념이다. 아랍인들은 셈족이라는 종족적 공통성과 더불어 아랍어와 이슬람 문화를 공유하고 있다. 아랍지역에 속하는 국가는 아랍연맹 회원국 22개국이다. 아랍연맹 회원국에는 아라비아 반도에 위치한 사우디아라비아, 바레인, 쿠웨이트, 이라크, 오만, 아랍에미리트 등과 북아프리카 지역의 알제리, 모로코, 리비아, 튀니지, 이집트, 수단 등이 포함된다.

㉠ 셈족의 혈통을 지닌 이라크의 많은 국민들은 아랍어를 사용한다.
㉡ 중동은 서구유럽의 식민정책이 반영된 단어로 그 지리적인 경계가 유동적이다.
㉢ 리비아는 이슬람지역에는 속하지만 일반적으로 합의된 중동지역에는 속하지 않는다.
㉣ 일반적으로 합의된 중동지역에 속하지만 아랍지역에 속하지 않는 국가로는 이란이 있다.

① 1개　　　　　　　　　② 2개
③ 3개　　　　　　　　　④ 4개

✔해설 ㉢ 마지막 문단에 따르면 리비아는 아랍연맹 회원국이다. 합의된 중동지역에는 아랍연맹 22개국과 비아랍국가인 이란, 터키 등이 포함되므로 리비아는 이슬람지역에 속하면서 합의된 중동지역에도 속한다.
㉠, ㉡, ㉣은 모두 지문의 내용과 부합한다.

50

　고생물의 골격, 이빨, 패각 등의 단단한 조직은 부패와 속성작용에 대한 내성을 가지고 있기 때문에 화석으로 남기 쉽다. 여기서 속성작용이란 퇴적물이 퇴적분지에 운반·퇴적된 후 단단한 암석으로 굳어지기까지의 물리·화학적 변화를 포함하는 일련의 과정을 일컫는다. 그러나 이들 딱딱한 조직도 지표와 해저 등에서 지하수와 박테리아의 분해작용을 받으면 화석이 되지 않는다. 따라서 딱딱한 조직을 가진 생물은 전혀 그렇지 않은 생물보다 화석이 될 가능성이 크지만, 그것은 어디까지나 이차적인 조건이다.

　화석이 되기 위해서는 우선 지질시대를 통해 고생물이 진화·발전하여 개체수가 충분히 많아야 한다. 다시 말하면, 화석이 되어 남는 고생물은 그 당시 매우 번성했던 생물인 것이다. 진화론에서 생물이 한 종에서 다른 종으로 진화할 때 중간 단계의 전이형태가 나타나지 않음은 오랫동안 문제시되어 왔다. 이러한 '잃어버린 고리'에 대한 합리적 해석으로 엘드리지와 굴드가 주장한 단속 평형설이 있다. 이에 따르면 새로운 종은 모집단에서 변이가 누적되어 서서히 나타나는 것이 아니라 모집단에서 이탈, 새로운 환경에 도전하는 소수의 개체 중에서 비교적 이른 시간에 급속하게 출현한다. 따라서 자연히 화석으로 남을 기회가 상대적으로 적다는 것이다.

　고생물의 사체가 화석으로 남기 위해서는 분해 작용을 받지 않아야 하고 이를 위해 가능한 한 급속히 퇴적물 속에 매몰될 필요가 있다. 대개의 경우 이러한 급속 매몰은 바람, 파도, 해류의 작용에 의한 마멸, 파괴 등의 기계적인 힘으로부터 고생물의 사체를 보호한다거나, 공기와 수중의 산소와 탄소에 의한 화학적인 분해 및 박테리아에 의한 분해, 포식동물에 의한 생물학적인 파괴를 막아 줄 가능성이 높기 때문이다. 퇴적물 속에 급속히 매몰되면 딱딱한 조직을 가지지 않은 해파리와 같은 생물도 화석으로 보존될 수 있으므로 급속 매몰이 중요한 의의를 가진다.

㉠ 화석의 고생물이 생존했던 당시에는 대부분의 생물이 딱딱한 조직을 가지고 있었음을 알 수 있다.

㉡ 딱딱한 조직이 없는 고생물은 퇴적물 속에 급속히 매몰되어도 분해작용을 받으면 화석으로 남기 어렵다.

㉢ 단속 평형설은 연관된 화석의 발굴과 분석을 통하여 생물의 진화상 중간단계의 생물종을 설명하고 있다.

㉣ 고생물의 사체가 땅 속에 급속 매몰되면 지하수에 의해 분해될 가능성이 높아져서 화석의 수가 급격하게 감소된다.

① 1개   ② 2개
③ 3개   ④ 4개

✔ 해설 ⓒ만 제시된 글의 내용과 부합한다.

ⓐ 첫 문단 마지막 부분에 따르면 딱딱한 조직을 가진 생물은 화석이 될 가능성이 크지만 어디까지나 이차적인 조건이라고 언급하고 있다. 또한 마지막 문단에서 퇴적물 속에 급속히 매몰되면 딱딱한 조직을 가지지 않은 해파리와 같은 생물도 화석으로 보존될 수 있다고 말하고 있으므로, 대부분의 생물이 딱딱한 조직을 가지고 있었다고 할 수는 없다.

ⓒ 마지막 문단에서 해파리 화석의 예를 들어 딱딱한 조직이 없는 고생물도 급속히 매몰되면 화석으로 보존될 수 있다고 언급하고 있다.

ⓓ 마지막 문단에 따르면 수중의 산소와 탄소에 의한 화학적인 분해를 막아 줄 가능성이 높아져서 화학의 수가 증가될 가능성이 있다.

CHAPTER 02

조직이해능력

1 조직과 개인

(1) 조직

① 조직과 기업
   ㉠ 조직 : 두 사람 이상이 공동의 목표를 달성하기 위해 의식적으로 구성된 상호작용과 조정을 행하는 행동의 집합체
   ㉡ 기업 : 노동, 자본, 물자, 기술 등을 투입하여 제품이나 서비스를 산출하는 기관

② 조직의 유형

기준	구분	예
공식성	공식조직	조직의 규모, 기능, 규정이 조직화된 조직
	비공식조직	인간관계에 따라 형성된 자발적 조직
영리성	영리조직	사기업
	비영리조직	정부조직, 병원, 대학, 시민단체
조직규모	소규모 조직	가족 소유의 상점
	대규모 조직	대기업

(2) 경영

① 경영의 의미 : 경영은 조직의 목적을 달성하기 위한 전략, 관리, 운영활동이다.

② 경영의 구성요소
   ㉠ 경영목적 : 조직의 목적을 달성하기 위한 방법이나 과정
   ㉡ 인적자원 : 조직의 구성원 · 인적자원의 배치와 활용
   ㉢ 자금 : 경영활동에 요구되는 돈 · 경영의 방향과 범위 한정
   ㉣ 경영전략 : 변화하는 환경에 적응하기 위한 경영활동 체계화

③ 경영자의 역할

대인적 역할	정보적 역할	의사결정적 역할
• 조직의 대표자 • 조직의 리더 • 상징자, 지도자	• 외부환경 모니터 • 변화전달 • 정보전달자	• 문제 조정 • 대외적 협상 주도 • 분쟁조정자, 자원배분자, 협상가

(3) 조직체제 구성요소

① 조직목표 : 전체 조직의 성과, 자원, 시장, 인력개발, 혁신과 변화, 생산성에 대한 목표

② 조직구조 : 조직 내의 부문 사이에 형성된 관계

③ 조직문화 : 조직구성원들 간에 공유하는 생활양식이나 가치

④ 규칙 및 규정 : 조직의 목표나 전략에 따라 수립되어 조직구성원들이 활동범위를 제약하고 일관성을 부여하는 기능

예제 1

주어진 글의 빈칸에 들어갈 말로 가장 적절한 것은?

> 조직이 지속되게 되면 조직구성원들 간 생활양식이나 가치를 공유하게 되는데 이를 조직의 (㉠)라고 한다. 이는 조직구성원들의 사고와 행동에 영향을 미치며 일체감과 정체성을 부여하고 조직이 (㉡)으로 유지되게 한다. 최근 이에 대한 중요성이 부각되면서 긍정적인 방향으로 조성하기 위한 경영층의 노력이 이루어지고 있다.

① ㉠ : 목표, ㉡ : 혁신적
② ㉠ : 구조, ㉡ : 단계적
③ ㉠ : 문화, ㉡ : 안정적
④ ㉠ : 규칙, ㉡ : 체계적

출제의도

본 문항은 조직체계의 구성요소들의 개념을 묻는 문제이다.

해 설

조직문화란 조직구성원들 간에 공유하게 되는 생활양식이나 가치를 말한다. 이는 조직구성원들의 사고와 행동에 영향을 미치며 일체감과 정체성을 부여하고 조직이 안정적으로 유지되게 한다.

답 ③

(4) 조직변화의 과정

환경변화 인지 → 조직변화 방향 수립 → 조직변화 실행 → 변화결과 평가

(5) 조직과 개인

개인	지식, 기술, 경험 → ← 연봉, 성과급, 인정, 칭찬, 만족감	조직

2 조직이해능력을 구성하는 하위능력

(1) 경영이해능력

① 경영 : 경영은 조직의 목적을 달성하기 위한 전략, 관리, 운영활동이다.

    ㉠ 경영의 구성요소 : 경영목적, 인적자원, 자금, 전략

    ㉡ 경영의 과정

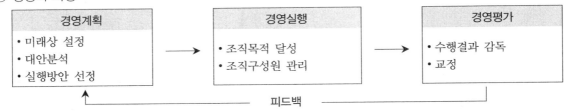

    ㉢ 경영활동 유형

    • 외부경영활동 : 조직외부에서 조직의 효과성을 높이기 위해 이루어지는 활동이다.

    • 내부경영활동 : 조직내부에서 인적, 물적 자원 및 생산기술을 관리하는 것이다.

② 의사결정과정

    ㉠ 의사결정의 과정

    • 확인 단계 : 의사결정이 필요한 문제를 인식한다.

    • 개발 단계 : 확인된 문제에 대하여 해결방안을 모색하는 단계이다.

    • 선택 단계 : 해결방안을 마련하며 실행가능한 해결안을 선택한다.

    ㉡ 집단의사결정의 특징

    • 지식과 정보가 더 많아 효과적인 결정을 할 수 있다.

    • 다양한 견해를 가지고 접근할 수 있다.

    • 결정된 사항에 대하여 의사결정에 참여한 사람들이 해결책을 수월하게 수용하고, 의사소통의 기회도 향상된다.

    • 의견이 불일치하는 경우 의사결정을 내리는데 시간이 많이 소요된다.

    • 특정 구성원에 의해 의사결정이 독점될 가능성이 있다.

③ 경영전략

    ㉠ 경영전략 추진과정

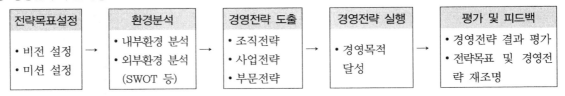

ⓛ 마이클 포터의 본원적 경쟁전략

<table>
<tr><td rowspan="2"></td><td colspan="2">전략적 우위 요소</td></tr>
<tr><td>고객들이 인식하는 제품의 특성</td><td>원가우위</td></tr>
<tr><td rowspan="2">전략적
목표</td><td>산업전체</td><td>차별화</td><td>원가우위</td></tr>
<tr><td>산업의 특정부문</td><td colspan="2">집중화
(차별화 + 집중화)   (원가우위 + 집중화)</td></tr>
</table>

예제 2

다음은 경영전략을 세우는 방법 중 하나인 SWOT에 따른 어느 기업의 분석결과이다. 다음 중 주어진 기업 분석 결과에 대응하는 전략은?

강점(Strength)	• 차별화된 맛과 메뉴 • 폭넓은 네트워크
약점(Weakness)	• 매출의 계절적 변동폭이 큼 • 딱딱한 기업 이미지
기회(Opportunity)	• 소비자의 수요 트랜드 변화 • 가계의 외식 횟수 증가 • 경기회복 가능성
위협(Threat)	• 새로운 경쟁자의 진입 가능성 • 과도한 가계부채

내부환경 외부환경	강점(Strength)	약점(Weakness)
기회 (Opportunity)	① 계절 메뉴 개발을 통한 분기 매출 확보	② 고객의 소비패턴을 반영한 광고를 통한 이미지 쇄신
위협 (Threat)	③ 소비 트렌드 변화를 반영한 시장 세분화 정책	④ 고급화 전략을 통한 매출 확대

출제의도

본 문항은 조직이해능력의 하위능력인 경영관리능력을 측정하는 문제이다. 기업에서 경영전략을 세우는데 많이 사용되는 SWOT분석에 대해 이해하고 주어진 분석표를 통해 가장 적절한 경영전략을 도출할 수 있는지를 확인할 수 있다.

해 설

② 딱딱한 이미지를 현재 소비자의 수요 트렌드라는 환경 변화에 대응하여 바꿀 수 있다.

답 ②

④ 경영참가제도

　ⓐ 목적
　　• 경영의 민주성을 제고할 수 있다.
　　• 공동으로 문제를 해결하고 노사 간의 세력 균형을 이룰 수 있다.
　　• 경영의 효율성을 제고할 수 있다.
　　• 노사 간 상호 신뢰를 증진시킬 수 있다.

　ⓑ 유형
　　• 경영참가 : 경영자의 권한인 의사결정과정에 근로자 또는 노동조합이 참여하는 것
　　• 이윤참가 : 조직의 경영성과에 대하여 근로자에게 배분하는 것
　　• 자본참가 : 근로자가 조직 재산의 소유에 참여하는 것

예제 3

다음은 중국의 H사에서 시행하는 경영참가제도에 대한 기사이다. 밑줄 친 이 제도는 무엇인가?

> H사는 '사람' 중심의 수평적 기업문화가 발달했다. H사는 <u>이 제도</u>의 시행을 통해 직원들이 경영에 간접적으로 참여할 수 있게 하였는데 이에 따라 자연스레 기업에 대한 직원들의 책임 의식도 강화됐다. 참여주주는 8만2471명이다. 모두 H사의 임직원이며, 이 중 창립자인 CEO R은 개인 주주로 총 주식의 1.18%의 지분과 퇴직연금으로 주식총액의 0.21%만을 보유하고 있다.

① 노사협의회제도　　　　　　② 이윤분배제도
③ 종업원지주제도　　　　　　④ 노동주제도

출제의도

경영참가제도는 조직원이 자신이 속한 조직에서 주인의식을 갖고 조직의 의사결정과정에 참여할 수 있도록 하는 제도이다. 본 문항은 경영참가제도의 유형을 구분해 낼 수 있는가를 묻는 질문이다.

해 설

종업원지주제도 … 기업이 자사 종업원에게 특별한 조건과 방법으로 자사 주식을 분양·소유하게 하는 제도이다. 이 제도의 목적은 종업원에 대한 근검저축의 장려, 공로에 대한 보수, 자사에의 귀속의식 고취, 자사에의 일체감 조성 등이 있다.

답 ③

---

(2) 체제이해능력

① 조직목표 : 조직이 달성하려는 장래의 상태

　ⓐ 조직목표의 기능
　　• 조직이 존재하는 정당성과 합법성 제공
　　• 조직이 나아갈 방향 제시
　　• 조직구성원 의사결정의 기준
　　• 조직구성원 행동수행의 동기유발
　　• 수행평가 기준
　　• 조직설계의 기준

ⓛ 조직목표의 특징

- 공식적 목표와 실제적 목표가 다를 수 있음
- 다수의 조직목표 추구 가능
- 조직목표 간 위계적 상호관계가 있음
- 가변적 속성
- 조직의 구성요소와 상호관계를 가짐

② 조직구조

ㄱ 조직구조의 결정요인 : 전략, 규모, 기술, 환경

ㄴ 조직구조의 유형과 특징

유형	특징
기계적 조직	• 구성원들의 업무가 분명하게 규정 • 엄격한 상하 간 위계질서 • 다수의 규칙과 규정 존재
유기적 조직	• 비공식적인 상호의사소통 • 급변하는 환경에 적합한 조직

③ 조직문화

ㄱ 조직문화 기능

- 조직구성원들에게 일체감, 정체성 부여
- 조직몰입 향상
- 조직구성원들의 행동지침 : 사회화 및 일탈행동 통제
- 조직의 안정성 유지

ㄴ 조직문화 구성요소(7S) : 공유가치(Shared Value), 리더십 스타일(Style), 구성원(Staff), 제도·절차 (System), 구조(Structure), 전략(Strategy), 스킬(Skill)

④ 조직 내 집단

ㄱ 공식적 집단 : 조직에서 의식적으로 만든 집단으로 집단의 목표, 임무가 명확하게 규정되어 있다.

예 임시위원회, 작업팀 등

ㄴ 비공식적 집단 : 조직구성원들의 요구에 따라 자발적으로 형성된 집단이다.

예 스터디모임, 봉사활동 동아리, 각종 친목회 등

(3) 업무이해능력

① 업무 : 업무는 상품이나 서비스를 창출하기 위한 생산적인 활동이다.

　　㉠ 업무의 종류

부서	업무(예)
총무부	주주총회 및 이사회개최 관련 업무, 의전 및 비서업무, 집기비품 및 소모품의 구입과 관리, 사무실 임차 및 관리, 차량 및 통신시설의 운영, 국내외 출장 업무 협조, 복리후생 업무, 법률자문과 소송관리, 사내외 홍보 광고업무
인사부	조직기구의 개편 및 조정, 업무분장 및 조정, 인력수급계획 및 관리, 직무 및 정원의 조정 종합, 노사관리, 평가관리, 상벌관리, 인사발령, 교육체계 수립 및 관리, 임금제도, 복리후생제도 및 지원업무, 복무관리, 퇴직관리
기획부	경영계획 및 전략 수립, 전사기획업무 종합 및 조정, 중장기 사업계획의 종합 및 조정, 경영정보 조사 및 기획보고, 경영진단업무, 종합예산수립 및 실적관리, 단기사업계획 종합 및 조정, 사업계획, 손익추정, 실적관리 및 분석
회계부	회계제도의 유지 및 관리, 재무상태 및 경영실적 보고, 결산 관련 업무, 재무제표분석 및 보고, 법인세, 부가가치세, 국세 지방세 업무자문 및 지원, 보험가입 및 보상업무, 고정자산 관련 업무
영업부	판매 계획, 판매예산의 편성, 시장조사, 광고 선전, 견적 및 계약, 제조지시서의 발행, 외상매출금의 청구 및 회수, 제품의 재고 조절, 거래처로부터의 불만처리, 제품의 애프터서비스, 판매원가 및 판매가격의 조사 검토

예제 4

다음은 I기업의 조직도와 팀장님의 지시사항이다. H씨가 팀장님의 심부름을 수행하기 위해 연락해야 할 부서로 옳은 것은?

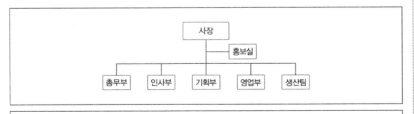

H씨! 내가 지금 너무 바빠서 그러는데 부탁 좀 들어줄래요? 다음 주 중에 사장님 모시고 클라이언트와 만나야 할 일이 있으니까 사장님 일정을 확인해주시구요. 이번 달에 신입사원 교육·훈련계획이 있었던 것 같은데 정확한 시간이랑 날짜를 확인해주세요.

① 총무부, 인사부　　　　　　　② 총무부, 홍보실
③ 기획부, 총무부　　　　　　　④ 영업부, 기획부

답 ①

ⓛ 업무의 특성
- 공통된 조직의 목적 지향
- 요구되는 지식, 기술, 도구의 다양성
- 다른 업무와의 관계, 독립성
- 업무수행의 자율성, 재량권

② 업무수행 계획
ⓐ 업무지침 확인 : 조직의 업무지침과 나의 업무지침을 확인한다.
ⓑ 활용 자원 확인 : 시간, 예산, 기술, 인간관계
ⓒ 업무수행 시트 작성
- 간트 차트 : 단계별로 업무의 시작과 끝 시간을 바 형식으로 표현
- 워크 플로 시트 : 일의 흐름을 동적으로 보여줌
- 체크리스트 : 수행수준 달성을 자가점검

  Point ≫ 간트 차트와 플로 차트

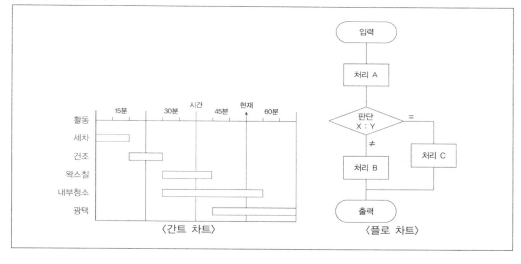

다음 중 업무수행 시 단계별로 업무를 시작해서 끝나는 데까지 걸리는 시간을 바 형식으로 표시하여 전체 일정 및 단계별로 소요되는 시간과 각 업무활동 사이의 관계를 볼 수 있는 업무수행 시트는?

① 간트 차트
② 워크 플로 차트
③ 체크리스트
④ 퍼트 차트

업무수행 계획을 수립할 때 간트 차트, 워크 플로 시트, 체크리스트 등의 수단을 이용하면 효과적으로 계획하고 마지막에 급하게 일을 처리하지 않고 주어진 시간 내에 끝마칠 수 있다. 본 문항은 그러한 수단이 되는 차트들의 이해도를 묻는 문항이다.

② 일의 절차 처리의 흐름을 표현하기 위해 기호를 써서 도식화한 것
③ 업무를 세부적으로 나누고 각 활동별로 수행수준을 달성했는지를 확인하는 데 효과적
④ 하나의 사업을 수행하는 데 필요한 다수의 세부사업을 단계와 활동으로 세분하여 관련된 계획 공정으로 묶고, 각 활동의 소요시간을 낙관시간, 최가능시간, 비관시간 등 세 가지로 추정하고 이를 평균하여 기대시간을 추정

답 ①

③ 업무 방해요소
  ㉠ 다른 사람의 방문, 인터넷, 전화, 메신저 등
  ㉡ 갈등관리
  ㉢ 스트레스

(4) 국제감각

① 세계화와 국제경영
  ㉠ 세계화 : 3Bs(국경 ; Border, 경계 ; Boundary, 장벽 ; Barrier)가 완화되면서 활동범위가 세계로 확대되는 현상이다.
  ㉡ 국제경영 : 다국적 내지 초국적 기업이 등장하여 범지구적 시스템과 네트워크 안에서 기업 활동이 이루어지는 것이다.

② 이문화 커뮤니케이션 : 서로 상이한 문화 간 커뮤니케이션으로 직업인이 자신의 일을 수행하는 가운데 문화배경을 달리하는 사람과 커뮤니케이션을 하는 것이 이에 해당한다. 이문화 커뮤니케이션은 언어적 커뮤니케이션과 비언어적 커뮤니케이션으로 구분된다.

③ 국제 동향 파악 방법

    ㉠ 관련 분야 해외사이트를 방문해 최신 이슈를 확인한다.

    ㉡ 매일 신문의 국제면을 읽는다.

    ㉢ 업무와 관련된 국제잡지를 정기구독 한다.

    ㉣ 고용노동부, 한국산업인력공단, 산업통상자원부, 중소기업청, 상공회의소, 산업별인적자원개발협의체 등의 사이트를 방문해 국제동향을 확인한다.

    ㉤ 국제학술대회에 참석한다.

    ㉥ 업무와 관련된 주요 용어의 외국어를 알아둔다.

    ㉦ 해외서점 사이트를 방문해 최신 서적 목록과 주요 내용을 파악한다.

    ㉧ 외국인 친구를 사귀고 대화를 자주 나눈다.

④ 대표적인 국제매너

    ㉠ 미국인과 인사할 때에는 눈이나 얼굴을 보는 것이 좋으며 오른손으로 상대방의 오른손을 힘주어 잡았다가 놓아야 한다.

    ㉡ 러시아와 라틴아메리카 사람들은 인사할 때에 포옹을 하는 경우가 있는데 이는 친밀함의 표현이므로 자연스럽게 받아주는 것이 좋다.

    ㉢ 명함은 받으면 꾸기거나 계속 만지지 않고 한 번 보고나서 탁자 위에 보이는 채로 대화하거나 명함집에 넣는다.

    ㉣ 미국인들은 시간 엄수를 중요하게 생각하므로 약속시간에 늦지 않도록 주의한다.

    ㉤ 스프를 먹을 때에는 몸쪽에서 바깥쪽으로 숟가락을 사용한다.

    ㉥ 생선요리는 뒤집어 먹지 않는다.

    ㉦ 빵은 스프를 먹고 난 후부터 디저트를 먹을 때까지 먹는다.

출제예상문제

1 다음의 조직도를 올바르게 이해한 것을 모두 고르면?

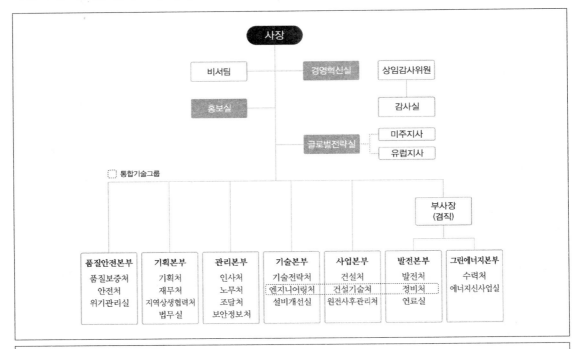

⊙ 7본부 3실은 모두 사장직속으로 되어 있다.
ⓛ 글로벌전략실은 2개의 지사를 이끌고 있다.
ⓒ 인사처와 노무처는 상호 업무 협동이 있어야 하므로 같은 본부에 소속되어 있다.
ⓔ 엔지니어링처와 건설기술처, 정비처, 발전처는 통합기술그룹에 속한다.

① ⊙ⓛ   ② ⊙ⓔ
③ ⓛⓒ   ④ ⓒⓔ

✔해설 ⊙ 발전본부와 그린에너지본부는 부사장 소속으로 되어 있다.
          ⓔ 엔지니어링처와 건설기술처, 정비처만 통합기술그룹에 속한다.

2 다음에 제시된 두 개의 조직도에 해당하는 조직의 특성을 올바르게 설명하지 못한 것은?

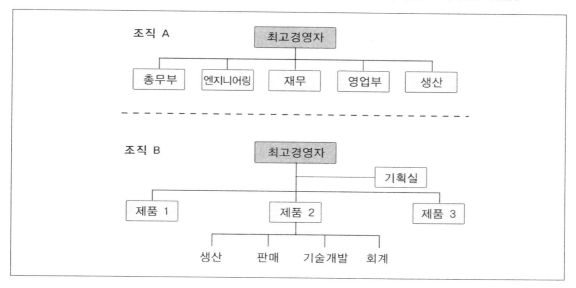

① 조직의 내부 효율성을 중요시하는 작은 규모 조직에서는 조직 A와 같은 조직도가 적합하다.

② 조직 A와 같은 조직도를 가진 조직은 결재 라인이 짧아 보다 신속한 의사결정이 가능하다.

③ 주요 프로젝트나 생산 제품 등에 의하여 구분되는 업무가 많은 조직에서는 조직 B와 같은 조직도가 적합하다.

④ 조직 B와 같은 조직도를 가진 조직은 내부 경쟁보다는 유사 조직 간의 협력과 단결된 업무 능력을 발휘하기에 더 적합하다.

✔해설 조직 B와 같은 조직도를 가진 조직은 사업이나 제품별로 단위 조직화되는 경우가 많아 사업조직별 내부 경쟁을 통해 긍정적인 발전을 도모할 수 있다.

환경이 안정적이거나 일상적인 기술, 조직의 내부 효율성을 중요시하며 기업의 규모가 작을 때에는 업무의 내용이 유사하고 관련성이 있는 것들을 결합해서 조직 A와 같은 조직도를 갖게 된다. 반대로, 급변하는 환경변화에 효과적으로 대응하고 제품, 지역, 고객별 차이에 신속하게 적응하기 위해서는 분권화된 의사결정이 가능한 사업별 조직구조 형태를 이룰 필요가 있다. 사업별 조직구조는 개별 제품, 서비스, 제품그룹, 주요 프로젝트나 프로그램 등에 따라 조직화된다. 즉, 조직 B와 같이 제품에 따라 조직이 구성되고 각 사업별 구조 아래 생산, 판매, 회계 등의 역할이 이루어진다.

3 조직변화에 대한 설명이다. 옳지 않은 것은?

① 조직의 변화는 환경의 변화를 인지하는 데에서 시작된다.
② 기존의 조직구조나 경영방식 하에서 환경변화에 따라 제품이나 기술을 변화시키는 것이다.
③ 조직의 목적과 일치시키기 위해 문화를 변화시키기도 한다.
④ 조직변화는 제품과 서비스, 전략, 구조, 기술 문화 등에서 이루어질 수 있다.

> ✔해설 ② 조직변화 중 전략이나 구조의 변화는 조직의 구조나 경영방식을 개선하기도 한다.

4 다음 중 조직목표의 특징으로 볼 수 없는 것은?

① 공식적 목표와 실제적 목표가 일치한다.
② 다수의 조직목표 추구가 가능하다.
③ 조직목표 간에 위계적 관계가 있다.
④ 조직의 구성요소와 상호관계를 가진다.

> ✔해설 ① 조직목표는 공식적 목표와 실제적 목표가 다를 수 있다.

5 다음은 업무수행의 방해요인들을 관리하는 방법이다. 옳지 않은 것은?

① 메신저는 시간을 정해 놓고 정해진 시간에만 접속한다.
② 갈등이 생겼을 경우 갈등상황을 받아들이고 객관적으로 평가한다.
③ 스트레스 관리를 위해 시관 관리를 통해 업무과중을 극복한다.
④ 받은 메일에는 즉각적으로 대답한다.

> ✔해설 반드시 모든 메일에 즉각적으로 대답할 필요는 없다. 하루 일과 중 메일을 확인하는 시간을 계획하여 처리하는 것이 바람직하다.

6 조직문화는 흔히 관계지향 문화, 혁신지향 문화, 위계지향 문화, 과업지향 문화의 네 가지로 분류된다. 다음 글에서 제시된 ㈎~㈑와 같은 특징 중 과업지향 문화에 해당하는 것은 어느 것인가?

㈎ A팀은 무엇보다 엄격한 통제를 통한 결속과 안정성을 추구하는 분위기이다. 분명한 명령계통으로 조직의 통합을 이루는 일을 제일의 가치로 삼는다.

㈏ B팀은 업무 수행의 효율성을 강조하며 목표 달성과 생산성 향상을 위해 전 조직원이 산출물 극대화를 위해 노력하는 문화가 조성되어 있다.

㈐ C팀은 자율성과 개인의 책임을 강조한다. 고유 업무 뿐 아니라 근태, 잔업, 퇴근 후 시간활용 등에 있어서도 정해진 흐름을 배제하고 개인의 자율과 그에 따른 책임을 강조한다.

㈑ D팀은 직원들 간의 응집력과 사기 진작을 위한 방안을 모색 중이다. 인적자원의 가치를 개발하기 위해 직원들 간의 관계에 초점을 둔 조직문화가 D팀의 특징이다.

① ㈎   ② ㈏

③ ㈐   ④ ㈑

✔해설 조직 문화의 분류와 그 특징은 다음과 같은 표로 정리될 수 있다. ㈐와 같이 개인의 자율성을 추구하는 경우는 조직문화의 고유 기능과 거리가 멀다고 보아야 한다.

관계지향 문화	• 조직 내 가족적인 분위기의 창출과 유지에 가장 큰 역점을 둠 • 조직 구성원들의 소속감, 상호 신뢰, 인화/단결 및 팀워크, 참여 등이 이 문화유형의 핵심가치로 자리 잡음
혁신지향 문화	• 조직의 유연성을 강조하는 동시에 외부 환경에의 적응성에 초점을 둠 • 따라서 이러한 적응과 조직성장을 뒷받침할 수 있는 적절한 자원획득이 중요하고, 구성원들의 창의성 및 기업가정신이 핵심 가치로 강조됨
위계지향 문화	• 조직 내부의 안정적이고 지속적인 통합/조정을 바탕으로 조직효율성을 추구함 • 이를 위해 분명한 위계질서와 명령계통, 그리고 공식적인 절차와 규칙을 중시하는 문화임
과업지향 문화	• 조직의 성과 달성과 과업 수행에 있어서의 효율성을 강조함 • 따라서 명확한 조직목표의 설정을 강조하며, 합리적 목표 달성을 위한 수단으로서 구성원들의 전문능력을 중시하며, 구성원들 간의 경쟁을 주요 자극제로 활용함

Answer   3.②   4.①   5.④   6.②

7 조직이 유연하고 자유로운지 아니면 안정이나 통제를 추구하는지, 조직이 내부의 단결이나 통합을 추구하는지 아니면 외부의 환경에 대한 대응성을 추구하는지의 차원에 따라 집단문화, 개발문화, 합리문화, 계층문화로 구분된다. 지문에 주어진 특징을 갖는 조직문화의 유형은?

> 과업지향적인 문화로, 결과지향적인 조직으로써의 업무의 완수를 강조한다. 조직의 목표를 명확하게 설정하여 합리적으로 달성하고, 주어진 과업을 효과적이고 효율적으로 수행하기 위하여 실적을 중시하고, 직무에 몰입하며, 미래를 위한 계획을 수립하는 것을 강조한다. 조직구성원 간의 경쟁을 유도하는 문화이기 때문에 때로는 지나친 성과를 강조하게 되어 조직에 대한 조직구성원들의 방어적인 태도와 개인주의적인 성향을 드러내는 경향을 보인다.

① 집단문화　　　　　　　　　　　② 개발문화
③ 합리문화　　　　　　　　　　　④ 계층문화

✔해설 ① 관계지향적인 문화이며, 조직구성원 간 인간애 또는 인간미를 중시하는 문화로서 조직내부의 통합과 유연한 인간관계를 강조한다. 따라서 조직구성원 간 인화단결, 협동, 팀워크, 공유가치, 사기, 의사결정과정에 참여 등을 중요시하며, 개인의 능력개발에 대한 관심이 높고 조직구성원에 대한 인간적 배려와 가족적인 분위기를 만들어내는 특징을 가진다.
② 높은 유연성과 개성을 강조하며 외부환경에 대한 변화지향성과 신축적 대응성을 기반으로 조직구성원의 도전의식, 모험성, 창의성, 혁신성, 자원획득 등을 중시하며 조직의 성장과 발전에 관심이 높은 조직문화를 의미한다. 따라서 조직구성원의 업무수행에 대한 자율성과 자유재량권 부여 여부가 핵심 요인이다.
④ 조직내부의 통합과 안정성을 확보하고 현상유지차원에서 계층화되고 서열화된 조직구조를 중요시하는 조직문화이다. 즉, 위계질서에 의한 명령과 통제, 업무처리 시 규칙과 법을 준수하고, 관행과 안정, 문서와 형식, 보고와 정보관리, 명확한 책임소재 등을 강조하는 관리적 문화의 특징을 나타내고 있다.

8 리더와 관리자에 대한 설명으로 옳지 않은 것은?

① 관리자는 자원을 관리·분배하고 당면한 문제를 해결하나, 리더는 비전을 구축하고 그 비전이 실현되도록 환경을 조성한다.
② 관리자는 무엇을 할까에 초점을 맞추나 리더는 어떻게 할까에 초점을 맞춘다.
③ 관리자는 사람이나 물품을 관리하나, 리더는 사람의 마음에 불을 지피는 사람이다.
④ 관리자는 현재의 구체적인 문제를 대상으로 삼는데 반해, 리더는 미래의 새로운 상황을 창조한다.

✔해설 관리자는 '어떻게 할까'에 초점을 맞추나 리더는 '무엇을 할까'에 초점을 맞춘다. 즉, 관리자는 '올바르게 하는 것'에 주안점을 두는 대신 리더는 '올바른 일을 한다.'는 것에 중점을 둔다.

9 다음에서 설명하는 리더십의 형태는 무엇인가?

> 주식회사 서원각의 편집부 팀장인 K씨는 그동안 자신의 팀이 유지해온 업무수행 상태에 문제가 있음을 판단하고 있다. 이를 개선하기 위하여 K씨는 팀에 명확한 비전을 제시하고 팀원들로 하여금 업무에 몰두할 수 있도록 격려하였다.

① 독재자 유형
② 파트너십 유형
③ 민주주의 유형
④ 변혁적 유형

> ✔ 해설 변혁적 리더십은 조직구성원들로 하여금 리더에 대한 신뢰를 갖게 하는 카리스마는 물론, 조직변화의 필요성을 감지하고 그러한 변화를 이끌어 낼 수 있는 새로운 비전을 제시할 수 있는 능력이 요구되는 리더십이다.

10 다음 중 동기부여와 관련된 설명으로 옳지 않은 것은?

① 목표 달성을 높이 평가하여 조직원에게 곧바로 보상하는 행위를 긍정적 강화라고 한다.
② 환경 변화에 따라 조직원들에게 새로운 업무를 맡을 기회를 준다면, 팀에는 발전과 창조성을 고무하는 분위기가 자연스럽게 조성된다.
③ 단기적인 관점에서 보면 공포 분위기로 인해 직원들이 일을 적극적으로 할 수도 있지만, 장기적으로는 공포감 조성이 오히려 해가 될 수도 있다.
④ 조직원들을 지속적으로 동기부여하기 위해 가장 좋은 방법은 금전적인 보상이나 편익, 승진 등의 외적인 동기유발이다.

> ✔ 해설 외적인 동기유발제는 일시적으로 효과를 낼 수는 있으나 그 효과가 오래가지는 못한다. 조직원들이 지속적으로 자신의 잠재력을 발휘하도록 만들기 위해서는 외적인 동기유발 그 이상의 것을 제공해야 한다.

11~12 다음은 J사의 2022년 조직도이다. 주어진 조직도를 보고 물음에 답하시오.

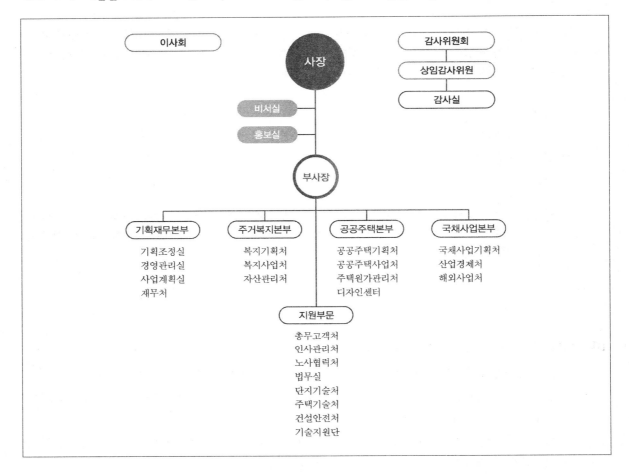

11 위 조직도를 보고 잘못 이해한 것은?

① 부사장은 따로 비서실을 두고 있지 않다.

② 비서실과 홍보실은 사장 직속으로 소속되어 있다.

③ 감사실은 공정한 감사를 위해 다른 조직들과는 구분되어 감사위원회 산하로 소속되어 있다.

④ 부사장 직속으로는 1개 부문, 1실, 6개 처, 1개의 지원단으로 구성되어 있다.

✔ **해설** 부사장 직속은 4개의 본부와 1개의 부문으로 구성되어 있다.

12 다음은 J사의 내년 조직개편사항과 A씨가 개편사항을 반영하여 수정한 조직도이다. 수정된 조직도를 보고 상사인 B씨가 A씨에게 지적할 사항으로 옳은 것은?

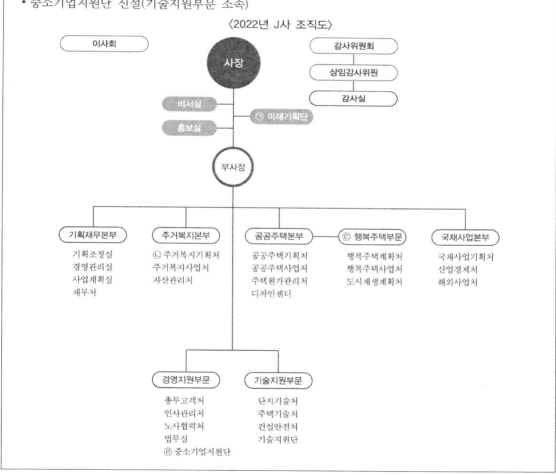

〈조직개편사항〉

- 미래기획단 신설(사장 직속)
- 명칭변경(주거복지본부) : 복지기획처 → 주거복지기획처, 복지사업처 → 주거복지사업처
- 지원부문을 경영지원부문과 기술지원부문으로 분리한다.
  - 경영지원부문 : 총무고객처, 인사관리처, 노사협력처, 법무실
  - 기술지원부문 : 단지기술처, 주택기술처, 건설안전처, 기술지원단
- 공공주택본부 소속으로 행복주택부문(행복주택계획처, 행복주택사업처, 도시재생계획처) 신설
- 중소기업지원단 신설(기술지원부문 소속)

〈2022년 J사 조직도〉

이사회

사장

감사위원회
상임감사위원
감사실

비서실
홍보실
ⓐ 미래기획단

부사장

기획재무본부	주거복지본부	공공주택본부	ⓒ 행복주택부문	국채사업본부
기획조정실	ⓑ 주거복지기획처	공공주택기획처	행복주택계획처	국채사업기획처
경영관리실	주거복지사업처	공공주택사업처	행복주택사업처	산업경제처
사업계획실	자산관리처	주택원가관리처	도시재생계획처	해외사업처
재무처		디자인센터		

경영지원부문	기술지원부문
총무고객처	단지기술처
인사관리처	주택기술처
노사협력처	건설안전처
법무실	기술지원단
ⓓ 중소기업지원단	

① ㉠ 미래기획단을 부사장 직속으로 이동시켜야 합니다.

② ㉡ 주거복지기획처를 복지기획처로 변경해야 합니다.

③ ㉢ 행복주택부문을 부사장 직속으로 이동해야 합니다.

④ ㉣ 중소기업지원단을 기술지원부문으로 이동해야 합니다.

> ✔해설 ㉠㉡㉢은 모두 조직개편사항에 맞는 옳은 내용이고, 중소기업지원단은 기술지원부문에 신설된 것이므로 조직도를 수정해야 한다.

▮13~14▮ 다음은 J기업의 결재라인에 대한 내용과 양식이다. 다음을 보고 물음에 답하시오.

〈결재규정〉

• 결재를 받으려는 업무에 대하여 최고결재권자 이하 직책자의 결재를 받아야 한다.

• '전결'이라 함은 회사의 경영활동이나 관리활동을 수행함에 있어 의사결정이나 판단을 요하는 일에 대하여 최고 결재권자의 결재를 생략하고, 자신의 책임 하에 최종적으로 의사결정이나 판단을 하는 행위를 말한다.

• 전결사항에 대해서도 위임 받은 자를 포함한 이하 직책자의 결재를 받아야 한다.

• 결재를 올리는 자는 전결을 위임받은 자가 있는 경우 위임받은 자의 결재란에 전결이라 표시하고 생략된 결재란 은 대각선으로 표시한다.

• 결재권자의 부득이한 부재(휴가, 출장 등) 시 그 직무를 대행하는 자가 대신 결재(대결)하며 대결 시 서명 상단에 "대결"이라 쓰고 날짜를 기입한다.

〈전결사항〉

구분	내용	금액기준	결재서류	팀장	부장	이사
잡비	사무용품 등	–	지출결의서	▲		
출장비	유류비(교통비) 숙식비 등	20만 원 이하	출장계획서	■	▲	
		100만 원 이하	법인카드신청서		■	▲
교육비	내부교육비	–	기안서	■▲		
	외부교육비	50만 원 이하	지출결의서	■	▲	
		100만 원 이하	법인카드신청서		■	▲

※ 전결사항에 없는 기타 결재서류는 모두 사장이 최종결재권자이다.

※ ■ : 출장계획서, 기안서

　▲ : 지출결의서, 법인카드신청서

13 인사팀의 A씨는 다음 달에 있을 전문 연수원 기술교육을 위한 서류를 만드는 중이다. 숙박비 및 강사비 등으로 20만 원 초과, 100만 원 이하로 지출될 예정일 때, A씨가 작성할 결재양식으로 옳은 것은?

①

	기안서				
결재	담당	팀장	부장	이사	최종결재
	A		전결	/	

②

	기안서				
결재	담당	팀장	부장	이사	최종결재
	A			전결	

③

	지출결의서				
결재	담당	팀장	부장	이사	최종결재
	A		전결	/	

④

	지출결의서				
결재	담당	팀장	부장	이사	최종결재
	A				

✔해설 100만 원 이하 외부교육비의 기안서는 부장 전결, 지출결의서는 이사 전결사항이다. 따라서 A씨가 작성할 결재양식은 다음과 같다.

	기안서				
결재	담당	팀장	부장	이사	최종결재
	A		전결	/	

	지출결의서				
결재	담당	팀장	부장	이사	최종결재
	A			전결	

14 해외영업부 H씨는 파리출장을 계획하고 있다. 예산을 200만 원으로 잡고 있을 때, H씨가 작성할 결재양식으로 옳은 것은?

①

출장계획서					
결재	담당	팀장	부장	이사	최종결재
	H		전결		

②

출장계획서					
결재	담당	팀장	부장	이사	최종결재
	H			전결	

③

법인카드신청서					
결재	담당	팀장	부장	이사	최종결재
	H			전결	

④

법인카드신청서					
결재	담당	팀장	부장	이사	최종결재
	H				

✔해설 출장비는 100만 원 이하인 경우에만 전결처리 할 수 있으므로 H씨는 최종적으로 사장에게 결재 받아야 한다.

15 다음 중 밑줄 친 ㉠과 ㉡에 대한 설명으로 적절하지 않은 것은?

> 조직 내에서는 ㉠ 개인이 단독으로 의사결정을 내리는 경우도 있지만 집단이 의사결정을 하기도 한다. 조직에서 여러 문제가 발생하면 직업인은 의사결정과정에 참여하게 된다. 이때 조직의 의사결정은 ㉡ 집단적으로 이루어지는 경우가 많으며, 여러 가지 제약요건이 존재하기 때문에 조직의 의사결정에 적합한 과정을 거쳐야 한다. 조직의 의사결정은 개인의 의사결정에 비해 복잡하고 불확실하다. 따라서 대부분 기존 결정을 조금씩 수정해 나가는 방향으로 이루어진다.

① ㉠ - 신속한 의사결정을 내릴 수 있다.

② ㉠ - 결정된 사항에 대해 조직 구성원이 수월하게 수용하지 않을 수 있다.

③ ㉡ - 다양한 시각과 견해를 갖고 의사결정에 접근 할 수 있다.

④ ㉡ - 의사소통의 기회가 저하될 수 있다.

✔ 해설 집단의사결정은 한 사람이 가진 지식보다 집단이 갖고 있는 지식·정보가 더 많아 효과적인 결정을 할 수 있다. 다양한 집단구성원이 갖고 있는 능력은 각기 다르므로 각자 다른 시각으로 문제를 바라봄에 따라 다양한 견해를 갖고 접근할 수 있다. 집단의사결정을 할 경우 결정된 사항에 대해 의사결정에 참여한 사람들이 해결책을 수월하게 수용하고, 의사소통의 기회도 향상되는 장점이 있다. 반면 의견이 불일치하는 경우 의사결정을 내리는 데 시간이 많이 소요되며, 특정 구성원들에 의해 의사결정이 독점될 가능성이 있다.

▌16~17 ▌ 다음은 L기업의 회의록이다. 다음을 보고 물음에 답하시오.

〈회의록〉

일시	2022. 00. 00 10:00~12:00	장소	7층 소회의실
참석자	\multicolumn{3}{l}{영업본부장, 영업1부장, 영업2부장, 기획개발부장 불참자(1명) : 영업3부장(해외출장)}		
회의제목	\multicolumn{3}{l}{고객 관리 및 영업 관리 체계 개선 방안 모색}		
의안	\multicolumn{3}{l}{고객 관리 체계 개선 방법 및 영업 관리 대책 모색 – 고객 관리 체계 확립을 위한 개선 및 A/S 고객의 만족도 증진방안 – 자사 영업직원의 적극적인 영업활동을 위한 개선방안}		
토의 내용	\multicolumn{3}{l}{㉠ 효율적인 고객관리 체계의 개선 방법 • 고객 관리를 위한 시스템 정비 및 고객관리 업무 전담 직원 증원이 필요(영업2부장) • 영업부와 기획개발부 간의 지속적인 제품 개선 방안 협의 건의(기획개발부장) • 영업 조직 체계를 제품별이 아닌 기업별 담당제로 전환(영업1부장) • 고객 정보를 부장차원에서 통합관리(영업2부장) • 각 부서의 영업직원의 고객 방문 스케줄 공유로 방문처 중복을 방지(영업1부장) ㉡ 자사 영업직원의 적극적인 영업활동을 위한 개선방안 • 영업직원의 영업능력을 향상시키기 위한 교육프로그램 운영(영업본부장)}		
협의사항	\multicolumn{3}{l}{㉠ IT본부와 고객 리스트 관리 프로그램 교체를 논의해보기로 함 ㉡ 인사과와 협의하여 추가 영업 사무를 처리하는 전담 직원을 채용 할 예정임 ㉢ 인사과와 협의하여 연 2회 교육세미나를 실시함으로 영업교육과 프레젠테이션 기술 교육을 받을 수 있도록 함 ㉣ 기획개발부와 협의하여 제품에 대한 자세한 이해와 매뉴얼 숙지를 위해 신제품 출시에 맞춰 영업직원을 위한 설명회를 열도록 함 ㉤ 기획개발부와 협의하여 주기적인 회의를 갖도록 함}		

16 다음 중 본 회의록으로 이해할 수 있는 내용이 아닌 것은?

① 회의 참석 대상자는 총 5명이었다.

② 영업본부의 업무 개선을 위한 회의이다.

③ 교육세미나의 강사는 인사과의 담당직원이다.

④ 영업1부와 2부의 스케줄 공유가 필요하다.

> ✔해설 직원 교육에 대한 업무는 인사과에서 담당하기 때문에 교육세미나에 대해 인사과와 협의해야하지만 영업교육과 프레젠테이션 기술 교육을 인사과 직원이 직접 하는 것은 아니다.

17 다음 중 회의 후에 영업부가 협의해야할 부서가 아닌 것은?

① IT본부   ② 인사과

③ 기획개발부   ④ 비서실

> ✔해설 협의 사항 중 비서실과 관련된 내용은 없다.

18 다음과 같은 문서 결재 양식을 보고 알 수 있는 사항이 아닌 것은?

출장보고서					
결재	담당	팀장	본부장	부사장	사장
	이 사원 서명	정 팀장 서명	전결	/	본부장

① 본부장은 가장 오른쪽 결재란에 서명하게 된다.

② 부사장은 결재할 필요가 없는 문서이다.

③ 출장자에 정 팀장은 포함되어 있지 않다.

④ 팀장 이하 출장자의 출장보고서 전결권자는 본부장이다.

> ✔해설 일반적인 경우, 팀장과 팀원의 동반 출장 시의 출장보고서는 팀원이 작성하여 담당→팀장의 결재 절차를 거치게 된다. 따라서 제시된 출장보고서는 이 사원 단독 출장 또는 이 사원과 정 팀장의 동반 출방으로 볼 수도 있다. 따라서 출장자에게 정 팀장이 포함되어 있지 않다고 말할 수 없다.

Answer   16.③   17.④   18.③

19 다음은 의료기기 영업부 신입사원 J씨가 H대리와 함께 일본 거래처 A기업의 "사토 쇼헤이" 부장에게 신제품을 알리기 위해 일본 출장에 가서 생긴 일이다. 다음 밑줄 친 행동 중 "사토 쇼헤이" 부장의 표정이 좋지 않았던 이유가 될 만한 것은?

> J씨는 출장 ①2주 전에 메일로 사토 쇼헤이 부장에게 출장의 일시와 약속장소 등을 확인한 후 하루 일찍 일본으로 출발했다. 약속 당일 A기업의 사옥 프론트에 도착한 두 사람은 소속과 이름을 밝히고 사토 쇼헤이 부장과 약속이 있다고 전했다. 안내된 회의실에서 사토 쇼헤이 부장을 만난 두 사람은 서로 명함을 교환한 후 ②신제품 카탈로그와 함께 선물로 준비한 한국의 김과 차를 전달하고 프레젠테이션을 시작했고, J씨는 H대리와 사토 상의 대화에서 중요한 부분들을 잊지 않기 위해 ③그 자리에서 명함 뒤에 작게 메모를 해두었다. 상담이 끝난 후 ④엘리베이터에서 사토 상이 먼저 탈 때까지 기다렸다가 탑승하였다. 사옥 입구에서 좋은 답변을 기다리겠노라고 인사하는데 어쩐지 사토 상의 표정이 좋지 않았다.

✅해설 일본에서는 명함은 그 사람 그 자체, 얼굴이라는 인식이 있어 받은 명함은 정중히 취급해야 한다. 받자마자 주머니나 명함케이스에 넣으면 안 되며, 상담 중에는 책상 위 눈앞에 정중하게 두고, 상담 종료후에 정중하게 명함케이스에 넣어야 한다. 또한 명함에 상대방 이름의 읽는 방법이나 미팅 날짜 등을 적고 싶은 경우에도 상담 후 방문 기업을 나온 뒤에 행하는 것이 좋다.

20 다음 '갑' 기업과 '을' 기업에 대한 설명 중 적절하지 않은 것은?

> '갑' 기업은 다양한 사외 기관, 단체들과의 상호 교류 등 업무가 잦아 관련 업무를 전담하는 조직이 갖춰져 있다. 전담 조직의 인원이 바뀌는 일은 가끔 있지만, 상설 조직이 있어 매번 발생하는 유사 업무를 효율적으로 수행한다.
> '을' 기업은 사내 당구 동호회가 구성되어 있어 동호회에 가입한 직원들은 정기적으로 당구장을 찾아 쌓인 스트레스를 풀곤 한다. 가입과 탈퇴가 자유로우며 당구를 좋아하는 직원은 누구든 참여가 가능하다. 당구 동호회에 가입한 직원은 직급이 아닌 당구 실력으로만 평가 받으며, 언제 어디서 당구를 즐기든 상사의 지시를 받지 않아도 된다.

① '갑' 기업의 상설 조직은 의도적으로 만들어진 집단이다.
② '갑' 기업 상설 조직의 임무는 보통 명확하지 않고 즉흥적인 성격을 띤다.
③ '을' 기업 당구 동호회는 공식적인 임무 이외에 다양한 요구들에 의해 구성되는 경우가 많다.
④ '갑' 기업 상설 조직의 구성원은 인위적으로 참여한다.

✔ **해설** '갑' 기업의 상설 조직은 공식적, '을' 기업의 당구 동호회는 비공식적 집단이다. 공식적인 집단은 조직의 공식적인 목표를 추구하기 위해 조직에서 의도적으로 만든 집단이다. 따라서 공식적인 집단의 목표나 임무는 비교적 명확하게 규정되어 있으며, 여기에 참여하는 구성원들도 인위적으로 결정되는 경우가 많다.

21 다음의 빈칸에 들어갈 말을 순서대로 나열한 것은?

> 조직의 (㉠)은/는 조직 내의 부문 사이에 형성된 관계로 조직목표를 달성하기 위한 조직 구성원들의 상호작용을 보여준다. 이는 결정권의 집중정도, 명령계통, 최고경영자의 통제, 규칙과 규제의 정도에 따라 달라지며 구성원들의 업무나 권한이 분명하게 정의된 기계적 조직과 의사결정권이 하부구성원들에게 많이 위임되고 업무가 고정적이지 않은 유기적 조직으로 구분될 수 있다. (㉡)은/는 이를 쉽게 파악할 수 있고 구성원들의 임무, 수행하는 과업, 일하는 장소 등을 파악하는데 용이하다.
> 한편 조직이 지속되게 되면 조직구성원들 간 생활양식이나 가치를 공유하게 되는데 이를 조직의 (㉢)라고 한다. 이는 조직구성원들의 사고와 행동에 영향을 미치며 일체감과 정체성을 부여하고 조직이 (㉣)으로 유지되게 한다. 최근 이에 대한 중요성이 부각되면서 긍정적인 방향으로 조성하기 위한 경영층의 노력이 이루어지고 있다.

	㉠	㉡	㉢	㉣
①	구조	조직도	문화	안정적
②	목표	비전	규정	체계적
③	미션	핵심가치	구조	혁신적
④	직급	규정	비전	단계적

✔ 해설 조직체제 구성요소

㉠ 조직목표 : 조직이 달성하려는 장래의 상태로 조직이 존재하는 정당성과 합법성을 제공한다. 전체 조직의 성과, 자원, 시장, 인력개발, 혁신과 변화, 생산성에 대한 목표가 포함된다.

㉡ 조직구조 : 조직 내의 부문 사이에 형성된 관계로 조직목표를 달성하기 위한 조직구성원들의 상호작용을 보여준다. 조직구조는 결정권의 집중정도, 명령계통, 최고경영자의 통제, 규칙과 규제의 정도에 따라 달라지며 구성원들의 업무나 권한이 분명하게 정의된 기계적 조직과 의사결정권이 하부구성원들에게 많이 위임되고 업무가 고정적이지 않은 유기적 조직으로 구분될 수 있다. 조직의 구성은 조직도를 통해 쉽게 파악할 수 있는데, 이는 구성원들의 임무, 수행하는 과업, 일하는 장소 등을 파악하는데 용이하다.

㉢ 조직문화 : 조직이 지속되게 되면서 조직구성원들 간에 공유되는 생활양식이나 가치로 조직구성원들의 사고와 행동에 영향을 미치며 일체감과 정체성을 부여하고 조직이 안정적으로 유지되게 한다. 최근 조직문화에 대한 중요성이 부각되면서 긍정적인 방향으로 조성하기 위한 경영층의 노력이 이루어지고 있다.

㉣ 조직의 규칙과 규정 : 조직의 목표나 전략에 따라 수립되어 조직구성원들의 활동범위를 제약하고 일관성을 부여하는 기능을 하는 것으로 인사규정, 총무규정, 회계규정 등이 있다. 특히 조직이 구성원들의 행동을 관리하기 위하여 규칙이나 절차에 의존하고 있는 공식화 정도에 따라 조직의 구조가 결정되기도 한다.

22 다음 중 조직에 대한 설명으로 옳지 않은 것은?

① 최근에는 다국적 기업과 같은 대규모조직이 증가하고 있다.

② 조직은 공식조직에서 비공식조직으로 발전되어 왔다.

③ 비영리조직은 정부조직을 비롯한 시민단체, 종교단체 등이 포함된다.

④ 비공식조직은 개인들의 협동과 상호작용에 따라 형성된 자발적인 조직이다.

> ✔해설 조직은 공식화 정도에 따라 공식조직과 비공식조직으로 나뉜다. 공식조직은 조직의 구조, 기능 규정 등이 조직화되어 있는 조직이며, 비공식조직은 개인들의 협동과 상호작용에 따라 형성된 자발적인 조직이다. 조직이 발달해 온 역사를 보면 비공식조직으로부터 공식화가 진행되어 공식조직으로 발전해 왔다.

23 다음 중 브레인스토밍을 이용하여 의사결정을 할 때 준수해야 할 규칙으로 옳지 않은 것은?

① 다른 사람이 아이디어를 제시할 때에는 비판하지 않는다.

② 문제에 대한 제안은 자유롭게 이루어질 수 있다.

③ 아이디어는 많이 나올수록 좋다.

④ 아이디어들이 제안되는 중에 이들을 결합하는 과정이 필요하다.

> ✔해설 ④ 브레인스토밍을 통해 모든 아이디어들이 제안되고 나면 이를 결합하고 해결책을 마련한다.

┃24~25┃ 다음은 작년의 사내 복지 제도와 그에 따른 4/4분기 복지 지원 내역이다. 올 1/4분기부터 복지 지원 내역의 변화가 있었을 때, 다음의 물음에 답하시오.

〈사내 복지 제도〉

구분	세부사항
주택 지원	사택지원 (1~6동 총 6개 동 120가구) 기본 2년(신청 시 1회 2년 연장 가능)
경조사 지원	본인/가족 결혼, 회갑 등 각종 경조사 시 경조금, 화환 및 경조휴가 제공
학자금 지원	고등학생, 대학생 학자금 지원
기타	상병 휴가, 휴직, 4대 보험 지원

〈4/4분기 지원 내역〉

이름	부서	직위	세부사항	금액(천 원)
정희진	영업1팀	사원	모친상	1,000
유연화	총무팀	차장	자녀 대학진학(입학금 제외)	4,000
김길동	인사팀	대리	본인 결혼	500
최선하	IT개발팀	과장	병가(실비 제외)	100
김만길	기획팀	사원	사택 제공(1동 702호)	–
송상현	생산2팀	사원	장모상	500
길태화	기획팀	과장	생일	50(상품권)
최현식	총무팀	차장	사택 제공(4동 204호)	–
최판석	총무팀	부장	자녀 결혼	300
김동훈	영업2팀	대리	생일	50(상품권)
백예령	IT개발팀	사원	본인 결혼	500

24 인사팀의 사원 Z씨는 팀장님의 지시로 작년 4/4분기 지원 내역을 구분하여 정리했다. 다음 중 구분이 잘못된 직원은?

구분	이름
주택 지원	김만길, 최현식
경조사 지원	정희진, 김길동, 길태화, 최판석, 김동훈, 백예령
학자금 지원	유연화
기타	최선하, 송상현

① 정희진　　　　　　　　　　② 김동훈
③ 유연화　　　　　　　　　　④ 송상현

> ✔해설　송상현 사원의 4/4분기 복지 지원 사유는 장모상이었다. 이는 본인/가족의 경조사에 포함되므로 경조사 지원에 포함되어야 한다.

25 다음은 올해 1/4분기 지원 내역이다. 변경된 복지 제도 내용으로 옳지 않은 것은?

이름	부서	직위	세부사항	금액(천 원)
김태호	총무팀	대리	장인상	1,000
이준규	영업2팀	과장	자녀 대학 등록금	4,000
박신영	기획팀	사원	생일	50(기프트 카드)
장민하	IT개발팀	차장	자녀 결혼	300
백유진	기획팀	대리	병가(실비 포함)	200
배주한	인사팀	차장	생일	50(기프트 카드)

① 경조사 지원금은 직위와 관계없이 동일한 금액으로 지원됩니다.
② 배우자 부모 사망 시 경조사비와 본인 부모 사망 시 경조사비를 동일하게 지급합니다.
③ 직원 본인 병가 시 위로금 10만 원과 함께 병원비(실비)를 함께 지급합니다.
④ 생일 시 지급되는 상품권을 현금카드처럼 사용할 수 있는 기프트 카드로 변경 지급합니다.

> ✔해설　작년 4/4분기 지원 내역을 보더라도 직위와 관계없이 같은 사유의 경조사 지원금은 동일한 금액으로 지원되었음을 알 수 있으므로 이는 변경된 복지 제도 내용으로 옳지 않다.

Answer　24.④　25.①

┃26~27┃ 다음은 영업1팀 사원 A씨가 부서 주간 회의에 참석하여 작성한 회의록이다. 다음을 보고 물음에 답하시오.

<table>
<tr><td colspan="4" align="center">〈회의록〉</td></tr>
<tr><td>일시</td><td>2021. 12. 15(화) 13:00~16:00</td><td>장소</td><td>10층 소회의실</td></tr>
<tr><td>참석자</td><td colspan="3">영업부장 K, 영업1팀 팀장 J, 차장 L, 과장 H, 대리 P, 사원 A, X</td></tr>
<tr><td>회의자료</td><td colspan="3">올해 영업1팀 영업보고서, 영업점 리스트, 영업점 요청사항</td></tr>
<tr><td>회의제목</td><td colspan="3">영업1팀 2021년도 영업보고 및 2022년도 영업전략 수립</td></tr>
<tr><td>회의내용</td><td colspan="3">① 영업현황 보고서 제출
　㉠ J 팀장의 올해 영업보고 – 작년 대비 5% 이익 감소
　㉡ 온라인 판매부문에서 20%의 높은 성장률을 기록하였으나 기존 매출의 80%를 차지하던 지점매출이 10% 이상 감소
② 부실 지점 정리 및 온라인 사업부 강화
　㉠ 올해 영업결과를 바탕으로 2022년도 영업방침 검토
　㉡ 적자 지점 철수
　㉢ 온라인 사업부 강화 방안 및 온라인 매출 목표액 설정
　㉣ 2차 회의를 통해 온라인 매출계획 및 전략의 세부사항 보고
③ 신년 프로모션 건
　㉠ 1월 신년 프로모션 기간 지정(영업2팀)
　㉡ 주요 경쟁사 할인 일정 및 할인율 확인(영업2팀)
　㉢ 프로모션 기간 중 고객 참여 현장 이벤트 기획논의 필요(경영지원팀)</td></tr>
<tr><td>요청사항
및 비고</td><td colspan="3">• 회의 종료 후 지점별 상세 매출자료 제출 요망(영업부장 K, 금일 18시)
• 2차 회의 일시 : 2021. 12. 22(화) 13시
• 영업2팀과 경영지원팀에 고객 참여 현장 이벤트에 대한 보고 및 2차 회의 참석요청(사원 X)</td></tr>
</table>

26 다음 중 본 회의의 안건으로 옳지 않은 것은?

① 2021 영업현황 보고

② 신년 주요 프로모션 기획

③ 부실 지점 정리 및 온라인 사업부 강화

④ 경영지원팀과의 현장 이벤트 기획논의

✔해설 요청사항 및 비고란을 참고해 볼 때 경영지원팀과의 고객 참여 현장 이벤트에 대한 기획논의는 2차 회의에 있을 안건으로 볼 수 있다.

27 다음 중 사원 A씨가 회의 이후 가장 먼저 해야 하는 일은?

① 영업2팀 팀장에게 회의록 전달 및 협업요청
② 영업부장에게 지점별 상세 매출자료 제출
③ 팀내 게시판에 2차 회의 일시 및 안건 작성
④ 경영지원팀에 영업1팀 2차 회의 참석 요청

✔해설 회의 종료 후 18시까지 지점별 상세 매출자료를 제출하라는 영업부장 K의 지시가 있었으므로 이를 가장 먼저 처리해야 한다.

28 다음 글의 빈 칸에 들어갈 적절한 말은?

> 하나의 조직이 조직의 목적을 달성하기 위해 이를 관리하고 운영하는 활동이 요구된다. 이러한 활동은 조직이 수립된 목적을 달성하기 위해 계획을 세우고 실행하고 그 결과를 평가하는 과정이다. 직업인은 조직의 한 구성원으로서 자신이 속한 조직이 어떻게 운영되고 있으며, 어떤 방향으로 흘러가고 있는지, 현재 운영체제의 문제는 무엇이고 생산성을 높이기 위해 어떻게 개선되어야 하는지 등을 이해하고 본인의 업무 역량에 맞게 적용하는 (   )이(가) 요구된다.

① 경영이해능력   ② 체제이해능력
③ 자기개발능력   ④ 업무이해능력

✔해설 경영은 조직의 목적을 달성하기 위한 전략, 관리 운영활동이다. 즉, 경영의 대상인 조직과 조직의 목적, 경영의 내용인 전략, 관리, 운영으로 이루어진다. 과거에는 경영을 단순 관리라고 생각하였다. 관리는 투입되는 지원을 최소화하거나 주어진 지원을 이용하여 추구하는 목표를 최대한 달성하기 위한 활동이다.

Answer   26.④ 27.② 28.①

29 다음은 기업용 소프트웨어를 개발·판매하는 A기업의 조직도와 사내 업무협조전이다. 주어진 업무협조전의 발신부서와 수신부서로 가장 적절한 것은?

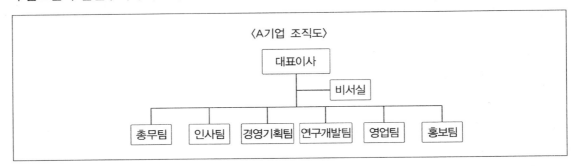

〈A기업 조직도〉

대표이사
비서실

총무팀　　인사팀　　경영기획팀　연구개발팀　　영업팀　　홍보팀

업무협조전

제목 : 콘텐츠 개발에 따른 적극적 영업 마케팅 협조
내용 :
2014년 경영기획팀의 요청으로 저희 팀에서 제작하기 시작한 업무매니저 "한방에" 소프트웨어가 모두 제작 완료되었습니다. 하여 해당 소프트웨어 5종에 관한 적극적인 마케팅을 부탁드립니다.
"한방에"는 거래처관리 소프트웨어, 직원/급여관리 소프트웨어, 매입/매출관리 소프트웨어, 증명서 발급관리 소프트웨어, 거래/견적/세금관리 소프트웨어로 각 분야별 영업을 진행하시면 될 것 같습니다.
특히나 직원/급여관리 소프트웨어는 회사 직원과 급여를 통합적으로 관리할 수 있는 프로그램으로 중소기업에서도 보편적으로 이용할 수 있도록 설계되어 있기 때문에 적극적인 영업 마케팅이 더해졌을 때 큰 이익을 낼 수 있을 거라 예상됩니다.
해당 5개의 프로그램의 이용 매뉴얼과 설명서를 첨부해드리오니 담당자분들께서는 이를 숙지하시고 판매에 효율성을 가지시기 바랍니다.
첨부 : 업무매니저 "한방에" 매뉴얼 및 설명서

	발신	수신		발신	수신
①	경영기획팀	홍보팀	②	연구개발팀	영업팀
③	총무팀	인사팀	④	영업팀	연구개발팀

✅**해설** 발신부서는 소프트웨어를 제작하는 팀이므로 연구개발팀이고, 발신부서는 수신부서에게 신제품 개발에 대한 대략적인 내용과 함께 영업 마케팅에 대한 당부를 하고 있으므로 수신부서는 영업팀이 가장 적절하다.

30 다음 중 조직문화의 형태와 특징에 대한 설명이 바른 것은?

> ⊙ 과업을 지향하는 조직문화는 업무 수행의 효율성을 강조한다.
> ⓛ 관계를 지향하는 조직문화는 구성원들의 상호 신뢰와 인화 단결을 중요시한다.
> ⓒ 혁신을 지향하는 조직문화는 조직의 유연성과 외부 환경에의 적응에 초점을 둔다.
> ⓔ 위계를 지향하는 조직문화는 조직원 개개인의 능력과 개성을 존중한다.

① ⊙ⓛⓒ
② ⓛⓒⓔ
③ ⊙ⓒⓔ
④ ⊙ⓛⓒⓔ

✔해설 ⓔ 위계를 강조하는 조직문화는 조직 내부의 안정적이고 지속된 통합, 조정을 바탕으로 일사불란한 조직 운영의 효율성을 추구하게 되는 특징이 있다. 조직원 개개인의 능력과 개성을 존중하는 모습은 혁신과 관계를 지향하는 조직문화에서 찾아볼 수 있는 특징이다.

31 다음 설명을 참고할 때, '차별화 전략'의 단점과 거리가 가장 먼 것은?

> 　조직의 경영전략은 경영자의 경영이념이나 조직의 특성에 따라 다양하다. 이 중 대표인 경영 전략으로 마이클 포터(Michael E. Porter)의 본원적 경쟁전략이 있다. 본원적 경쟁전략은 해당 사업에서 경쟁우위를 확보하기 위한 전략이며 차별화 전략, 집중화 전략, 원가우위 전략이 이에 속한다.
> 　차별화 전략은 조직이 생산품이나 서비스를 차별화하여 고객에게 가치가 있고 독특하게 인식되도록 하는 전략이다. 이러한 전략을 활용하기 위해 연구개발이나 광고를 통해 기술, 품질, 서비스, 브랜드 이미지를 개선할 필요가 있다.

① 비차별화 전략에 비해 사장을 세분화해야하는 어려움이 있다.
② 과도한 가격경쟁력 확보를 추진할 경우 수익구조에 악영향을 끼친다.
③ 유통경로 관리와 촉진에 추가적 노력이 필요하다.
④ 다양한 상품 개발에 따라 상품 원가가 높아질 수 있다.

✔해설 가격경쟁력을 확보하고자 하는 것은 원가우위 전략에서 실시하는 세부 전략 내용이다. 원가를 낮춰 더 많은 고객을 확보하는 것이 원가우위 전략의 기본 목표이므로 이러한 전략이 과도할 경우 매출만 신장 될 뿐 수익구조가 오히려 악화될 우려가 있다.

32 다음은 A기업의 조직도이다. 각 부서의 업무로 옳지 않은 것은?

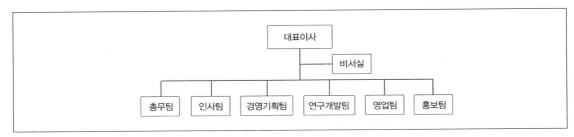

① 총무팀 : 소모품의 구입과 관리
② 인사팀 : 경영계획 및 전략 수립
③ 영업팀 : 시장조사, 광고
④ 기획팀 : 전사기획업무 종합

> **✔해설** ② 인사팀 : 인력수급계획 및 관리, 직무 및 정원의 조정 종합, 노사관리, 상벌관리 등
> ① 총무팀 : 소모품의 구입과 관리, 사무실 임차 및 관리, 차량 및 통신시설의 운영 등
> ③ 영업팀 : 판매 계획, 시장조사, 광고, 선전, 계약, 재고 조절 등
> ④ 기획팀 : 경영계획 및 전략 수립, 전사기획업무 종합 및 조정 등

33 다음에서 설명하고 있는 개념은 무엇인가?

> 조직이 당면한 문제에 대한 해결방안을 개인이 아닌 집단에 의하여 이루어지는 의사결정. 집단의사결정에 의하면 개인적 의사결정에 비하여 문제 분석을 보다 광범위한 관점에서 할 수 있고, 보다 많은 지식·사실·대안을 활용할 수 있다. 또 집단구성원 사이의 의사전달을 용이하게 하며, 참여를 통해 구성원의 만족과 결정에 대한 지지를 확보할 수 있다.

① 집단의사결정   ② 개인의사결정
③ 내부경영활동   ④ 외부경영활동

> **✔해설** 집단의사결정의 특징
> • 지식과 정보가 더 많아 효과적인 결정을 할 수 있다.
> • 다양한 견해를 가지고 접근할 수 있다.
> • 결정된 사항에 대하여 의사결정에 참여한 사람들이 해결책을 수월하게 수용하고, 의사소통의 기회도 향상된다.
> • 의견이 불일치하는 경우 의사결정을 내리는데 시간이 많이 소요된다.
> • 특정 구성원에 의해 의사결정이 독점될 가능성이 있다.

34 다음 중 조직 목표의 기능으로 적절한 것은?

① 급여제공의 기준을 제시한다.

② 고용보험의 기준을 제시한다.

③ 개인정보의 공개의 합법성을 제공한다.

④ 조직이 존재하는 정당성을 제공한다.

> ✔ 해설 조직목표의 기능
> • 조직이 존재하는 정당성과 합법성 제공
> • 조직이 나아갈 방향 제시
> • 조직구성원 의사결정의 기준
> • 조직구성원 행동수행의 동기유발
> • 수행평가 기준
> • 조직설계의 기준

35 다음 중 기계적 조직의 특징으로 옳지 않은 것은?

① 구성원들의 업무가 분명하게 규정

② 엄격한 상하 간 위계질서

③ 비공식적인 상호의사소통

④ 다수의 규칙과 규정 존재

> ✔ 해설 ③은 유기적 조직의 특징이다.
> ※ 기계적 조직의 특징
> • 구성원들의 업무가 분명하게 규정
> • 엄격한 상하 간 위계질서
> • 다수의 규칙과 규정 존재

36 다음은 조직의 유형에 대한 설명이다. 옳은 것을 모두 고른 것은?

> ㉠ 조직은 영리성을 기준으로 공식조직과 비공식조직으로 구분할 수 있다.
> ㉡ 조직은 비공식조직으로부터 공식조직으로 발전해왔다.
> ㉢ 정부조직은 비영리조직에 속한다.
> ㉣ 비공식조직 내에서 인간관계를 지향하면서 공식조직이 생성되기도 한다.
> ㉤ 기업과 같이 이윤을 목적으로 하는 조직을 공식조직이라 한다.

① ㉠㉣   ② ㉡㉢
③ ㉡㉤   ④ ㉢㉣

✔ 해설 ㉠ 조직은 공식화 정도에 따라 공식조직과 비공식조직으로 구분할 수 있다. 영리성을 기준으로는 영리조직과 비영리조직으로 구분된다.
㉣ 공식조직 내에서 인간관계를 지향하면서 비공식조직이 새롭게 생성되기도 한다. 이는 자연스러운 인간관계에 의해 일체감을 느끼고 가치나 행동유형 등이 공유되어 공식조직의 기능을 보완해주기도 한다.
㉤ 기업과 같이 이윤을 목적으로 하는 조직을 영리조직이라 한다.

37 다음 중 조직 경영에 필요한 요소에 대한 설명을 모두 고른 것은?

> (개) 특정 경제적 실체에 관해 이해관계에 있는 사람들에게 합리적이고 경제적인 의사결정을 하는 데 있어 유용한 재무적 정보를 제공하기 위한 것으로, 이러한 일련의 과정 또는 체계를 뜻한다.
> (내) 생산자가 상품 또는 서비스를 소비자에게 유통시키는 데 관련된 모든 체계적 경영활동이다.
> (대) 조직이 변화하는 환경에 적응하기 위해 경영활동을 체계화하는 것으로 목표달성을 위한 수단이다.
> (래) 조직에서 일하는 구성원으로, 경영은 이들의 직무수행에 기초하여 이루어지기 때문에 이들의 배치 및 활용이 중요하다.

① (개), (내)   ② (내), (대)
③ (내), (래)   ④ (대), (래)

✔ 해설 조직 경영에 필요한 요소는 경영목적, 인적자원(래), 자금, 경영전략(대)이다.
(개)는 회계 관리를 설명하고 있으며, (내)는 마케팅에 관한 설명이다.

다음은 어느 회사의 사내 복지 제도와 지원내역에 관한 자료이다. 물음에 답하시오.

〈2022년 사내 복지 제도〉

주택 지원
주택구입자금 대출
전보자 및 독신자를 위한 합숙소 운영

자녀학자금 지원
중고생 전액지원, 대학생 무이자융자

경조사 지원
사내근로복지기금을 운영하여 각종 경조금 지원

기타
사내 동호회 활동비 지원
상병 휴가, 휴직, 4대보험 지원
생일 축하금(상품권 지급)

〈2022년 1/4분기 지원 내역〉

이름	부서	직위	내역	금액(만 원)
엄영식	총무팀	차장	주택구입자금 대출	–
이수연	전산팀	사원	본인 결혼	10
임효진	인사팀	대리	독신자 합숙소 지원	–
김영태	영업팀	과장	휴직(병가)	–
김원식	편집팀	부장	대학생 학자금 무이자융자	–
심민지	홍보팀	대리	부친상	10
이영호	행정팀	대리	사내 동호회 활동비 지원	10
류민호	자원팀	사원	생일(상품권 지급)	5
백성미	디자인팀	과장	중학생 학자금 전액지원	100
채준민	재무팀	인턴	사내 동호회 활동비 지원	10

38 인사팀에 근무하고 있는 사원 B씨는 2022년 1분기에 지원을 받은 사원들을 정리했다. 다음 중 분류가 잘못된 사원은?

구분	이름
주택 지원	엄영식, 임효진
자녀학자금 지원	김원식, 백성미
경조사 지원	이수연, 심민지, 김영태
기타	이영호, 류민호, 채준민

① 엄영식　　　　　　　　　　　② 김원식
③ 심민지　　　　　　　　　　　④ 김영태

✔해설 ④ 김영태는 병가로 인한 휴직이므로 '기타'에 속해야 한다.

39 사원 B씨는 위의 복지제도와 지원 내역을 바탕으로 2분기에도 사원들을 지원하려고 한다. 지원한 내용으로 옳지 않은 것은?

① 엄영식 차장이 장모상을 당하셔서 경조금 10만 원을 지원하였다.
② 심민지 대리가 동호회에 참여하게 되어서 활동비 10만 원을 지원하였다.
③ 이수연 사원의 생일이라서 현금 5만 원을 지원하였다.
④ 류민호 사원이 결혼을 해서 10만 원을 지원하였다.

✔해설 ③ 생일인 경우에는 상품권 5만 원을 지원한다.

▌40~41 ▌ 다음은 어느 회사의 전화 사용 요령이다. 다음을 읽고 물음에 답하시오.

---

1. 일반 전화 걸기
회사 외부에 전화를 걸어야 하는 경우
→ 수화기를 들고 9번을 누른 후 (지역번호)+전화번호를 누른다.

2. 전화 당겨 받기
다른 직원에게 전화가 왔으나, 사정상 내가 받아야 하는 경우
→ 수화기를 들고 *(별표)를 두 번 누른다.
※ 다른 팀에게 걸려온 전화도 당겨 받을 수 있다.

3. 회사 내 직원과 전화하기
→ 수화기를 들고 내선번호를 누르면 통화가 가능하다.

4. 전화 넘겨주기
외부 전화를 받았는데 내가 담당자가 아니라서 다른 담당자에게 넘겨 줄 경우
→ 통화 중 상대방에게 양해를 구한 뒤 통화 종료 버튼을 짧게 누른 뒤 내선번호를 누른다. 다른 직원이 내선 전화를 받으면 어떤 용건인지 간략하게 얘기 한 뒤 수화기를 내려놓으면 자동적으로 전화가 넘겨진다.

5. 회사 전화를 내 핸드폰으로 받기
외근 나가 있는 상황에서 중요한 전화가 올 예정인 경우
→ 내 핸드폰으로 착신을 돌리기 위해서는 사무실 수화기를 들고 *(별표)를 누르고 88번을 누른다. 그리고 내 핸드폰 번호를 입력한다.
→ 착신을 풀기 위해서는 #(샵)을 누르고 88번을 누른 다음 *(별)을 누르면 된다.
※ 회사 전화를 내 핸드폰으로 받는 기능은 팀장급 이상의 자리에 있는 대표 전화기로만 가능하며, 그 이하의 직급 자리에 있는 일반 전화기로는 이 기능을 사용할 수 없다.

---

40 인사팀에 근무하고 있는 사원S는 신입사원들을 위해 전화기 사용 요령에 대해 교육을 진행하려고 한다. 다음 중 신입사원들에게 교육하지 않아도 되는 항목은?

① 일반 전화 걸기

② 전화 당겨 받기

③ 전화 넘겨 주기

④ 회사 전화를 내 핸드폰으로 받기

> ✔해설 회사 전화를 내 핸드폰으로 받는 기능은 팀장급 이상의 자리에 있는 대표 전화기로만 가능하기 때문에 신입사원에게 교육하지 않아도 되는 항목이다.

Answer 38.④ 39.③ 40.④

41 사원S는 전화 관련 정보들을 신입사원이 이해하기 쉽도록 표로 정리하였다. 정리한 내용으로 옳지 않은 내용이 포함된 항목은?

상황	항목	눌러야 하는 번호
회사 외부로 전화 걸 때	일반 전화 걸기	9+(지역번호)+(전화번호)
다른 직원에게 걸려온 전화를 내가 받아야 할 때	전화 당겨 받기	*(별표) 한번
회사 내 다른 직원과 전화 할 때	회사 내 직원과 전화하기	내선번호
내가 먼저 전화를 받은 경우 다른 직원에게 넘겨 줄 때	전화 넘겨주기	종료버튼(짧게)+내선번호

① 일반 전화 걸기
② 전화 당겨 받기
③ 전화 넘겨 주기
④ 회사 내 직원과 전화하기

✔ 해설 전화를 당겨 받는 경우에는 *(별표)를 두 번 누른다.

┃42~44┃ 다음 설명을 읽고 분석 결과에 대응하는 가장 적절한 전략을 고르시오.

SWOT분석이란 기업의 환경 분석을 통해 마케팅 전략을 수립하는 기법이다. 조직 내부 환경으로는 조직이 우위를 점할 수 있는 강점(Strength), 조직의 효과적인 성과를 방해하는 자원·기술·능력 면에서의 약점(Weakness), 조직 외부 환경으로는 조직 활동에 이점을 주는 기회(Opportunity), 조직 활동에 불이익을 미치는 위협(Threat)으로 구분된다.

※ SWOT분석에 의한 마케팅 전략
　㉠ SO전략(강점-기회전략) : 시장의 기회를 활용하기 위해 강점을 사용하는 전략
　㉡ ST전략(강점-위협전략) : 시장의 위협을 회피하기 위해 강점을 사용하는 전략
　㉢ WO전략(약점-기회전략) : 약점을 극복함으로 시장의 기회를 활용하려는 전략
　㉣ WT전략(약점-위협전략) : 시장의 위협을 회피하고 약점을 최소화하는 전략

42 다음은 A화장품 기업의 SWOT분석이다. 가장 적절한 전략은?

강점(Strength)	• 화장품과 관련된 높은 기술력 보유 • 기초화장품 전문 브랜드라는 소비자인식과 높은 신뢰도
약점(Weakness)	• 남성전용 화장품 라인의 후발주자 • 용량 대비 높은 가격
기회(Opportunity)	• 남성들의 화장품에 대한 인식변화와 화장품 시장의 지속적인 성장 • 화장품 분야에 대한 정부의 지원
위협(Threat)	• 경쟁업체들의 남성화장품 시장 공략 • 내수경기 침체로 인한 소비심리 위축

① SO전략 : 기초화장품 기술력을 통한 경쟁적 남성 기초화장품 개발
② ST전략 : 유통비조정을 통한 제품의 가격 조정
③ WO전략 : 남성화장품 이외의 라인에 주력하여 경쟁력 강화
④ WT전략 : 정부의 지원을 통한 제품의 가격 조정

　✔해설　② 가격을 낮추어 기타 업체들과 경쟁하는 전략으로 WO전략에 해당한다.
　　　　③ 위협을 회피하고 약점을 최소화하는 WT전략에 해당한다.
　　　　④ 정부의 지원이라는 기회를 활용하여 약점을 극복하는 WO전략에 해당한다.

Answer　41.② 42.①

43 다음 글의 '직무순환제'와 연관성의 높은 설명에 해당하는 것은?

> 경북 포항시에 본사를 둔 대기환경관리 전문업체 (주)에어릭스는 직원들의 업무능력을 배양하고 유기적인 조직운영을 위해 '직무순환제'를 실시하고 있다. 에어릭스의 직무순환제는 대기환경설비의 생산, 정비, 설계, 영업 파트에 속한 직원들이 일정 기간 해당 업무를 익힌 후 다른 부서로 이동해 또 다른 업무를 직접 경험해볼 수 있도록 하는 제도이다. 직무순환제를 통해 젊은 직원들은 다양한 업무를 거치면서 개개인의 역량을 쌓을 수 있을 뿐 아니라 풍부한 현장 경험을 축적한다. 특히 대기환경설비 등 플랜트 사업은 설계, 구매·조달, 시공 등 모든 파트의 유기적인 운영이 중요하다. 에어릭스의 경우에도 현장에서 실시하는 환경진단과 설비 운영 및 정비 등의 경험을 쌓은 직원이 효율적으로 집진기를 설계하며 생생한 현장 노하우가 영업에서의 성과로 이어진다. 또한 직무순환제를 통해 다른 부서의 업무를 실질적으로 이해함으로써 각 부서 간 활발한 소통과 협업을 이루고 있다.

① 직무순환을 실시함으로써 구성원들의 노동에 대한 싫증 및 소외감을 더 많이 느끼게 될 것이다.
② 직무순환을 실시할 경우 구성원 자신이 조직의 구성원으로써 가치 있는 존재로 인식을 하게끔 하는 역할을 수행한다.
③ 구성원들을 승진시키기 전 단계에서 실시하는 하나의 단계적인 교육훈련방법으로 파악하기 어렵다.
④ 직무순환은 조직변동에 따른 부서 간의 과부족 인원의 조정 또는 사원 개개인의 사정에 의한 구제를 하지 않기 위함이다.

> ✔ **해설** 직무순환은 종업원들의 여러 업무에 대한 능력개발 및 단일직무로 인한 나태함을 줄이기 위한 것에 그 의미가 있으며, 여러 가지 다양한 업무를 경험함으로써 종업원에게도 어떠한 성장할 수 있는 기회를 제공한다. 따라서 인사와 교육의 측면에서 장기적 관점으로 검토해야 한다.

44 다음은 K모바일메신저의 SWOT분석이다. 가장 적절한 전략은?

강점(Strength)	• 국내 브랜드 이미지 1위 • 무료 문자&통화 가능 • 다양한 기능(쇼핑, 뱅킹서비스 등)
약점(Weakness)	• 특정 지역에서의 접속 불량 • 서버 부족으로 인한 잦은 결함
기회(Opportunity)	• 스마트폰의 사용 증대 • App Store 시장의 확대
위협(Threat)	• 경쟁업체의 고급화 • 안정적인 해외 업체 메신저의 유입

① SO전략 : 다양한 기능과 서비스를 강조하여 기타 업체들과 경쟁한다.

② ST전략 : 접속 불량이 일어나는 지역의 원인을 파악하여 제거한다.

③ WO전략 : 서버를 추가적으로 구축하여 이용자를 유치한다.

④ WT전략 : 국내 브랜드 이미지를 이용하여 마케팅전략을 세운다.

✔해설 ③ 서버 부족이라는 약점을 극복하여 사용이 증대되고 있는 스마트폰 시장에서 이용자를 유치하는 WO 전략에 해당한다.

| 45~46 | 다음 결재규정을 보고 주어진 상황에 맞게 작성된 양식을 고르시오.

〈결재규정〉
- 결재를 받으려는 업무에 대해서는 대표이사를 포함한 이하 직책자의 결재를 받아야 한다.
- '전결'은 회사의 경영·관리 활동에 있어서 대표이사의 결재를 생략하고, 자신의 책임 하에 최종적으로 결정하는 행위를 말한다.
- 전결사항에 대해서도 위임 받은 자를 포함한 이하 직책자의 결재를 받아야 한다.
- 표시내용 : 결재를 올리는 자는 대표이사로부터 전결 사항을 위임 받은 자가 있는 경우 결재란에 전결이라고 표시하고 최종결재란에 위임받은 자를 표시한다. 다만, 결재가 불필요한 직책자의 결재란은 상향대각선으로 표시한다.
- 대표이사의 결재사항 및 대표이사로부터 위임된 전결사항은 아래의 표에 따른다.

구분	내용	금액기준	결재서류	팀장	부장	대표이사
접대비	거래처 식대, 경조사비 등	20만 원 이하	접대비지출품의서 지출결의서	● ■		
		30만 원 이하			● ■	
		30만 원 초과				● ■
교통비	국내 출장비	30만 원 이하	출장계획서 출장비신청서	● ■		
		50만 원 이하		●	■	
		50만 원 초과		●		■
	해외 출장비			●		■
소모품비	사무용품		지출결의서	■		
	문서, 전산소모품					■
	잡비	10만 원 이하		■		
		30만 원 이하			■	
		30만 원 초과				■
교육비	사내·외 교육		기안서 지출결의서	●		■
법인카드	법인카드 사용	50만 원 이하	법인카드 신청서	■		
		100만 원 이하			■	
		100만 원 초과				■

※ ● : 기안서, 출장계획서, 접대비지출품의서
※ ■ : 지출결의서, 각종신청서

45 영업부 사원 甲씨는 부산출장으로 450,000원을 지출했다. 甲씨가 작성한 결재 양식으로 옳은 것은?

①

결재	출장계획서			
	담당	팀장	부장	최종결재
	甲	/	/	팀장

②

결재	출장계획서			
	담당	팀장	부장	최종결재
	甲		전결	부장

③

결재	출장비신청서			
	담당	팀장	부장	최종결재
	甲		/	팀장

④

결재	출장비신청서			
	담당	팀장	부장	최종결재
	甲		전결	부장

✔해설 국내 출장비 50만 원 이하인 경우 출장계획서는 팀장 전결, 출장비신청서는 부장 전결이므로 사원 甲씨가 작성해야 하는 결재 양식은 다음과 같다.

결재	출장계획서			
	담당	팀장	부장	최종결재
	甲	전결	/	팀장

결재	출장비신청서			
	담당	팀장	부장	최종결재
	甲		전결	부장

46 기획팀 사원 乙씨는 같은 팀 사원 丙씨의 부친상 부의금 500,000원을 회사 명의로 지급하기로 했다. 乙씨가 작성한 결재 양식으로 옳은 것은?

①

결재	접대비지출품의서			
	담당	팀장	부장	최종결재
	乙		전결	부장

②

결재	접대비지출품의서			
	담당	팀장	부장	최종결재
	乙			대표이사

③

결재	지출결의서			
	담당	팀장	부장	최종결재
	乙	전결	/	팀장

④

결재	지출결의서			
	담당	팀장	부장	최종결재
	乙		전결	부장

✔해설 부의금은 접대비에 해당하는 경조사비이다. 30만 원이 초과되는 접대비는 접대비지출품의서, 지출결의서 모두 대표이사 결재사항이다. 따라서 사원 乙씨가 작성해야 하는 결재 양식은 다음과 같다.

결재	접대비지출품의서			
	담당	팀장	부장	최종결재
	乙			대표이사

결재	지출결의서			
	담당	팀장	부장	최종결재
	乙			대표이사

Answer 45.④ 46.②

02. 조직이해능력 » 123

47 해외 주재원으로 근무하는 이 과장은 현지 거래처 중요 인사들을 초청하여 저녁 식사 자리를 갖게 되었다. 식사 자리에서의 이 과장의 행동 중 상황에 따른 국제 매너에 비추어 적절하지 않은 것은?

① 주최 측에서 참석한 여직원 김 사원은 메뉴 선택에 익숙하지 않아 거래처 손님의 주문을 지켜본 후 "같은 것으로 하겠다."고 하였다.

② 테이블의 모양과 좌석의 배치 등이 중요하므로 사전에 이메일로 정확한 참석자의 테이블 배치를 통보해 주었다.

③ 식사 중 이 과장은 포크를 테이블 위에 올려놓을 때는 날이 위를 향하도록 놓으며 뒤집어 놓지 않도록 주의하였다.

④ 식사 중 사용하던 냅킨이 테이블 위에 올라가지 않도록 의자 위에 두고 화장실을 다녀왔다.

> ✔ 해설 일반적으로 메뉴를 선택할 때 여성의 경우 남성에게 일임하거나 무조건 "똑같은 것으로 하겠다"라고 하는 것은 적절한 매너가 아니다.

48 다음 S사의 업무분장표이다. 업무분장표를 참고할 때, 창의력과 분석력을 겸비한 경영학도인 신입사원이 배치되기에 가장 적합한 팀은 다음 중 어느 것인가?

팀	주요 업무	필요 자질
영업관리	영업전략 수립, 단위조직 손익관리, 영업인력 관리 및 지원	마케팅/유통/회계지식, 대외 섭외력, 분석력
생산관리	원가/재고/외주 관리, 생산계획 수립	제조공정/회계/통계/제품 지식, 분석력, 계산력
생산기술	공정/시설 관리, 품질 안정화, 생산 검증, 생산력 향상	기계/전기 지식, 창의력, 논리력, 분석력
연구개발	신제품 개발, 제품 개선, 원재료 분석 및 기초 연구	연구 분야 전문지식, 외국어 능력, 기획력, 시장분석력, 창의/집중력
기획	중장기 경영전략 수립, 경영정보 수집 및 분석, 투자사 관리, 손익 분석	재무/회계/경제/경영 지식, 창의력, 분석력, 전략적 사고
영업 (국내/해외)	신시장 및 신규고객 발굴, 네트워크 구축, 거래선 관리	제품지식, 협상력, 프리젠테이션 능력, 정보력, 도전정신
마케팅	시장조사, 마케팅 전략수립, 성과 관리, 브랜드 관리	마케팅/제품/통계지식, 분석력, 통찰력, 의사결정력
총무	자산관리, 문서관리, 의전 및 비서, 행사업무, 환경 등 위생관리	책임감, 협조성, 대외 섭외력, 부동산 및 보험 등 일반지식
인사/교육	채용, 승진, 평가, 보상, 교육, 인재개발	조직구성 및 노사 이해력, 교육학 지식, 객관성, 사회성
홍보/광고	홍보, 광고, 언론/사내 PR, 커뮤니케이션	창의력, 문장력, 기획력, 매체의 이해

① 연구개발팀
② 홍보/광고팀
③ 마케팅팀
④ 기획팀

✔ 해설 경영전략을 수립하고 각종 경영정보를 수집/분석하는 업무를 하는 기획팀에서 요구되는 자질은 재무/회계/경제/경영 지식, 창의력, 분석력, 전략적 사고 등이다.

Answer 47.① 48.④

| 49~50 | 다음 한국 주식회사의 〈조직도〉 및 〈전결규정〉을 보고 이어지는 물음에 답하시오.

〈조직도〉

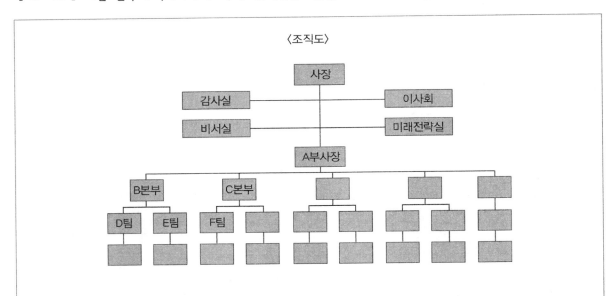

〈전결규정〉

업무내용	결재권자			
	사장	부사장	본부장	팀장
주간업무보고				○
팀장급 인수인계		○		
백만 불 이상 예산집행	○			
백만 불 이하 예산집행		○		
이사회 위원 위촉	○			
임직원 해외 출장	○(임원)		○(직원)	
임직원 휴가	○(임원)		○(직원)	
노조관련 협의사항		○		

※ 결재권자가 출장, 휴가 등 사유로 부재중일 경우에는 결재권자의 차상급 직위자의 전결사항으로 하되, 반드시 결재권자의 업무 복귀 후 후결로 보완한다.

49 한국 주식회사의 업무 조직도로 보아 사장에게 직접 보고를 할 수 있는 조직원은 모두 몇 명인가?

① 2명   ② 3명

③ 4명   ④ 5명

> ✔ 해설   감사실장, 이사회의장, 비서실장, 미래 전략실장, A부사장은 모두 사장과 직접적인 업무 라인으로 연결되어 있으므로 직속 결재권자가 사장이 된다.

50 한국 주식회사 임직원들의 다음과 같은 업무 처리 내용 중 사내 규정에 비추어 적절한 행위로 볼 수 있는 것은 어느 것인가?

① C본부장은 해외 출장을 위해 사장 부재 시 비서실장에게 최종 결재를 득하였다.

② B본부장과 E팀 직원의 동반 출장 시 각각의 출장신청서에 대해 사장에게 결재를 득하였다.

③ D팀에서는 50만 불 예산이 소요되는 프로젝트의 최종 결재를 위해 부사장 부재 시 본부장의 결재를 득하였고, 중요한 결재 서류인 만큼 결재 후 곧바로 문서보관함에 보관하였다.

④ E팀에서는 그간 심혈을 기울여 온 300만 불의 예산이 투입되는 해외 프로젝트의 최종 계약 체결을 위해 사장에게 동반 출장을 요청하기로 하였다.

> ✔ 해설   백만 불 이상 예산이 집행되는 사안이므로 최종 결재권자인 사장을 대동하여 출장을 계획하는 것은 적절한 행위로 볼 수 있다.
> ① 사장 부재 시 차상급 직위자는 부사장이다.
> ② 출장 시 본부장은 사장, 직원은 본부장에게 각각 결재를 득하면 된다.
> ③ 결재권자의 부재 시, 차상급 직위자의 전결로 처리하되 반드시 결재권자의 업무 복귀 후 후결로 보완한다는 규정이 있다.

CHAPTER 03 문제해결능력

1 문제와 문제해결

(1) 문제의 정의와 분류

① 정의 : 문제란 업무를 수행함에 있어서 답을 요구하는 질문이나 의논하여 해결해야 되는 사항이다.

② 문제의 분류

구분	창의적 문제	분석적 문제
문제제시 방법	현재 문제가 없더라도 보다 나은 방법을 찾기 위한 문제 탐구→문제 자체가 명확하지 않음	현재의 문제점이나 미래의 문제로 예견될 것에 대한 문제 탐구→문제 자체가 명확함
해결방법	창의력에 의한 많은 아이디어의 작성을 통해 해결	분석, 논리, 귀납과 같은 논리적 방법을 통해 해결
해답 수	해답의 수가 많으며, 많은 답 가운데 보다 나은 것을 선택	답의 수가 적으며 한정되어 있음
주요특징	주관적, 직관적, 감각적, 정성적, 개별적, 특수성	객관적, 논리적, 정량적, 이성적, 일반적, 공통성

(2) 업무수행과정에서 발생하는 문제 유형

① 발생형 문제(보이는 문제) : 현재 직면하여 해결하기 위해 고민하는 문제이다. 원인이 내재되어 있기 때문에 원인지향적인 문제라고도 한다.

    ㉠ 일탈문제 : 어떤 기준을 일탈함으로써 생기는 문제

    ㉡ 미달문제 : 어떤 기준에 미달하여 생기는 문제

② 탐색형 문제(찾는 문제) : 현재의 상황을 개선하거나 효율을 높이기 위한 문제이다. 방치할 경우 큰 손실이 따르거나 해결할 수 없는 문제로 나타나게 된다.

    ㉠ 잠재문제 : 문제가 잠재되어 있어 인식하지 못하다가 확대되어 해결이 어려운 문제

ⓛ 예측문제 : 현재로는 문제가 없으나 현 상태의 진행 상황을 예측하여 찾아야 앞으로 일어날 수 있는 문제가 보이는 문제

ⓒ 발견문제 : 현재로서는 담당 업무에 문제가 없으나 선진기업의 업무 방법 등 보다 좋은 제도나 기법을 발견하여 개선시킬 수 있는 문제

③ 설정형 문제(미래 문제) : 장래의 경영전략을 생각하는 것으로 앞으로 어떻게 할 것인가 하는 문제이다. 문제해결에 창조적인 노력이 요구되어 창조적 문제라고도 한다.

예제 1

D회사 신입사원으로 입사한 귀하는 신입사원 교육에서 업무수행과정에서 발생하는 문제 유형 중 설정형 문제를 하나씩 찾아오라는 지시를 받았다. 이에 대해 귀하는 교육받은 내용을 다시 복습하려고 한다. 설정형 문제에 해당하는 것은?

① 현재 직면하여 해결하기 위해 고민하는 문제
② 현재의 상황을 개선하거나 효율을 높이기 위한 문제
③ 앞으로 어떻게 할 것인가 하는 문제
④ 원인이 내재되어 있는 원인지향적인 문제

출제의도

업무수행 중 문제가 발생하였을 때 문제 유형을 구분하는 능력을 측정하는 문항이다.

해 설

업무수행과정에서 발생하는 문제 유형으로는 발생형 문제, 탐색형 문제, 설정형 문제가 있으며 ①④는 발생형 문제이며 ②는 탐색형 문제, ③이 설정형 문제이다.

답 ③

---

(3) 문제해결

① 정의 : 목표와 현상을 분석하고 이 결과를 토대로 과제를 도출하여 최적의 해결책을 찾아 실행·평가해 가는 활동이다.

② 문제해결에 필요한 기본적 사고

ⓗ 전략적 사고 : 문제와 해결방안이 상위 시스템과 어떻게 연결되어 있는지를 생각한다.

ⓛ 분석적 사고 : 전체를 각각의 요소로 나누어 그 의미를 도출하고 우선순위를 부여하여 구체적인 문제해결방법을 실행한다.

ⓒ 발상의 전환 : 인식의 틀을 전환하여 새로운 관점으로 바라보는 사고를 지향한다.

ⓔ 내·외부자원의 활용 : 기술, 재료, 사람 등 필요한 자원을 효과적으로 활용한다.

③ 문제해결의 장애요소

ⓗ 문제를 철저하게 분석하지 않는 경우

ⓛ 고정관념에 얽매이는 경우

ⓒ 쉽게 떠오르는 단순한 정보에 의지하는 경우

ⓔ 너무 많은 자료를 수집하려고 노력하는 경우

④ 문제해결방법

　　㉠ 소프트 어프로치 : 문제해결을 위해서 직접적인 표현보다는 무언가를 시사하거나 암시를 통하여 의
　　　사를 전달하여 문제해결을 도모하고자 한다.

　　㉡ 하드 어프로치 : 상이한 문화적 토양을 가지고 있는 구성원을 가정하고, 서로의 생각을 직설적으로
　　　주장하고 논쟁이나 협상을 통해 서로의 의견을 조정해 가는 방법이다.

　　㉢ 퍼실리테이션(facilitation) : 촉진을 의미하며 어떤 그룹이나 집단이 의사결정을 잘 하도록 도와주
　　　는 일을 의미한다.

2 문제해결능력을 구성하는 하위능력

(1) 사고력

① 창의적 사고 : 개인이 가지고 있는 경험과 지식을 통해 새로운 가치 있는 아이디어를 산출하는 사고
능력이다.

　　㉠ 창의적 사고의 특징
　　　• 정보와 정보의 조합
　　　• 사회나 개인에게 새로운 가치 창출
　　　• 창조적인 가능성

예제 2

M사 홍보팀에서 근무하고 있는 귀하는 입사 5년차로 창의적인 기획안을 제출하기로 유명하다. S부장은 이번 신입사원 교육 때 귀하에게 창의적인 사고란 무엇인지 교육을 맡아달라고 부탁하였다. 창의적인 사고에 대한 귀하의 설명으로 옳지 않은 것은?

① 창의적인 사고는 새롭고 유용한 아이디어를 생산해 내는 정신적인 과정이다.
② 창의적인 사고는 특별한 사람들만이 할 수 있는 대단한 능력이다.
③ 창의적인 사고는 기존의 정보들을 특정한 요구조건에 맞거나 유용하도록 새롭게 조합시킨 것이다.
④ 창의적인 사고는 통상적인 것이 아니라 기발하거나, 신기하며 독창적인 것이다.

출제의도

창의적 사고에 대한 개념을 정확히 파악하고 있는지를 묻는 문항이다.

해　설

흔히 사람들은 창의적인 사고에 대해 특별한 사람들만이 할 수 있는 대단한 능력이라고 생각하지만 그리 대단한 능력이 아니며 이미 알고 있는 경험과 지식을 해체하여 다시 새로운 정보로 결합하여 가치 있는 아이디어를 산출하는 사고라고 할 수 있다.

답 ②

ⓛ 발산적 사고 : 창의적 사고를 위해 필요한 것으로 자유연상법, 강제연상법, 비교발상법 등을 통해 개발할 수 있다.

구분	내용
자유연상법	생각나는 대로 자유롭게 발상 ex) 브레인스토밍
강제연상법	각종 힌트에 강제적으로 연결 지어 발상 ex) 체크리스트
비교발상법	주제의 본질과 닮은 것을 힌트로 발상 ex) NM법, Synectics

Point ≫ 브레인스토밍
  ㉠ 진행방법
    • 주제를 구체적이고 명확하게 정한다.
    • 구성원의 얼굴을 볼 수 있는 좌석 배치와 큰 용지를 준비한다.
    • 구성원들의 다양한 의견을 도출할 수 있는 사람을 리더로 선출한다.
    • 구성원은 다양한 분야의 사람들로 5~8명 정도로 구성한다.
    • 발언은 누구나 자유롭게 할 수 있도록 하며, 모든 발언 내용을 기록한다.
    • 아이디어에 대한 평가는 비판해서는 안 된다.
  ㉡ 4대 원칙
    • 비판엄금(Support) : 평가 단계 이전에 결코 비판이나 판단을 해서는 안 되며 평가는 나중까지 유보한다.
    • 자유분방(Silly) : 무엇이든 자유롭게 말하고 이런 바보 같은 소리를 해서는 안 된다는 등의 생각은 하지 않아야 한다.
    • 질보다 양(Speed) : 질에는 관계없이 가능한 많은 아이디어들을 생성해내도록 격려한다.
    • 결합과 개선(Synergy) : 다른 사람의 아이디어에 자극되어 보다 좋은 생각이 떠오르고, 서로 조합하면 재미있는 아이디어가 될 것 같은 생각이 들면 즉시 조합시킨다.

② 논리적 사고 : 사고의 전개에 있어 전후의 관계가 일치하고 있는가를 살피고 아이디어를 평가하는 사고능력이다.

  ㉠ 논리적 사고를 위한 5가지 요소 : 생각하는 습관, 상대 논리의 구조화, 구체적인 생각, 타인에 대한 이해, 설득

  ㉡ 논리적 사고 개발 방법

    • 피라미드 구조 : 하위의 사실이나 현상부터 사고하여 상위의 주장을 만들어가는 방법

    • so what기법 : '그래서 무엇이지?'하고 자문자답하여 주어진 정보로부터 가치 있는 정보를 이끌어내는 사고 기법

③ 비판적 사고 : 어떤 주제나 주장에 대해서 적극적으로 분석하고 종합하며 평가하는 능동적인 사고이다.

  ㉠ 비판적 사고 개발 태도 : 비판적 사고를 개발하기 위해서는 지적 호기심, 객관성, 개방성, 융통성, 지적 회의성, 지적 정직성, 체계성, 지속성, 결단성, 다른 관점에 대한 존중과 같은 태도가 요구된다.

ⓛ 비판적 사고를 위한 태도
- 문제의식 : 비판적인 사고를 위해서 가장 먼저 필요한 것은 바로 문제의식이다. 자신이 지니고 있는 문제와 목적을 확실하고 정확하게 파악하는 것이 비판적인 사고의 시작이다.
- 고정관념 타파 : 지각의 폭을 넓히는 일은 정보에 대한 개방성을 가지고 편견을 갖지 않는 것으로 고정관념을 타파하는 일이 중요하다.

(2) 문제처리능력과 문제해결절차

① 문제처리능력 : 목표와 현상을 분석하고 이를 토대로 문제를 도출하여 최적의 해결책을 찾아 실행 · 평가하는 능력이다.

② 문제해결절차 : 문제 인식 → 문제 도출 → 원인 분석 → 해결안 개발 → 실행 및 평가
  ㉠ 문제 인식 : 문제해결과정 중 'what'을 결정하는 단계로 환경 분석 → 주요 과제 도출 → 과제 선정의 절차를 통해 수행된다.
    - 3C 분석 : 환경 분석 방법의 하나로 사업환경을 구성하고 있는 요소인 자사(Company), 경쟁사(Competitor), 고객(Customer)을 분석하는 것이다.

예제 3

L사에서 주력 상품으로 밀고 있는 TV의 판매 이익이 감소하고 있는 상황에서 귀하는 B부장으로부터 3C분석을 통해 해결방안을 강구해 오라는 지시를 받았다. 다음 중 3C에 해당하지 않는 것은?

① Customer
② Company
③ Competitor
④ Content

출제의도

3C의 개념과 구성요소를 정확히 숙지하고 있는지를 측정하는 문항이다.

해 설

3C 분석에서 사업 환경을 구성하고 있는 요소인 자사(Company), 경쟁사(Competitor), 고객을 3C(Customer)라고 한다. 3C 분석에서 고객 분석에서는 '고객은 자사의 상품 · 서비스에 만족하고 있는지'를, 자사 분석에서는 '자사가 세운 달성목표와 현상 간에 차이가 없는지'를 경쟁사 분석에서는 '경쟁기업의 우수한 점과 자사의 현상과 차이가 없는지'에 대한 질문을 통해서 환경을 분석하게 된다.

답 ④

- SWOT 분석 : 기업내부의 강점과 약점, 외부환경의 기회와 위협요인을 분석·평가하여 문제해결 방안을 개발하는 방법이다.

		내부환경요인	
		강점(Strengths)	약점(Weaknesses)
외부환경요인	기회 (Opportunities)	SO 내부강점과 외부기회 요인을 극대화	WO 외부기회를 이용하여 내부약점을 강점으로 전환
	위협 (Threat)	ST 외부위협을 최소화하기 위해 내부강점을 극대화	WT 내부약점과 외부위협을 최소화

ⓛ 문제 도출 : 선정된 문제를 분석하여 해결해야 할 것이 무엇인지를 명확히 하는 단계로, 문제 구조 파악 → 핵심 문제 선정 단계를 거쳐 수행된다.

- Logic Tree : 문제의 원인을 파고들거나 해결책을 구체화할 때 제한된 시간 안에서 넓이와 깊이를 추구하는데 도움이 되는 기술로 주요 과제를 나무모양으로 분해·정리하는 기술이다.

ⓒ 원인 분석 : 문제 도출 후 파악된 핵심 문제에 대한 분석을 통해 근본 원인을 찾는 단계로 Issue 분석 → Data 분석 → 원인 파악의 절차로 진행된다.

ⓔ 해결안 개발 : 원인이 밝혀지면 이를 효과적으로 해결할 수 있는 다양한 해결안을 개발하고 최선의 해결안을 선택하는 것이 필요하다.

ⓜ 실행 및 평가 : 해결안 개발을 통해 만들어진 실행계획을 실제 상황에 적용하는 활동으로 실행계획 수립 → 실행 → Follow-up의 절차로 진행된다.

예제 4

C사는 최근 국내 매출이 지속적으로 하락하고 있어 사내 분위기가 심상치 않다. 이에 대해 Y부장은 이 문제를 극복하고자 문제처리 팀을 구성하여 해결방안을 모색하도록 지시하였다. 문제처리 팀의 문제해결 절차를 올바른 순서로 나열한 것은?

① 문제 인식 → 원인 분석 → 해결안 개발 → 문제 도출 → 실행 및 평가
② 문제 도출 → 문제 인식 → 해결안 개발 → 원인 분석 → 실행 및 평가
③ 문제 인식 → 원인 분석 → 문제 도출 → 해결안 개발 → 실행 및 평가
④ 문제 인식 → 문제 도출 → 원인 분석 → 해결안 개발 → 실행 및 평가

출제의도

실제 업무 상황에서 문제가 일어났을 때 해결 절차를 알고 있는지를 측정하는 문항이다.

해 설

일반적인 문제해결절차는 '문제 인식 → 문제 도출 → 원인 분석 → 해결안 개발 → 실행 및 평가'로 이루어진다.

답 ④

출제예상문제

1 다음은 W기업 토론 면접상황이다. 다음 중 한 팀이 될 수 있는 사람들은 누구인가?

> • A, B, C, D, E, F의 여섯 명의 신입사원들이 있다.
> • 신입사원들은 모두 두 팀 중 한 팀에 속해야 한다.
> • 한 팀에 3명씩 두 팀으로 나눠야 한다.
> • A와 B는 한 팀이 될 수 없다.
> • E는 C 또는 F와 한 팀이 되어야 한다.

① A, B, C
② A, B, F
③ A, C, E
④ A, C, F

✔해설 우선 A와 B를 다른 팀에 배치하고 C, D, E, F를 두 명씩 각 팀에 배치하되 C, E, F는 한 팀이 될 수 없고 C와 E 또는 E와 F가 한 팀이 되어야 하므로 (A,C,E/B,D,F), (B,C,E/A,D,F), (A,E,F/B,C,D), (B,E,F/A,C,D)의 네 가지 경우로 나눌 수 있다.

2 △△부서에서 다음 년도 예산을 편성하기 위해 전년도 시행되었던 정책들을 평가하여 다음과 같은 결과를 얻었다. △△부서의 예산 편성에 대한 설명으로 옳지 않은 것은?

〈정책 평가 결과〉

정책	계획의 충실성	계획 대비 실적	성과지표 달성도
A	96	95	76
B	93	83	81
C	94	96	82
D	98	82	75
E	95	92	79
F	95	90	85

〈평가기준〉

- 정책 평가 영역과 각 영역별 기준 점수는 다음과 같다
  - 계획의 충실성 : 기준 점수 90점
  - 계획 대비 실적 : 기준 점수 85점
  - 성과지표 달성도 : 기준 점수 80점
- 평가 점수가 해당 영역의 기준 점수 이상인 경우 '통과'로 판단하고 기준 점수 미만인 경우 '미통과'로 판단한다.
- 모든 영역이 통과로 판단된 정책에는 전년과 동일한 금액을 편성하며, 2개 영역이 통과로 판단된 정책에는 10% 감액, 1개 영역이 통과로 판단된 정책에는 15% 감액하여 편성한다. 다만 '계획 대비 실적' 영역이 미통과인 경우 위 기준과 상관없이 15% 감액하여 편성한다.
- 전년도 甲부서의 A~F 정책 예산은 각각 20억 원으로 총 120억 원이었다.

① 전년도와 비교하여 예산의 삭감 없이 예산이 편성될 정책은 2개 이상이다.

② '성과지표 달성도' 평가에서 '통과'를 받았음에도 예산을 감액해야하는 정책이 있다.

③ 전년 대비 10% 감액하게 될 정책은 총 3개이다.

④ 전년 대비 15% 감액하여 편성될 정책은 모두 '계획 대비 실적'에서 '미통과' 되었을 것이다.

✔ 해설 ③ 전년 대비 10% 감액하게 될 정책은 '성과지표 달성도'에서만 '통과'를 받지 못한 A와 E정책이다.
① 전년도와 비교하여 동일한 금액이 편성될 정책은 C, F이다.
② B정책은 '성과지표 달성도' 평가에서 '통과'를 받았음에도 예산을 감액해야하는 정책이다.
④ 전년 대비 15% 감액하여 편성하게 될 정책은 B, D정책으로 두 정책 모두 '계획 대비 실적'에서 '미통과' 되었다.

Answer 1.③ 2.③

3 다음 대화의 내용이 참일 때, 거짓인 진술은?

> 팀장 : 위기관리체계 점검 회의를 위해 외부 전문가를 위촉해야 하는데, 위촉 후보자는 A, B, C, D, E, F 여섯 사람입니다.
>
> 대리 : 그건 저도 알고 있습니다. 그런데 A와 B 중 적어도 한 명은 위촉해야 합니다. 지진 재해와 관련된 전문가들은 이들뿐이거든요.
>
> 팀장 : 동의합니다. 그런데 A는 C와 같이 참여하기를 바라고 있습니다. 그러니까 C를 위촉할 경우에만 A를 위촉해야 합니다.
>
> 주임 : 별문제 없어 보입니다. C는 반드시 위촉해야 하거든요. 회의 진행을 맡을 사람이 필요한데, C가 적격입니다. 그런데 C를 위촉하기 위해서는 D, E, F 세 사람 중 적어도 한 명은 위촉해야 합니다. C가 회의를 진행할 때 도움이 될 사람이 필요하거든요.
>
> 대리 : E를 위촉할 경우에는 F도 반드시 위촉해야 합니다. E는 F가 참여하지 않으면 참여하지 않겠다고 했거든요.
>
> 주임 : 주의할 점이 있습니다. B와 D를 함께 위촉할 수는 없습니다. B와 D는 같은 학술 단체 소속이거든요.

① 갑 : 총 3명만 위촉하는 방법은 모두 3가지이다.

② 을 : A는 위촉되지 않을 수 있다.

③ 병 : B를 위촉하기 위해서는 F도 위촉해야 한다.

④ 정 : D와 E 중 적어도 한 사람은 위촉해야 한다.

✔해설 지문에 제시된 진술을 다음과 같이 정리할 수 있다.
대리 1 : A or/and B
팀장 2 : A → C
주임 1 : C + (D, E, F 중 1명)
대리 2 : E → F
주임 2 : not (B + D)
A or/and B이고, 반드시 C를 위촉하므로 다음과 같은 경우의 수가 나온다.

A	B	C	D	E	F
O	O	O			
O	×	O			
×	O	O			

B를 위촉할 경우 D는 위촉할 수 없다.

A	B	C	D	E	F
O	O	O	×		
O	×	O			
×	O	O	×		

E를 위촉할 때 반드시 F를 위촉하면 어떤 경우이든 가능하다. 이를 통해 도출할 수 있는 경우는 다음과 같다.

경우	A	B	C	D	E	F
1	O	O	O	×	O	O
2	O	O	O	×	×	O
3	O	×	O	O	O	O
4	O	×	O	×	O	O
5	O	×	O	×	×	O
6	O	×	O	O	×	×
7	×	O	O	×	O	O
8	×	O	O	×	×	O

정은 "D와 E 중 적어도 한 사람은 위촉해야 한다"고 진술했는데 '경우 2, 5, 8'과 같이 D나 E를 위촉하지 않고 F만 위촉할 수도 있다.

① 갑은 "총 3명만 위촉하는 방법은 모두 3가지"라고 했는데 참이다. (경우 5, 6, 8)

② 을은 "A는 위촉되지 않을 수 있다"고 했는데 참이다. (경우 7, 8)

③ 병은 "B를 위촉하기 위해서는 F도 위촉해야 한다"고 했는데 참이다. (경우 1, 2, 7, 8)

Answer 3.④

4 O회사에 근무하고 있는 채과장은 거래 업체를 선정하고자 한다. 업체별 현황과 평가기준이 다음과 같을 때, 선정되는 업체는?

〈업체별 현황〉

국가명	시장매력도	정보화수준	접근가능성
	시장규모(억 원)	정보화순위	수출액(백만 원)
A업체	550	106	9,103
B업체	333	62	2,459
C업체	315	91	2,597
D업체	1,706	95	2,777

〈평가기준〉

- 업체별 종합점수는 시장매력도(30점 만점), 정보화수준(30점 만점), 접근가능성(40점 만점)의 합계(100점 만점)로 구하며, 종합점수가 가장 높은 업체가 선정된다.
- 시장매력도 점수는 시장매력도가 가장 높은 업체에 30점, 가장 낮은 업체에 0점, 그 밖의 모든 업체에 15점을 부여한다. 시장규모가 클수록 시장매력도가 높다.
- 정보화수준 점수는 정보화순위가 가장 높은 업체에 30점, 가장 낮은 업체에 0점, 그 밖의 모든 업체에 15점을 부여한다.
- 접근가능성 점수는 접근가능성이 가장 높은 업체에 40점, 가장 낮은 업체에 0점, 그 밖의 모든 국가에 20점을 부여한다. 수출액이 클수록 접근가능성이 높다.

① A
② B
③ C
④ D

> **해설** 업체별 평가기준에 따른 점수는 다음과 같으며 D업체가 65점으로 선정된다.

	시장매력도	정보화수준	접근가능성	합계
A	15	0	40	55
B	15	30	0	45
C	0	15	20	35
D	30	15	20	65

5 G 음료회사는 신제품 출시를 위해 시제품 3개를 만들어 전직원을 대상으로 블라인드 테스트를 진행한 후 기획팀에서 회의를 하기로 했다. 독창성, 대중성, 개인선호도 세 가지 영역에 총 15점 만점으로 진행된 테스트 결과가 다음과 같을 때, 기획팀 직원들의 발언으로 옳지 않은 것은?

	독창성	대중성	개인선호도	총점
시제품 A	5	2	3	10
시제품 B	4	4	4	12
시제품 C	2	5	5	12

① 우리 회사의 핵심가치 중 하나가 창의성 아닙니까? 저는 독창성 점수가 높은 A를 출시해야 한다고 생각합니다.

② 독창성이 높아질수록 총점이 낮아지는 것을 보지 못하십니까? 저는 그 의견에 반대합니다.

③ 무엇보다 현 시점에서 회사의 재정상황을 타계하기 위해서는 대중성을 고려하여 높은 이윤이 날 것으로 보이는 C를 출시해야 하지 않겠습니까?

④ 그럼 독창성과 대중성, 개인선호도를 모두 고려하여 B를 출시하는 것이 어떻겠습니까?

✔ 해설 ② 시제품 B는 C에 비해 독창성 점수가 2점 높지만 총점은 같다. 따라서 옳지 않은 발언이다.

6 작업 A부터 작업 E까지 모두 완료해야 끝나는 업무에 대한 조건이 다음과 같을 때 옳지 않은 것은? (단, 모든 작업은 동일 작업장 내에서 행하여진다)

> ㉠ 작업 A는 4명의 인원과 10일의 기간이 소요된다.
> ㉡ 작업 B는 2명의 인원과 20일의 기간이 소요되며, 작업 A가 끝난 후에 시작할 수 있다.
> ㉢ 작업 C는 4명의 인원과 50일의 기간이 소요된다.
> ㉣ 작업 D와 E는 각 작업당 2명의 인원과 20일의 기간이 소요되며, 작업 E는 작업 D가 끝난 후에 시작할 수 있다.
> ㉤ 모든 인력은 작업 A~E까지 모두 동원될 수 있으며 생산력은 모두 같다.
> ㉥ 인건비는 1인당 1일 10만 원이다.
> ㉦ 작업장 사용료는 1일 50만 원이다.

① 업무를 가장 빨리 끝낼 수 있는 최단 기간은 50일이다.
② 최단 기간에 업무를 끝내기 위해 필요한 최소 인력은 10명이다.
③ 작업 가능한 인력이 4명뿐이라면 업무를 끝낼 수 있는 기간은 100일이다.
④ 모든 작업을 끝내는데 드는 최소 비용은 6,100만 원이다.

✔ 해설 ② 최단 기간에 업무를 끝내기 위해 필요한 최소 인력은 8명이다.

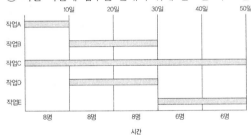

작업장 사용료 : 50일×50만 원=2,500만 원
인건비 : {(8인×30일)+(6인×20일)}×10만 원=3,600만 원

7 두 가지 직업을 동시에 가지는 사람들(일명 투잡)이 최근에 많아졌다. 지은, 수정, 효미는 각각 두 가지씩 직업을 가지고 있는데 직업의 종류는 은행원, 화가, 소설가, 교사, 변호사, 사업가 6가지이다. 세 명에 대하여 다음 사항을 알고 있을 때, 효미의 직업은 무엇인가?

> ㉠ 사업가는 은행원에게 대출 절차를 상담하였다.
> ㉡ 사업가와 소설가와 지은이는 같이 골프를 치는 친구이다.
> ㉢ 화가는 변호사에게서 법률적인 충고를 받았다.
> ㉣ 은행원은 화가의 누이동생과 결혼하였다.
> ㉤ 수정은 소설가에게서 소설책을 빌렸다.
> ㉥ 수정과 효미는 화가와 어릴 때부터 친구였다.

① 교사, 소설가
② 은행원, 소설가
③ 변호사, 사업가
④ 교사, 변호사

✔해설

직업 \ 사람	지은	수정	효미
변호사	×	o	×
사업가	×	o	×
화가	o	×	×
은행원	×	×	o
소설가	×	×	o
교사	o	×	×

위에서 효미는 소설가로 결정되므로 답은 ①, ② 가운데 하나이다.
그런데 지은이는 교사이므로 효미는 은행원, 소설가이다.

8   다음 항목들 중 비판적 사고를 개발하기 위한 태도로 적절한 것들로 짝지어진 것은 어느 것인가?

- 브레인스토밍
- 비교 발상법
- 생각하는 습관
- 다른 관점에 대한 존중

- 결단성
- 지적 호기심
- 타인에 대한 이해

---

① 결단성, 지적 호기심, 다른 관점에 대한 존중

② 생각하는 습관, 타인에 대한 이해, 다른 관점에 대한 존중

③ 비교 발상법, 지적 호기심, 생각하는 습관

④ 브레인스토밍, 지적 호기심, 타인에 대한 이해

> **해설** 제시된 항목들은 다음과 같은 특징을 갖는다.
> - 브레인스토밍(창의적 사고) : 브레인스토밍은 집단의 효과를 살려서 아이디어의 연쇄반응을 일으켜 자유분방한 아이디어를 내고자 하는 것으로, 창의적인 사고를 위한 발산 방법 중 가장 흔히 사용되는 방법이다.
> - 결단성(비판적 사고) : 모든 필요한 정보가 획득될 때까지 불필요한 논증, 속단을 피하고 모든 결정을 유보하지만, 증거가 타당할 땐 결론을 맺는다.
> - 비교 발상법(창의적 사고) : 비교 발상법은 주제와 본질적으로 닮은 것을 힌트로 하여 새로운 아이디어를 얻는 방법이다.
> - 지적 호기심(비판적 사고) : 여러 가지 다양한 질문이나 문제에 대한 해답을 탐색하고 사건의 원인과 설명을 구하기 위하여 질문을 제기한다.
> - 생각하는 습관(논리적 사고) : 논리적 사고에 있어서 가장 기본이 되는 것은 왜 그런지에 대해서 늘 생각하는 습관을 들이는 것이다.
> - 타인에 대한 이해(논리적 사고) : 반론을 하든 찬성을 하든 논의를 함으로써 이해가 깊어지거나 논점이 명확해질 수 있다.
> - 다른 관점에 대한 존중(비판적 사고) : 타인의 관점을 경청하고 들은 것에 대하여 정확하게 반응 한다.

9 다음 설명의 빈 칸에 공통으로 들어갈 말로 적당한 것은 어느 것인가?

> (   )는 직장생활 중에서 지속적으로 요구되는 능력이다. (   )를 할 수 있는 능력이 없다면 아무리 많은 지식을 가지고 있더라도 자신이 만든 계획이나 주장을 주위 사람에게 이해시켜 실현시키기 어려울 것이며, 이 때 다른 사람들을 설득하여야 하는 과정에 필요로 하는 것이 (   )이다. 이것은 사고의 전개에 있어서 전후의 관계가 일치하고 있는가를 살피고, 아이디어를 평가하는 능력을 의미한다. 이러한 사고는 다른 사람을 공감시켜 움직일 수 있게 하며, 짧은 시간에 헤매지 않고 사고할 수 있게 한다. 또한 행동을 하기 전에 생각을 먼저 하게 하며, 주위를 설득하는 일이 훨씬 쉬워진다.

① 전략적 사고
② 기능적 사고
③ 창의적 사고
④ 논리적 사고

✔ **해설** 주어진 글은 논리적 사고에 대한 글이며, 논리적인 사고를 하기 위해서는 생각하는 습관, 상대 논리의 구조화, 구체적인 생각, 타인에 대한 이해, 설득의 5가지 요소가 필요하다.
논리적인 사고의 핵심은 상대방을 설득할 수 있어야 한다는 것이며, 공감을 통한 설득에 필요한 가장 기본적인 사고력이 논리적 사고인 것이다.

Answer 8.① 9.④

10 홍보팀 백 대리는 회사 행사를 위해 연회장을 예약하려 한다. 연회장의 현황과 예약 상황이 다음과 같을 때, 연회장에 예약 문의를 한 백 대리의 아래 질문에 대한 연회장 측의 회신 내용에 포함되기에 적절하지 않은 것은 어느 것인가?

〈연회장 시설 현황〉

구분	최대 수용 인원(명)	대여 비용(원)	대여 가능 시간
A	250	500,000	3시간
B	250	450,000	2시간
C	200	400,000	3시간
D	150	350,000	2시간

* 연회장 정리 직원은 오후 10시에 퇴근함

* 시작 전과 후 준비 및 청소 시간 각각 1시간 소요, 연이은 사용의 경우 중간 1시간 소요

〈연회장 예약 현황〉

일	월	화	수	목	금	토
			1 A 10시 B 16시	2 B 19시 D 18시	3 C 15시 D 16시	4 A 11시 B 12시
5	6 B 17시 C 18시	7	8 A 18시 D 16시	9 C 15시	10 C 16시 D 11시	11
12	13 C 15시 D 16시	14 A 16시	15 D 18시 A 15시	16	17 B 18시 D 17시	18

〈백 대리 요청 사항〉

안녕하세요?

연회장 예약을 하려 합니다. 주말과 화, 목요일을 제외하고 가능한 날이면 언제든 좋습니다. 참석 인원은 180~220명 정도 될 것 같고요, 오후 6시에 저녁 식사를 겸해서 2시간 정도 사용하게 될 것 같습니다. 물론 가급적 저렴한 연회장이면 더 좋겠습니다. 회신 부탁드립니다.

① 가능한 연회장 중 가장 저렴한 가격을 원하신다면 월요일은 좀 어렵겠습니다.

② 6일은 가장 비싼 연회장만 가능한 상황입니다.

③ 인원이 200명을 넘지 않으신다면 가장 저렴한 연회장을 사용하실 수 있는 기회가 네 번 있습니다.

④ A, B 연회장은 원하시는 날짜에 언제든 가능합니다.

✔ 해설 주어진 조건에 의해 가능한 날짜와 연회장을 알아보면 다음과 같다.

우선, 백 대리가 원하는 날은 월, 수, 금요일이며 오후 6시~8시까지 사용을 원한다. 또한 인원수로 보아 A, B, C 연회장만 가능하다. 기 예약된 현황과 연회장 측의 직원들 퇴근 시간과 시작 전후 필요한 1시간씩을 감안하여 예약이 가능한 연회장과 날짜를 표시하면 다음과 같다.

일	월	화	수	목	금	토
			1	2 / B 19시 D 18시	3	4 / A 11시 B 12시
			A, C		A, B	
5	6 A	7	8	9 / C 15시	10	11
			B, C		A, B	
12	13	14 / A 16시	15	16	17	18
	A, B		B, C		A, C	

따라서 A, B 연회장은 원하는 날짜에 언제든 가능하지 않다.

① 가능한 연회장 중 가장 저렴한 C 연회장은 월요일에 사용이 불가능하다.

② 6일은 가장 비싼 A 연회장만 사용이 가능하다.

③ 인원이 200명을 넘지 않으면 가장 저렴한 C 연회장을 1, 8, 15, 17일에 사용할 수 있다.

11 다음은 난폭운전에 대한 문제점과 그 해결책이다. 각 문제점에 대한 해결책을 가장 적절히 연결한 것을 고르면?

〈문제점〉

ㄱ 난폭운전의 개념자체가 모호한 상태이고 난폭운전에 대한 실질적인 단속과 처벌이 미흡하다. 난폭운전에 대한 명확한 개념정의가 없는 상태에서 포괄적인 규정인 안전운전 의무규정으로 단속을 하기 때문에 단속대상을 명확하게 인지할 수 없는 상황이다.

ㄴ 난폭운전은 습관이나 정서불안 등 개인이 통제하기 어려운 요인에 의해 발생하게 되는데 고의적인 난폭운전자들에 대한 심리치료와 재발방지교육 프로그램이 미비하다.

〈해결책〉

A : 난폭운전의 적발가능성을 높여 실질적인 단속이 가능하도록 정책적 보완이 필요하다. 난폭운전이 빈번하게 발생하는 혼잡도로에 CCTV를 설치하여 집중단속을 실시하고 온라인으로 난폭운전을 신고할 수 있는 제도를 시행한다.

B : 난폭운전자들의 일반적인 습관이나 정서적인 요인 등을 분석하여 그들에게 맞는 교육프로그램을 개발하고 이를 의무적으로 수강하게 하는 방안을 마련할 뿐 아니라 난폭운전 예방캠페인 등 다양한 매체를 활용한다.

C : 선진국의 입법례와 난폭운전의 여러 가지 양태들을 고려하여 난폭운전의 구체적 요건을 설정하여 난폭운전에 대한 명확한 정의를 내리고 난폭운전에 대한 직접적인 처벌규정을 마련한다.

① ㄱ-A, ㄴ-B   ② ㄱ-A, ㄴ-C

③ ㄱ-B, ㄴ-A   ④ ㄱ-C, ㄴ-B

✔ 해설 ㄱ : 난폭운전의 모호한 개념자체를 지적하고 있으므로 난폭운전의 구체적 요건을 설정한다는 C가 대안이다.

ㄴ : 난폭운전자들에 대한 심리치료나 교육 프로그램의 미비를 지적하고 있으므로 교육 프로그램을 개발한다는 B가 대안이다.

▌12~13▐ S사와 H사는 신제품을 공동개발하여 판매한 총 순이익을 다음과 같은 기준으로 분배하기로 합의하였다. 합의한 기준 및 비용과 순이익이 다음과 같을 때, 물음에 답하시오.

〈분배기준〉

㉠ S사와 H사는 총 순이익에서 각 회사의 제조원가의 5%에 해당하는 금액을 우선 각자 분배받는다(우선분배).
㉡ 총 순이익에서 ㉠의 금액을 제외한 나머지 금액에 대한 분배기준은 연구개발비, 판매관리비, 광고홍보비 중 각 회사에서 가장 많이 든 비용과 가장 적게 든 두 비용의 합으로 결정하며 이 두 비용의 합에 비례하여 분배액을 정하기로 한다(나중분배).

〈비용과 순이익〉

(단위 : 억 원)

구분	S사	H사
제조원가	200	600
연구개발비	100	300
판매관리비	200	200
광고홍보비	250	150
총 순이익	200	

12 다음 중 옳지 않은 것은?

① S사의 분배기준은 연구개발비와 광고홍보비가 된다.
② S사와 H사의 총 순이익분배비는 2 : 3이 된다.
③ 우선분배금액은 H사가 많지만 총 분배금액은 S사가 더 많다.
④ 나중분배의 분배기준을 연구개발비, 판매관리비, 광고홍보비의 합으로 수정한다면 S사에게 이득이다.

✔해설 ㉠ 우선분배
　　S사 : 200억 원×0.05=10억 원
　　H사 : 600억 원×0.05=30억 원
㉡ 나중분배[200-40(우선분배금)=160억 원]
　　S사 : 연구개발비+광고홍보비=100억 원+250억 원=350억 원
　　H사 : 연구개발비+광고홍보비=300억 원+150억 원=450억 원
　　→ 나중분배는 7 : 9로 나누어야 하므로 S사는 70억 원, H사는 90억 원을 분배받게 된다.
∴ S사는 총 80억 원, H사는 120억 원을 분배받는다.

Answer　11.④　12.③

13 S사와 H사 모두 판매관리비를 50억 원 감축했는데도 불구하고 순 이익이 이전과 같았다면 다음 중 맞는 설명은?

① S사의 총 이익분배금이 증가한다.

② H사의 총 이익분배금이 증가한다.

③ 두 회사의 총 이익분배금이 같다.

④ 두 회사의 총 이익분배금이 이전과 변화가 없다.

✔ 해설 판매관리비가 각 50억 원씩 감축되어도 나중분배를 위한 분배기준이 변화하지 않는다. 순 이익도 이전과 같았으므로 두 회사의 총 이익분배금이 이전과 변화가 없다.

14 O씨가 잠시 쉬던 중 책상 위에 커피를 쏟아 자료의 일부가 훼손되었다. 다음 중 ㉠~㉢에 들어갈 수 있는 수치는? (단, 인건비와 재료비 이외의 투입요소는 없다)

구분	목표량	인건비	재료비	산출량	효과성 순위	효율성 순위
A	㉠	200	100	600	4	2
B	1,200	㉡	300	1,500	3	1
C	1,000	800	㉢	2,000	2	2
D	1,000	500	500	2500	1	1

※ 효율성 $= \dfrac{\text{산출}}{\text{투입}}$, 효과성 $= \dfrac{\text{산출}}{\text{목표}}$

	㉠	㉡	㉢			㉠	㉡	㉢
①	500	300	200		②	450	200	300
③	400	300	200		④	350	200	300

✔ 해설 B와 D의 효율성이 같으므로 $\dfrac{1,500}{㉡+300}=\dfrac{2,500}{500+500}$, 즉 ㉡은 300이다.

A와 C의 효율성이 같으므로 $\dfrac{600}{200+100}=\dfrac{2,000}{800+㉢}$, 즉 ㉢은 200이다.

	A	B	C	D
효과성	$\dfrac{600}{㉠}$	$\dfrac{1,500}{1,200}=1.25$	$\dfrac{2,000}{1,000}=2$	$\dfrac{2,500}{1,000}=2.5$

$\dfrac{600}{㉠}<1.25$이므로 ㉠값은 480보다 큰 값이다.

15 D사 이 대리는 외출을 하여 B상사, C무역, H은행, I협회 네 곳을 다녀와야 한다. 이 대리의 사무실과 네 지점과의 이동 시간이 다음과 같을 때, '사무실~B상사'와 '사무실~H은행'의 소요 시간이 될 수 없는 것은? (단, 소요 시간의 단위는 1분으로 한다.)

> • H은행과 B상사까지 가는 시간의 합은 I협회까지 가는 시간과 동일하다.
> • B상사까지 가는 시간은 H은행보다 더 걸리고 C무역보다 덜 걸린다.
> • C무역까지 가는 시간은 I협회까지 가는 시간의 30% 덜 걸리는 35분이다.

① 29분, 21분

② 26분, 24분

③ 35분, 15분

④ 33분, 17분

✔ 해설 세 번째 명제 : 사무실~C무역=35분, 사무실~협회=35÷7×10=50분이 걸리는 것을 알 수 있다. 사무실~B상사까지 걸리는 시간을 x분, 사무실~H은행까지 걸리는 시간을 y분이라고 하면 첫 번째 명제와 두 번째 명제를 통해 $x+y=50$, $y<x<35$임을 알 수 있다. 따라서 사무실~B상사까지 35분이 걸리는 ③이 답이 될 수 없다.

┃16~18┃ 다음 지문을 읽고 주어진 질문의 답을 고르시오.

당신은 사내교육을 마치고 배치를 받은 신입사원으로 외근을 하며 들러야 할 지점은 다음과 같다. 금일 내로 아래 목록의 업체에 모두 방문해야 하는데 교통수단으로는 지하철을 타고 이동하고, 지하철로 한 정거장을 이동할 때는 3분이 소요된다. 환승할 경우 환승하는 시간은 10분이다. 또한 한 정거장을 이동할 때마다 요금은 1,000원이 소요되고 환승할 경우 추가 요금은 없다.

• 방문할 업체
  a. 인쇄소
     주소 : 대구광역시 중구 중앙대로 429
     연락처 : 0700-xxxx
  b. 마트
     주소 : 대구광역시 북구 매천로 179
     연락처 : 053-144-xxxx
  c. 출판사
     주소 : 대구광역시 수성구 만촌동 1040-44
     연락처 : 053-764-xxxx
  d. 증권사
     주소 : 대구광역시 동구 신천동 503-1
     연락처 : 053-315-xxxx
  e. 연구소
     주소 : 대구광역시 달서구 이곡동 1220-27
     연락처 : 053-594-xxxx
  f. 본사
     주소 : 대구광역시 동구 율하동 1117
     연락처 : 053-690-xxxx

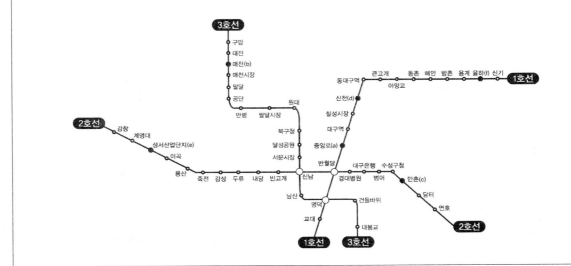

16 당신은 동대구역에서 9시 30분에 출발하여 먼저 f 본사에 들러 서류를 받은 후 e 연구소에 전달해야 한다. 이동마다 소요시간을 고려할 때 가장 효율적으로 이동할 수 있는 순서를 고르시오.

① f-e-a-d-c-b   ② f-e-b-d-c-a

③ f-e-b-c-d-a   ④ f-e-a-c-d-b

✔**해설** f 본사에 가서 서류를 받아야 하므로 f 본사와 e 연구소를 먼저 방문한다. 그리고 다음으로 가장 효율적으로 이동하기 위해서는 이동하는 거리 상 가까운 곳을 우선적으로 알아봐야 하는데 주어진 지하철 노선 상으로도 알 수 있듯이 ③ b-c-d-a는 가장 먼 거리로 이동하기 때문에 비효율적인 방법이다. 따라서 e에서 a로 이동하여 a에서 d로 이동한 다음 d에서 c로 이동하고 마지막으로 c에서 b로 이동하는 것이 가장 효율적인 방법이라 할 수 있다.

17 두류역에서부터 반월당역까지 사고로 인하여 2호선으로 해당구간 이동이 불가능한 상황이다. 그런데 b 마트에 방문하여 인쇄할 원본을 받아서 a 인쇄소로 이동하였다가, 인쇄물을 보고 c 출판사에서 수정방향을 검토하기로 했다. b에서 출발하여 c에서 퇴근한다면, 이 구간을 이동할 때 최소 몇 분이 소요되겠는가?

① 80분   ② 81분

③ 82분   ④ 83분

✔**해설** b-a-c로 이동하는데, b에서 a구역 중 반월당역은 왕복하게 되므로 편도로 계산한 후 따로 3분을 더해주고 이어 c로 이동하는 구간을 계산하면 된다.
(14개의 정거장×3분+3분)+5개의 정거장×3분+2번의 환승×10분=80분이다.

18 당신이 b 마트에서 출발하여 a 인쇄소를 거쳐 c 출판사에서 퇴근할 경우 지하철 비용은 최소 얼마인가? (단, 전 구간 이동이 가능하다)

① 15,000원   ② 16,000원

③ 17,000원   ④ 18,000원

> ✔해설 총 18개의 정거장을 거쳐야 하므로 18×1,000원=18,000원이다.

19 다음은 문제를 처리하기 위한 단계별 방법을 나열한 것이다. 올바른 문제처리 절차에 따라 ㈎~㈒의 순서를 알맞게 나열한 것은?

> ㈎ 핵심문제에 대한 분석을 통해 근본 원인을 파악한다.
> ㈏ 선정된 문제를 분석하여 해결해야 할 것이 무엇인지 명확히 결정한다.
> ㈐ 해결할 문제 전체를 파악하여 우선순위를 정하고, 선정문제에 대한 목표를 명확히 한다.
> ㈑ 당초 장애가 되었던 문제의 원인을 해결안을 사용하여 제거한다.
> ㈒ 문제로부터 도출된 근본 원인을 효과적으로 해결할 수 있는 최적의 해결방안을 수립한다.

① ㈐ – ㈎ – ㈏ – ㈒ – ㈑

② ㈐ – ㈏ – ㈎ – ㈒ – ㈑

③ ㈑ – ㈒ – ㈏ – ㈐ – ㈎

④ ㈑ – ㈐ – ㈎ – ㈏ – ㈒

> ✔해설 문제처리능력이란 목표와 현상을 분석하고, 분석결과를 토대로 문제를 도출하여 최적의 해결책을 찾아 실행, 평가 처리해 나가는 일련의 활동을 수행하는 능력이라 할 수 있다. 이러한 문제처리능력은 문제 해결절차를 의미하는 것으로, 일반적인 문제해결절차는 문제 인식㈐, 문제 도출㈏, 원인 분석㈎, 해결안 개발㈒, 실행 및 평가㈑의 5단계를 따른다.

20 아래 그림은 게양대의 높이가 동일한 상황에서 우리나라의 국기와 다른 국가의 국기 게양을 나타낸 것이다. 이에 대한 설명으로 바르지 않은 것을 고르면?

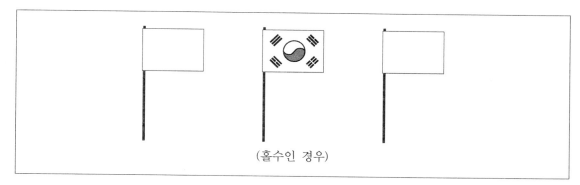

(홀수인 경우)

① 기를 앞에서 바라볼 때, 국기가 홀수인 경우에는 중앙이 가장 윗자리(1번)이다.

② 국기가 홀수인 경우에 중앙의 오른쪽이 차차 순위(3번)이다.

③ 국기가 홀수인 경우에 중앙에서 오른쪽이 왼쪽에 우선하면서 중앙에서 멀어질수록 후순위가 된다.

④ 국기가 홀수인 경우에 중앙에서의 왼쪽이 차 순위(2번)이다.

✔해설 국기가 홀수인 경우에 중앙에서 왼쪽이 오른쪽에 우선하면서 중앙에서 멀어질수록 후순위가 된다.

21 아래에 제시된 글을 읽고 문제해결과정 중 어느 단계에 해당하는 것인지를 고르면?

T사는 1950년대 이후 세계적인 자동차 생산 회사로서의 자리를 지켜 왔다. 그러나 최근 T사의 자동차 생산라인에서 문제가 발생하고 있었는데, 이 문제는 자동차 문에서 나타난 멍 자국이었다. 문을 어느 쪽에서 보는가에 따라 다르기는 하지만, 이 멍 자국은 눌린 것이거나 문을 만드는 과정에서 생긴 것 같았다.

문을 만들 때는 평평한 금속을 곡선으로 만들기 위해 강력한 프레스기에 넣고 누르게 되는데, 그때 표면이 올라 온 것처럼 보였다. 실제적으로 아주 작은 먼지나 미세한 입자 같은 것도 프레스기 안에 들어가면 문짝의 표면에 자국을 남길 수 있을 것으로 추정되었다.

그러던 어느 날 공장의 공장장인 A는 생산라인 담당자 B로 부터 다음과 같은 푸념을 듣게 되었다. "저는 매일 같이 문짝 때문에 재작업을 하느라 억만금이 들어간다고 말하는 재정 담당 사람들이나, 이 멍 자국이 어떻게 해서 진열대까지 올라가면 고객들을 열 받게 해서 다 쫓아 버린다고 말하는 마케팅 직원들과 싸우고 있어요." 처음에 A는 이 말을 듣고도 '멍 자국이 무슨 문제가 되겠어?'라고 별로 신경을 쓰지 않았다.

그러나 자기 감독 하에 있는 프레스기에서 나오는 멍 자국의 수가 점점 증가하고 있다는 것을 알게 되었고, 그것 때문에 페인트 작업이나 조립 공정이 점점 늦어짐으로써 회사에 막대한 추가 비용과 시간이 든다는 문제를 깨닫게 되었다.

① 문제에 대한 실행 및 평가 단계
② 문제해결안 단계
③ 문제처리 단계
④ 문제인식 단계

✅ **해설** 제시된 글은 문제해결과정 중 문제인식 단계에서 중요성에 대해 말하고 있다. 사례에서 A공장장은 처음에 문제를 인식하지 못하다가 상황이 점점 악화되자 문제가 있다는 것을 알게 되었다. 만약 A공장장이 초기에 문제의 상황을 인식하였다면, 초기에 적절하게 대처함으로써 비용과 시간의 소비를 최소화할 수 있었을 것이다. 결국 문제인식은 해결해야 할 전체 문제를 파악하고, 문제에 대한 목표를 명확히 하는 활동임을 알 수 있다.

22 원서기업의 자재관리팀에서 근무 중인 직원 진수는 회사 행사 때 사용할 배너를 제작하는 업무를 맡아 이를 진행하려고 한다. 배너와 관련된 정보가 아래와 같을 때 배너를 설치하는데 필요한 총 비용은 얼마인가?

• 다음은 행사 장소를 나타낸 지도이다.

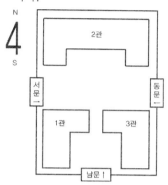

• 행사 장소 : 본 건물 2관

• 배너 설치비용(배너 제작비+배너 거치대)
– 배너 제작비용 : 일반배너 한 장당 25,000원, 고급배너 한 장당 30,000원
– 배너 거치대 : 건물 내부용 20,000원, 건물 외부용 25,000원

---

(1) 배너를 설치하는 장소 : 동문 · 서문 · 남문 앞에 각 1장, 2관 내부에 2장
(2) 사장님 특별 지시사항 : 실외용은 모두 고급 배너를 사용할 것

① 250,000원 ② 255,000원
③ 260,000원 ④ 265,000원

✔해설 동문 · 서문 · 남문 앞에 설치하는 배너는 실외용이고 고급배너를 사용하므로
(25,000+30,000)×3=165,000원이고, 2관 내부에 설치하는 배너는 실내용이고 일반배너를 사용하므로
(20,000+25,000)×2=90,000원이므로 165,000+90,000=255,000(원)이다.

Answer 21.④ 22.②

23 다음 문장을 읽고 유추할 수 있는 것은?

> - 만일 정재가 범인이면 혜수는 범인이 아니다.
> - 혜수는 범인이다.
> 그러므로 _____

① 정재는 범인이다.
② 정재는 범인이 아니다.
③ 정재와 혜수는 범인이 아니다.
④ 정재와 혜수는 범인이다.

> **해설** '만일 P면 Q이다. Q가 아니다. 그러므로 P가 아니다.'는 혼합 가언 삼단논법 가운데 후건 부정식의 형식이다. 따라서 정재가 범인이라면 혜수는 범인이 아닌데, 결국 혜수가 범인이라는 뜻은 정재가 범인이 아니라는 뜻이다.

24 다음 문장을 읽고 유추할 수 있는 것으로 바르지 않은 것은?

> - 가을에는 국화, 코스모스, 방울꽃, 구절초, 부용이 차례대로 피어난다.
> - 오늘 코스모스가 개화한 것을 보았다.
> 그러므로 _____

① 국화가 핀 모습을 볼 수 있다.
② 다음 주에 부용을 볼 수 있다.
③ 구절초는 이미 피어났다.
④ 방울꽃은 피어나지 않았다.

> **해설** 국화→코스모스→방울꽃→구절초→부용 순서대로 피어난다.
> 오늘 코스모스가 개화한 것을 보았으므로 국화는 개화했고, 나머지는 개화를 했는지 알 수 없다. 따라서 꽃이 이미 피어났다고 설명한 ③이 오답이다.

25 다음은 사원 K의 은행 별 거래내역을 나타낸 자료이다. 다음 중 입금액이 송금액보다 더 적은 은행과 송금 규모가 가장 큰 날짜가 올바르게 짝지어진 것은?

(단위: 만 원)

구분	A은행		B은행		C은행	
	입금	송금	입금	송금	입금	송금
5/3	80	120	120	95	115	75
5/5	85	85	40	60	75	80
5/7	110	50	60	70	30	55
5/9	55	100	65	125	110	100

① A은행, 5/9

② A은행, 5/3

③ B은행, 5/3

④ B은행, 5/5

 해설

(단위 : 만 원)

구분	A은행		B은행		C은행		송금계
	입금	송금	입금	송금	입금	송금	
5/3	80	120	120	95	115	75	290
5/5	85	85	40	60	75	80	225
5/7	110	50	60	70	30	55	175
5/9	55	100	65	125	110	100	325
계	330	355	285	350	330	310	✕

입금액이 송금액보다 큰 은행은 A은행과 B은행이며 송금규모가 가장 큰 날은 5/9이다.

26 다음은 A그룹 근처의 〈맛집 정보〉이다. 주어진 평가 기준에 따라 가장 높은 평가를 받은 곳으로 신년회를 예약하라는 지시를 받았다. A그룹의 신년회 장소는?

〈맛집 정보〉

평가항목 음식점	음식종류	이동거리	가격 (1인 기준)	맛 평점 (★ 5개 만점)	방 예약 가능 여부
자금성	중식	150m	7,500원	★★☆	○
샹젤리제	양식	170m	8,000원	★★★	○
경복궁	한식	80m	10,000원	★★★★	○
○○타워	일식	350m	9,000원	★★★★☆	×

※ ☆은 ★의 반 개다.

〈평가 기준〉

• 평가항목 중 이동거리, 가격, 맛 평점에 대하여 각 항목별로 5, 4, 3, 2, 1점을 각각의 음식 점에 하나씩 부여한다.
  - 이동거리가 짧은 음식점일수록 높은 점수를 준다.
  - 가격이 낮은 음식점일수록 높은 점수를 준다.
  - 맛 평점이 높은 음식점일수록 높은 점수를 준다.
• 평가항목 중 음식종류에 대하여 일식 5점, 한식 4점, 양식 3점, 중식 2점을 부여한다.
• 방 예약이 가능한 경우 가점 1점을 부여한다.
• 총점은 음식종류, 이동거리, 가격, 맛 평점의 4가지 평가항목에서 부여 받은 점수와 가점을 합산하여 산출한다.

---

① 자금성 　　　　　　　② 샹젤리제
③ 경복궁 　　　　　　　④ ○○타워

✔해설 평가 기준에 따라 점수를 매기면 다음과 같다.

평가항목 음식점	음식종류	이동거리	가격 (1인 기준)	맛 평점 (★ 5개 만점)	방 예약 가능 여부	총점
자금성	2	4	5	1	1	13
샹젤리제	3	3	4	2	1	13
경복궁	4	5	2	3	1	15
○○타워	5	2	3	4	–	14

따라서 A그룹의 신년회 장소는 경복궁이다.

| 27~28 | 다음 5개의 팀에 인터넷을 연결하기 위해 작업을 하려고 한다. 5개의 팀 사이에 인터넷을 연결하기 위한 시간이 다음과 같을 때 제시된 표를 바탕으로 물음에 답하시오(단, 가팀과 나팀이 연결되고 나팀과 다팀이 연결되면 가팀과 다팀이 연결된 것으로 간주한다).

구분	가	나	다	라	마
가	-	3	6	1	2
나	3	-	1	2	1
다	6	1	-	3	2
라	1	2	3	-	1
마	2	1	2	1	-

27 가팀과 다팀을 인터넷 연결하기 위해 필요한 최소의 시간은?

① 7시간　　　　　　　　　　② 6시간
③ 5시간　　　　　　　　　　④ 4시간

✔ **해설** 가팀, 다팀을 연결하는 방법은 2가지가 있는데,
　　　㉠ 가팀과 나팀, 나팀과 다팀 연결 : 3+1=4시간
　　　㉡ 가팀과 다팀 연결 : 6시간
　　　즉, 1안이 더 적게 걸리므로 4시간이 답이 된다.

28 다팀과 마팀을 인터넷 연결하기 위해 필요한 최소의 시간은?

① 1시간　　　　　　　　　　② 2시간
③ 3시간　　　　　　　　　　④ 4시간

✔ **해설** 다팀, 마팀을 연결하는 방법은 2가지가 있는데,
　　　㉠ 다팀과 라팀, 라팀과 마팀 연결 : 3+1=4시간
　　　㉡ 다팀과 마팀 연결 : 2시간
　　　즉, 2안이 더 적게 걸리므로 2시간이 답이 된다.

Answer 　26.③　27.④　28.②

│29~30│ 다음은 중소기업협회에서 주관한 학술세미나 일정에 관한 것으로 다음 세미나를 준비하는 데 필요한 일, 각각의 일에 걸리는 시간, 일의 순서 관계를 나타낸 표이다. 제시된 표를 바탕으로 물음에 답하시오.

		〈세미나 준비 현황〉	
구분	작업	작업시간(일)	먼저 행해져야 할 작업
가	세미나 장소 세팅	1	바
나	현수막 제작	2	다, 마
다	세미나 발표자 선정	1	라
라	세미나 기본계획 수립	2	없음
마	세미나 장소 선정	3	라
바	초청자 확인	2	라

29 현수막 제작을 시작하기 위해서는 최소 며칠이 필요하겠는가?

① 3일 　　　　　　　　　　　 ② 4일

③ 5일 　　　　　　　　　　　 ④ 6일

✔해설 현수막을 제작하기 위해서는 라, 다, 마가 선행되어야 한다. 그렇기 때문에 최소한 6일이 소요된다.
∴ 세미나 기본계획 수립(2일) + 세미나 발표자 선정(1일) + 세미나 장소 선정(3일)

30 세미나 장소 세팅까지 마치는 데 필요한 최대의 시간은?

① 10일 　　　　　　　　　　　 ② 11일

③ 12일 　　　　　　　　　　　 ④ 13일

✔해설 동시에 작업이 가능한 일도 있지만 최대 시간을 구하라 했으므로 다 더한 값인 11일이 답이 된다.

31 ○○공단 신입사원 甲은 거래처 방문 중 길을 잃어 주변에 있는 사람에게 도움을 청하였다. 다음 대화와 〈지도〉를 보고 甲이 가려는 곳의 위치를 고르면?

> 甲 : 저기 실례합니다만, 혹시 이 근처에 장성공원이 어디에 있는지 아시나요?
>
> 乙 : 아, 장성공원이라면 오른쪽에 주엽고등학교를 지나서 가시다 보면 왼편 대각선 방향에 있어요. 마침 저도 그 근처에 가는 길인데 같이 가시죠.
>
> 甲 : 감사합니다만, 저는 장성공원 근처에 있는 ○○공단 ○○지부를 찾고 있어서요. 장성공원에서 가깝다고 들었거든요.
>
> 乙 : 음, ○○공단 ○○지부라면 장성공원 쪽으로 가시는 것보다는 여기서 왼쪽으로 두 블록 더 가시면 나들가게가 나오는데 나들가게 앞 삼거리에서 좌회전하시면 오른쪽에 바로 있어요. 이렇게 가시는 게 더 찾기 쉬우실 거예요.
>
> 甲 : 감사합니다.

〈지도〉

① ⓐ   ② ⓑ

③ ⓒ   ④ ⓓ

✔**해설** 甲과 乙의 대화를 통해 현재 위치를 추론하면 ★ 도로상이다. 따라서 ○○공단 ○○지부의 위치는 ⓑ가 된다.

Answer   29.④   30.②   31.②

32 최 과장은 다음 달로 예정되어 있는 해외 출장 일정을 확정하려 한다. 다음 상황의 조건을 만족할 경우 최 과장의 출장 일정에 대한 설명으로 바른 것은?

> 최 과장은 다음 달에 3박 4일 간의 미국 출장이 계획되어 있다. 회사에서는 출발일과 복귀일에 업무 손실을 최소화 할 수 있도록 가급적 평일에 복귀하도록 권장하고 있고, 출장 기간에 토요일과 일요일이 모두 포함되는 일정은 지양하도록 요구한다. 이번 출장에서는 매우 중요한 계약 건이 이루어져야 하기 때문에 최 과장은 출장 복귀 바로 다음 날 출장 결과 보고를 하고자 한다. 다음 달의 첫째 날은 금요일이며 마지막 주 수요일과 13일은 최 과장이 빠질 수 없는 회사 업무 일정이 잡혀 있다.

① 결과 보고는 월요일 또는 화요일에 할 수 있다.
② 최 과장은 마지막 주에 출장을 가게 될 수 있다.
③ 최 과장이 출발일로 잡을 수 있는 날은 모두 4일이다.
④ 금요일에 출장을 떠나는 일정도 가능하다.

 해설

일	월	화	수	목	금	토
					1	2
3	4	5	6	7	8	9
10	11	12	13	14	15	16
17	18	19	20	21	22	23
24	25	26	27	28	29	30

3박 4일 일정이므로 평일 복귀와 주말을 미포함 하는 일정은 출발일이 일, 월, 화요일이어야 한다. 또한 출장 결과 보고를 위해 금요일에 복귀하게 되는 화요일 출발 일정도 불가능하다. 따라서 일요일과 월요일에만 출발이 가능하다. 그런데 13일과 27일은 출장 일정에 포함 될 수 없으므로 10, 11, 24, 25일은 제외된다. 따라서 3, 4, 17, 18일에 출발하는 4가지 일정이 가능하다.

33

> 민준이는 다음주에 있을 한국의 대표 관광지에 대한 발표를 위해 자료 수집만 이틀을 투자했다. 그러나 다른 일도 겹쳐서 시간이 촉박하게 되었다. 이러한 이유로 발표 전 날 부리나케 PPT 작업을 하였고 모아둔 자료를 미처 반절도 보지 못한채 발표에 나서게 되었다.

① 문제를 한 부분만 집중적으로 분석한다.

② 많은 자료를 통해 일을 해결하려 한다.

③ 남의 도움을 통해 일을 해결하려 한다.

④ 단순한 정보에 의지해 일을 해결하려 한다.

✔해설 위 글에 나타난 장애요소는 자신의 스케줄을 파악하지 못한 체 많은 자료를 통해 일을 해결하려 한 것이다.
   ※ 문제해결의 장애요소
      ㉠ 문제를 철저하게 분석하지 않는 경우
      ㉡ 고정관념에 얽매이는 경우
      ㉢ 쉽게 떠오르는 단순한 정보에 의지하는 경우

34

> 선미는 어려서부터 요리는 어머니가 하는 것으로만 보고 자랐다. 성인이 되어서도 요리는 여성이 해야 하고 남성이 만드는 요리에 대해서 탐탁지 않게 생각하였다. 그러나 쿡방이 인기 아이템이 되어버린 현재의 방송은 요리사에 대한 시선을 바꿔놓았다. 남성 요리사들이 TV에 자주 나오면서 남성이 요리하는 것은 흔한 일이고, 아주 자연스러운 일 이 된 것이다. 선미는 그제서야 이러한 생각이 무조건 옳은 것은 아니라는 것을 깨달았다.

① 문제를 철저하게 분석한 경우

② 쉽게 떠오르는 단순한 정보에 의지하는 경우

③ 고정관념에 얽매이는 경우

④ 너무 많은 자료를 수집하려고 노력하는 경우

✔해설 제시된 지문은 남성이 요리하는 것에 대한 잘못된 편견을 제시한 예시이다.
   따라서 위 내용은 요리에 관한 내 생각이 무조건 옳다고 믿는 고정관념에 빠져있던 경우에 해당한다.
   ※ 문제해결의 장애요소
      ㉠ 문제를 철저하게 분석하지 않는 경우
      ㉡ 고정관념에 얽매이는 경우
      ㉢ 쉽게 떠오르는 단순한 정보에 의지하는 경우

Answer 32.③ 33.② 34.③

35 P공사에서는 주말을 이용해 1박 2일의 워크숍을 다녀올 계획이며, 워크숍 장소로 선정 된 S연수 원에서는 다음과 같은 시설 및 식사 이용에 대한 견적서를 보내왔다. 다음 내용을 참고할 때, 250만 원의 예산으로 주문할 수 있는 저녁 메뉴가 될 수 없는 것은?

-참석 인원 : 총 35(회의실과 운동장 추가 사용 예정)
-숙박 요금 : 2인실 기준 50,000원/룸(모두 2인실 사용)
-회의실 : 250,000원/40인 수용
-운동장 : 130,000원
-1층 식당 메뉴

식사류	제육볶음	7,000원	1인분
	낙지볶음	8,000원	
	비빔밥	6,500원	
안주류	삼겹살	10,000원	1인분
	골뱅이 무침	9,000원	2인분
	과일 안주	12,000원	3인 기준
	마른 안주	11,000원	
주류	소주	3,000원	1병
	맥주	4,500원	

① 식사류 1인분씩, 삼겹살 60인분, 골뱅이 무침 10개와 맥주 50병
② 삼겹살 60인분, 마른안주·과일안주 각각 12개, 맥주와 소주 각각 30병
③ 제육볶음 5인분, 낙지볶음 30인분, 삼겹살 55인분, 마른안주 10개, 맥주와 소주 각각 40병
④ 식사류 1인분씩, 삼겹살 60인분, 맥주와 소주 각각 30병

✔해설 35명이 숙박을 위해 사용하는 금액 : $50,000 \times 18 = 900,000$원
숙박, 회의실, 운동장 사용 금액 $= 900,000 + 250,000 + 130,000 = 1,280,000$원
따라서 식사류로 $2,500,000 - 1,280,000 = 1,220,000$원을 사용할 수 있다.
① $7,000 + 8,000 + 6,500 + 10,000 \times 60 + 9,000 \times 10 + 4,500 \times 50 = 936,500$원
② $10,000 \times 60 + 12,000 \times 12 + 11,000 \times 12 + 3,000 \times 30 + 4,500 \times 30 = 1,101,000$원
③ $7,000 \times 5 + 8,000 \times 30 + 10,000 \times 55 + 11,000 \times 10 + 3,000 \times 40 + 4,500 \times 40 = 1,235,000$원
④ $7,000 + 8,000 + 6,500 + 10,000 \times 60 + 3,000 \times 30 + 4,500 \times 30 = 846,500$원

┃36~37┃ 다음의 조건이 모두 참일 때, 반드시 참인 것을 고르시오.

36

> • 민수는 병식이보다 나이가 많다.
> • 나이가 많은 사람이 용돈을 더 많이 받는다.
> • 기완이는 병식이보다 더 많은 용돈을 받는다.

① 민수의 나이가 가장 많다.

② 기완이의 나이가 가장 많다.

③ 민수는 기완이보다 나이가 많다.

④ 병식이가 가장 어리다.

> ✔해설 세 사람의 나이는 '민수 〉병식, 기완 〉병식'이고, 기완이와 민수 중 나이가 누가 더 많은지는 알 수 없다. 주어진 정보로 알 수 있는 사실은 병식이가 가장 어리다는 것이다.

37

> • 책 읽는 것을 좋아하는 사람은 집중력이 높다.
> • 성적이 좋지 않은 사람은 집중력이 높지 않다.
> • 미경이는 1학년 5반이다.
> • 1학년 5반의 어떤 학생은 책 읽는 것을 좋아한다.

① 미경이는 책 읽는 것을 좋아한다.

② 미경이는 집중력이 높지 않다.

③ 1학년 5반의 어떤 학생은 집중력이 높다.

④ 1학년 5반의 모든 학생은 성적이 좋다.

> ✔해설 1학년 5반의 어떤 학생은 책 읽는 것을 좋아하고, 책 읽는 것을 좋아하는 사람은 집중력이 높으므로 1학년 5반의 어떤 학생은 집중력이 높다는 결론은 반드시 참이 된다.

Answer 35.③ 36.④ 37.③

38 A, B, C, D 네 명의 용의자가 살인사건 현장에서 신문을 받고 있다. 용의자들의 진술이 다음과 같고 네 사람 가운데 한명만 진실을 말하고 있다면 다음 중 살인자는 누구인가?

> • A : B가 살인을 저질렀습니다.
> • B : D가 살인을 저질렀어요.
> • C : 난 살인을 저지르지 않았어요.
> • D : B가 거짓말을 하고 있어요.

① A   ② B
③ C   ④ D

 • A가 살인자일 경우→C, D 두 명이 진실이므로 모순
• B가 살인자일 경우→A, C, D 모두 진실이므로 모순
• D가 살인자일 경우→B, C 두 명이 진실이므로 모순
• C가 살인자일 경우→D만 진실이고 나머지는 다 거짓이 됨
∴ C가 살인자이다.

39 민경이는 다음 주 중에 열릴 세미나의 요일을 잊어버려 팀원들에게 물어봤더니 한 사람을 제외한 모든 사람들이 거짓말로 대답해 주었다. 세미나가 열리는 요일은 무슨 요일인가?

> 미진 : 세미나는 월요일 또는 수요일에 열릴 거야.
> 가영 : 세미나는 수요일이야.
> 민호 : 저번 달에 열린 세미나도 금요일이었잖아. 이번 세미나도 금요일이야.
> 태민 : 나도 잘 모르겠는걸. 하지만 목, 금은 아니었어.
> 수진 : 세미나 다음 날은 토요일이라 쉴 수 있잖아요.

① 월요일   ② 화요일
③ 수요일   ④ 목요일

해설 ㉠ 미진의 말이 참이면 태민의 말도 참이므로 미진의 말은 거짓이다.
　　→세미나는 월요일, 수요일 둘 다 아니다.
㉡ 가영의 말이 참이면 미진과 태민의 말도 참이므로 가영의 말은 거짓이다.
㉢ 민호의 말이 참이면 수진의 말도 참이고, 수진의 말이 참이면 민호의 말도 참이다. 따라서 민호와 수진의 말은 거짓이다.
　　→세미나는 금요일이 아니다.
∴ 진실을 말하고 있는 사람은 태민이고, 세미나가 열리는 요일은 화요일이다.

40 다음 조건을 바탕으로 을순이의 사무실과 어제 갔던 식당이 위치한 곳을 올바르게 짝지은 것은?

> • 갑동, 을순, 병호는 각각 10동, 11동, 12동 중 한 곳에 사무실이 있으며 서로 같은 동에 사무실이 있지 않다.
> • 이들 세 명은 어제 각각 자신의 사무실이 있는 건물이 아닌 다른 동에 있는 식당에 갔었으며, 서로 같은 동의 식당에 가지 않았다.
> • 병호는 12동에서 근무하며, 갑동이와 을순이는 어제 11동 식당에 가지 않았다.
> • 을순이는 병호가 어제 갔던 식당이 있는 동에서 근무한다.

	사무실	식당		사무실	식당
①	11동	10동	②	10동	11동
③	12동	12동	④	11동	12동

해설 세 사람은 모두 각기 다른 동에 사무실이 있으며, 어제 갔던 식당도 서로 겹치지 않는다.
• 세 번째 조건 후단에서 갑동이와 을순이는 어제 11동 식당에 가지 않았다고 하였으므로, 어제 11동 식당에 간 것은 병호이다. 따라서 병호는 12동에 근무하며 11동 식당에 갔었다.
• 네 번째 조건에 따라 을순이는 11동에 근무하므로, 남은 갑동이는 10동에 근무한다.
• 두 번째 조건 전단에 따라 을순이가 10동 식당에, 갑동이가 12동 식당을 간 것이 된다.
따라서 을순이는 11동에 사무실이 있으며, 어제 갔던 식당은 10동에 위치해 있다.

41 다음은 Y도시철도가 운영하는 철도 1호선~5호선의 매출 순위를 나타낸 설명이다. 다음 명제가 모두 참일 경우, 항상 참인 것은?

> • 1호선은 매출이 가장 많다.
> • 매출 순위가 같은 사업은 없다.
> • 5호선은 4호선보다 매출 순위가 높다.
> • 1호선과 2호선의 매출 순위 차이는 3호선과 4호선의 매출 순위 차이와 같다.

① 4호선과 5호선의 매출 순위는 연이어 있다.

② 5호선의 매출 순위는 4위보다 높다.

③ 3호선과 2호선의 매출 순위는 연이어 있다.

④ 3호선의 매출 순위는 2위이다.

 해설

구분	1순위	2순위	3순위	4순위	5순위
1	1호선	2호선	5호선	3호선	4호선
2	1호선	2호선	5호선	4호선	3호선
3	1호선	3호선	5호선	2호선	4호선

42 다음 조건에 따를 때, 거짓말을 하는 나쁜 사람을 모두 고르면?

> • 5명은 착한 사람이 아니면 나쁜 사람이며 중간적인 성향은 없다.
> • 5명 중 3명은 항상 진실만을 말하는 착한 사람이고, 2명은 항상 거짓말만 하는 나쁜 사람이다.
> • 5명의 진술은 다음과 같다.
> - 주영 : 나는 착한 사람이다.
> - 영철 : 주영이가 착한 사람이면, 창진이도 착한 사람이다.
> - 혜미 : 창진이가 나쁜 사람이면, 주영이도 나쁜 사람이다.
> - 창진 : 민준이가 착한 사람이면, 주영이도 착한 사람이다.
> - 민준 : 주영이는 나쁜 사람이다.

① 주영, 창진   ② 영철, 민준
③ 주영, 민준   ④ 창진, 혜미

✔해설 주영이와 민준이의 진술이 모순이므로 둘 중에 하나는 거짓말을 하고 있다.
  ㉠ 주영이가 참말을 하고 민준이가 거짓말을 하는 경우 : 창진이의 진술은 민준이와 주영이가 동시에 착한 사람이 될 수 없으므로 거짓이다. 따라서 창진이가 나쁜 사람이면 주영이도 나쁜 사람이라는 혜미의 진술 또한 거짓이다. 따라서 2명이 거짓을 말한다는 조건에 모순된다.
  ㉡ 주영이가 거짓말 하고 민준이가 참말을 하는 경우 : 창진이의 진술은 민준이와 주영이가 동시에 착한 사람이 될 수 없으므로 거짓이다. 따라서 창진이가 나쁜 사람이면 주영이도 나쁜 사람이라는 혜미의 진술은 참이 되고 영철의 진술 또한 참이 된다. 따라서 거짓말을 하는 나쁜 사람은 주영이와 창진이다.

Answer 41.② 42.①

43 공연기획사인 A사는 이번에 주최한 공연을 보러 오는 관객을 기차역에서 공연장까지 버스로 수송하기로 하였다. 다음의 표와 같이 공연 시작 4시간 전부터 1시간 단위로 전체 관객 대비 기차역에 도착하는 관객의 비율을 예측하여 버스를 운행하고자 하며, 공연 시작 시간까지 관객을 모두 수송해야 한다. 다음을 바탕으로 예상한 수송 시나리오 중 옳은 것을 모두 고르면?

■ 전체 관객 대비 기차역에 도착하는 관객의 비율

시각	전체 관객 대비 비율(%)
공연 시작 4시간 전	a
공연 시작 3시간 전	b
공연 시작 2시간 전	c
공연 시작 1시간 전	d
계	100

- 전체 관객 수는 40,000명이다.
- 버스는 한 번에 대당 최대 40명의 관객을 수송한다.
- 버스가 기차역과 공연장 사이를 왕복하는 데 걸리는 시간은 6분이다.

■ 예상 수송 시나리오
ⓐ a = b = c = d = 25라면, 회사가 전체 관객을 기차역에서 공연장으로 수송하는 데 필요한 버스는 최소 20대이다.
ⓑ a = 10, b = 20, c = 30, d = 40이라면, 회사가 전체 관객을 기차역에서 공연장으로 수송하는 데 필요한 버스는 최소 40대이다.
ⓒ 만일 공연이 끝난 후 2시간 이내에 전체 관객을 공연장에서 기차역까지 버스로 수송해야 한다면, 이때 회사에게 필요한 버스는 최소 50대이다.

---

① ⓐ   ② ⓑ
③ ⓐ, ⓑ   ④ ⓑ, ⓒ

> ✔해설 ⓐ a = b = c = d = 25라면, 1시간당 수송해야 하는 관객의 수는 40,000 × 0.25 = 10,000명이다. 버스는 한 번에 대당 최대 40명의 관객을 수송하고 1시간에 10번 수송 가능하므로, 1시간 동안 1대의 버스가 수송할 수 있는 관객의 수는 400명이다. 따라서 10,000명의 관객을 수송하기 위해서는 최소 25대의 버스가 필요하다.
> ⓑ d = 40이라면, 공연 시작 1시간 전에 기차역에 도착하는 관객의 수는 16,000명이다. 16,000명을 1시간 동안 모두 수송하기 위해서는 최소 40대의 버스가 필요하다.
> ⓒ 공연이 끝난 후 2시간 이내에 전체 관객을 공연장에서 기차역까지 수송하려면 시간당 20,000명의 관객을 수송해야 한다. 따라서 회사에게 필요한 버스는 최소 50대이다.

44 다음은 폐기물관리법의 일부이다. 제시된 내용을 참고할 때 옳은 것은?

> 제00조 이 법에서 말하는 폐기물이란 쓰레기, 연소재, 폐유, 폐알칼리 및 동물의 사체 등으로
>   사람의 생활이나 사업활동에 필요하지 않게 된 물질을 말한다.
> 제00조
> ① 도지사는 관할 구역의 폐기물을 적정하게 처리하기 위하여 환경부장관이 정하는 지침에 따
>   라 10년마다 '폐기물 처리에 관한 기본계획'(이하 '기본계획'이라 한다)을 세워 환경부장관의
>   승인을 받아야 한다. 승인사항을 변경하려 할 때에도 또한 같다. 이 경우 환경부장관은 기본
>   계획을 승인하거나 변경승인하려면 관계 중앙행정기관의 장과 협의하여야 한다.
> ② 시장·군수·구청장은 10년마다 관할 구역의 기본계획을 세워 도지사에게 제출하여야 한다.
> ③ 제1항과 제2항에 따른 기본계획에는 다음 각 호의 사항이 포함되어야 한다.
>   1. 관할 구역의 지리적 환경 등에 관한 개황
>   2. 폐기물의 종류별 발생량과 장래의 발생 예상량
>   3. 폐기물의 처리 현황과 향후 처리 계획
>   4. 폐기물의 감량화와 재활용 등 자원화에 관한 사항
>   5. 폐기물처리시설의 설치 현황과 향후 설치 계획
>   6. 폐기물 처리의 개선에 관한 사항
>   7. 재원의 확보계획
> 제00조
> ① 환경부장관은 국가 폐기물을 적정하게 관리하기 위하여 전조 제1항에 따른 기본계획을 기초
>   로 '국가 폐기물관리 종합계획'(이하 '종합계획'이라 한다)을 10년마다 세워야 한다.
> ② 환경부장관은 종합계획을 세운 날부터 5년이 지나면 그 타당성을 재검토하여 변경할 수 있다.

① 재원의 확보계획은 기본계획에 포함되지 않아도 된다.
② A도 도지사가 제출한 기본계획을 승인하려면, 환경부장관은 관계 중앙행정기관의 장과 협의
   를 거쳐야 한다.
③ 환경부장관은 국가 폐기물을 적정하게 관리하기 위하여 10년마다 기본계획을 수립하여야 한다.
④ B군 군수는 5년마다 종합계획을 세워 환경부장관에게 제출하여야 한다.

✔해설 ① 재원의 확보계획은 기본계획에 포함되어야 한다.
      ③ 환경부장관은 국가 폐기물을 적정하게 관리하기 위하여 10년마다 종합계획을 수립하여야 한다.
      ④ 시장·군수·구청장은 10년마다 관할 구역의 기본계획을 세워 도지사에게 제출하여야 한다.

45 다음은 □□전자의 스마트폰 사용에 관한 조사 설계의 일부분이다. 본 설문조사의 목적으로 가장 적합하지 않은 것은?

---

1. 조사 목적

2. 과업 범위
① 조사 대상 : 서울과 수도권에 거주하고 있으며 최근 5년 이내에 스마트폰 변경 이력이 있고, 향후 1년 이내에 스마트폰 변경 의향이 있는 만 20~30세의 성인 남녀
② 조사 방법 : 구조화된 질문지를 이용한 온라인 조사
③ 표본 규모 : 총 1,000명

3. 조사 내용
① 시장 환경 파악 : 스마트폰 시장 동향(사용기기 브랜드 및 가격, 기기사용 기간 등)
② 과거 스마트폰 변경 현황 파악 : 변경 횟수, 변경 사유 등
③ 향후 스마트폰 변경 잠재 수요 파악 : 변경 사유, 선호 브랜드, 변경 예산 등
④ 스마트폰 구매자를 위한 개선 사항 파악 : 스마트폰 구매자를 위한 요금할인, 사은품 제공 등 개선 사항 적용 시 스마트폰 변경 의향
⑤ 배경정보 파악 : 인구사회학적 특성(연령, 성별, 거주 지역 등)

4. 결론 및 기대효과

---

① 스마트폰 구매자를 위한 요금할인 프로모션 시행의 근거 마련
② 평균 스마트폰 기기사용 기간 및 주요 변경 사유 파악
③ 광고 매체 선정에 참고할 자료 구축
④ 스마트폰 구매 시 사은품 제공 유무가 구입 결정에 미치는 영향 파악

> ✔해설 제시된 설문조사에는 광고 매체 선정에 참고할 만한 조사 내용이 포함되어 있지 않다. 따라서 ③은 이 설문조사의 목적으로 적합하지 않다.

46 ㈜서원각에서는 가을맞이 부서 대항 체육대회를 개최하기로 하였다. 한 사람이 두 종목까지 참가할 수 있고 모든 직원이 한 종목 이상 참가해야 할 때, 영업부에서 3인 4각 선수로 참가해야 하는 사람만을 모두 고르면?

• 영업부 종목별 참가 인원

오래달리기	장애물 넘기	3인 4각	줄다리기
1명	4명	3명	4명

• 영업부 선수 후보

종목＼선수 후보	A	B	C	D	E	F	G
오래달리기	○	×	○	×	×	×	×
장애물 넘기	○	×	○	○	○	×	×
3인 4각	×	○	○	○	○	×	○
줄다리기	○	×	○	×	○	○	○

※ ○ : 참가 가능, × : 참가 불가능
※ 어떤 종목도 동시에 진행되지 않는다.

① A, B, F
② B, C, E
③ B, C, G
④ B, D, G

✔해설
• 모든 직원이 한 종목 이상 참가해야 하므로 B는 3인 4각에, F는 줄다리기에 반드시 참가해야 한다.
• 영업부의 장애물 넘기 참가 인원이 4명인데 선수 후보가 4명이므로 A, C, D, E는 모두 장애물 넘기에 참가해야 한다.
• 오래달리기는 A 또는 C가 참가해야 하는데 A가 참가할 경우 줄다리기에 C, E, F, G가 참가해야 하며 C가 참가할 경우 A, E, F, G가 참가한다.
• 한 사람이 두 종목까지만 참가할 수 있으므로 3인 4각에는 B, D, G가 참가해야 한다.

종목＼선수후보	A	B	C	D	E	F	G
오래달리기	참가(불참)	×	불참(참가)	×	×	×	×
장애물 넘기	참가	×	참가	참가	참가	×	×
3인 4각	×	참가	○	참가	○	×	참가
줄다리기	불참(참가)	×	참가(불참)	×	참가	참가	참가

47 다음은 특보의 종류 및 기준에 관한 자료이다. ㈀과 ㈁의 상황에 어울리는 특보를 올바르게 짝지은 것은?

〈특보의 종류 및 기준〉

종류	주의보	경보
강풍	육상에서 풍속 14m/s 이상 또는 순간풍속 20m/s 이상이 예상될 때. 다만, 산지는 풍속 17m/s 이상 또는 순간풍속 25m/s 이상이 예상될 때	육상에서 풍속 21m/s 이상 또는 순간풍속 26m/s 이상이 예상될 때. 다만, 산지는 풍속 24m/s 이상 또는 순간풍속 30m/s 이상이 예상될 때
호우	6시간 강우량이 70mm 이상 예상되거나 12시간 강우량이 110mm 이상 예상될 때	6시간 강우량이 110mm 이상 예상되거나 12시간 강우량이 180mm 이상 예상될 때
태풍	태풍으로 인하여 강풍, 풍랑, 호우 현상 등이 주의보 기준에 도달할 것으로 예상될 때	태풍으로 인하여 풍속이 17m/s 이상 또는 강우량이 100mm 이상 예상될 때. 다만, 예상되는 바람과 비의 정도에 따라 아래와 같이 세분한다.

	3급	2급	1급
바람(m/s)	17~24	25~32	33이상
비(mm)	100~249	250~399	400이상

종류	주의보	경보
폭염	6월~9월에 일최고기온이 33℃ 이상이고, 일최고열지수가 32℃ 이상인 상태가 2일 이상 지속될 것으로 예상될 때	6월~9월에 일최고기온이 35℃ 이상이고, 일최고열지수가 41℃ 이상인 상태가 2일 이상 지속될 것으로 예상될 때

㈀ 태풍이 남해안에 상륙하여 울산지역에 270mm의 비와 함께 풍속 26m/s의 바람이 예상된다.
㈁ 지리산에 오후 3시에서 오후 9시 사이에 약 130mm의 강우와 함께 순간풍속 28m/s가 예상된다.

	㈀	㈁
①	태풍경보 1급	호우주의보
②	태풍경보 2급	호우경보＋강풍주의보
③	태풍주의보	강풍주의보
④	태풍경보 2급	호우경보＋강풍경보

✔해설 ㈀ 태풍경보 표를 보면 알 수 있다. 비가 270mm이고 풍속 26m/s에 해당하는 경우는 태풍경보 2급이다.
㈁ 6시간 강우량이 130mm 이상 예상되므로 호우경보에 해당하며 산지의 경우 순간풍속 28m/s 이상이 예상되므로 강풍주의보에 해당한다.

48 Z회사에 근무하는 7명의 직원이 교육을 받으려고 한다. 교육실에서 직원들이 앉을 좌석의 조건이 다음과 같을 때 직원 중 빈 자리 바로 옆 자리에 배정받을 수 있는 사람은?

〈교육실 좌석〉

첫 줄	A	B	C
중간 줄	D	E	F
마지막 줄	G	H	I

〈조건〉

• 직원은 강훈, 연정, 동현, 승만, 문성, 봉선, 승일 7명이다.
• 서로 같은 줄에 있는 좌석들끼리만 바로 옆 자리일 수 있다.
• 봉선의 자리는 마지막 줄에 있다.
• 동현이의 자리는 승만이의 바로 옆 자리이며, 또한 빈 자리 바로 옆이다.
• 승만이의 자리는 강훈이의 바로 뒷 자리이다.
• 문성이와 승일이는 같은 줄의 좌석을 배정 받았다.
• 문성이나 승일이는 누구도 강훈이의 바로 옆 자리에 배정받지 않았다.

① 승만   ② 문성
③ 연정   ④ 봉선

> ✔해설 주어진 조건을 정리해 보면 마지막 줄에는 봉선, 문성, 승일이가 앉게 되며 중간 줄에는 동현이와 승만이가 앉게 된다. 그러나 동현이가 승만이 바로 옆 자리이며, 또한 빈자리가 바로 옆이라고 했으므로 승만이는 빈자리 옆에 앉지 못한다. 첫 줄에는 강훈이와 연정이가 앉게 되고 빈자리가 하나 있다. 따라서 연정이는 빈 자리 옆에 배정 받을 수 있다.

Answer 47.② 48.③

┃49~50┃ 다음 글은 어린이집 입소기준에 대한 규정이다. 다음 글을 읽고 물음에 답하시오.

어린이집 입소기준
• 어린이집의 장은 당해시설에 결원이 생겼을 때마다 '명부 작성방법' 및 '입소 우선순위'를 기준으로 작성된 명부의 선 순위자를 우선 입소조치 한다.

명부작성방법
• 동일 입소신청자가 1·2순위 항목에 중복 해당되는 경우, 해당 항목별 점수를 합하여 점수가 높은 순으로 명부를 작성함
• 1순위 항목당 100점, 2순위 항목당 50점 산정
 – 다만, 2순위 항목만 있는 경우 점수합계가 1순위 항목이 있는 자보다 같거나 높더라도 1순위 항목이 있는 자보다 우선순위가 될 수 없으며, 1순위 항목점수가 동일한 경우에 한하여 2순위 항목에 해당될 경우 추가합산 가능함
• 영유가 2자녀 이상 가구가 동일 순위일 경우 다자녀가구 자녀가 우선입소
• 대기자 명부 조정은 매분기 시작 월 1일을 기준으로 함

입소 우선순위
• 1순위
 – 국민기초생활보장법에 따른 수급자
 – 국민기초생활보장법 제24조의 규정에 의한 차상위계층의 자녀
 – 장애인 중 보건복지부령이 정하는 장애 등급 이상에 해당하는 자의 자녀
 – 아동복지시설에서 생활 중인 영유아
 – 다문화가족의 영유아
 – 자녀가 3명 이상인 가구 또는 영유아가 2자녀 가구의 영유아
 – 산업단지 입주기업체 및 지원기관 근로자의 자녀로서 산업 단지에 설치된 어린이집을 이용하는 영유아
• 2순위
 – 한부모 가족의 영유아
 – 조손 가족의 영유아
 – 입양된 영유아

49 어린이집에 근무하는 A씨가 접수합계를 내보니, 두 영유아가 1순위 항목에서 동일한 점수를 얻었다. 이 경우에는 어떻게 해야 하는가?

① 두 영유아 모두 입소조치 한다.

② 다자녀가구 자녀를 우선 입소조치 한다.

③ 한부모 가족의 영유아를 우선 입소조치 한다.

④ 2순위 항목에 해당될 경우 1순위 항목에 추가합산 한다.

✔ 해설 명부작성방법에서 1순위 항목점수가 동일한 경우에 한하여 2순위 항목에 해당될 경우 추가합산 가능하다고 나와 있다.

50 다음에 주어진 영유아들의 입소순위로 높은 것부터 나열한 것은?

┌───┐
│ ㉠ 혈족으로는 할머니가 유일하나, 현재는 아동복지시설에서 생활 중인 영유아 │
│ ㉡ 아버지를 여의고 어머니가 근무하는 산업단지에 설치된 어린이집을 동생과 함께 이용하는 │
│   영유아 │
│ ㉢ 동남아에서 건너온 어머니와 가장 높은 장애 등급을 가진 한국인 아버지가 국민기초생활보 │
│   장법에 의한 차상위 계층에 해당되는 영유아 │
└───┘

① ㉠ - ㉡ - ㉢　　　　　　　　　② ㉡ - ㉠ - ㉢

③ ㉡ - ㉢ - ㉠　　　　　　　　　④ ㉢ - ㉡ - ㉠

✔ 해설 ㉢ 300점
㉡ 250점
㉠ 150점

PART

03

인성검사

CHAPTER 01

인성검사의 개요

1 인성(성격)검사의 개념과 목적

인성(성격)이란 개인을 특징짓는 평범하고 일상적인 사회적 이미지, 즉 지속적이고 일관된 공적 성격(Public – personality)이며, 환경에 대응함으로써 선천적 · 후천적 요소의 상호작용으로 결정화된 심리적 · 사회적 특성 및 경향을 의미한다.

인성검사는 직무적성검사를 실시하는 대부분의 기업체에서 병행하여 실시하고 있으며, 인성검사만 독자적으로 실시하는 기업도 있다.

기업체에서는 인성검사를 통하여 각 개인이 어떠한 성격 특성이 발달되어 있고, 어떤 특성이 얼마나 부족한지, 그것이 해당 직무의 특성 및 조직문화와 얼마나 맞는지를 알아보고 이에 적합한 인재를 선발하고자 한다. 또한 개인에게 적합한 직무 배분과 부족한 부분을 교육을 통해 보완하도록 할 수 있다.

인성검사의 측정요소는 검사방법에 따라 차이가 있다. 또한 각 기업체들이 사용하고 있는 인성검사는 기존에 개발된 인성검사방법에 각 기업체의 인재상을 적용하여 자신들에게 적합하게 재개발하여 사용하는 경우가 많다. 그러므로 기업체에서 요구하는 인재상을 파악하여 그에 따른 대비책을 준비하는 것이 바람직하다. 본서에서 제시된 인성검사는 크게 '특성'과 '유형'의 측면에서 측정하게 된다.

2 성격의 특성

(1) 정서적 측면

정서적 측면은 평소 마음의 당연시하는 자세나 정신상태가 얼마나 안정하고 있는지 또는 불안정한지를 측정한다.

정서의 상태는 직무수행이나 대인관계와 관련하여 태도나 행동으로 드러난다. 그러므로 정서적 측면을 측정하는 것에 의해, 장래 조직 내의 인간관계에 어느 정도 잘 적응할 수 있을까(또는 적응하지 못할까)를 예측하는 것이 가능하다.

그렇기 때문에, 정서적 측면의 결과는 채용 시에 상당히 중시된다. 아무리 능력이 좋아도 장기적으로 조직 내의 인간관계에 잘 적응할 수 없다고 판단되는 인재는 기본적으로는 채용되지 않는다.

일반적으로 인성(성격)검사는 채용과는 관계없다고 생각하나 정서적으로 조직에 적응하지 못하는 인재는 채용단계에서 가려내지는 것을 유의하여야 한다.

① 민감성(신경도) … 꼼꼼함, 섬세함, 성실함 등의 요소를 통해 일반적으로 신경질적인지 또는 자신의 존재를 위협받는다는 불안을 갖기 쉬운지를 측정한다.

질문	그렇다	약간 그렇다	그저 그렇다	별로 그렇지 않다	그렇지 않다
• 남을 잘 배려한다고 생각한다. • 어질러진 방에 있으면 불안하다. • 실패 후에는 불안하다. • 세세한 것까지 신경 쓴다. • 이유 없이 불안할 때가 있다.					

▶측정결과

㉠ '그렇다'가 많은 경우(상처받기 쉬운 유형) : 사소한 일에 신경 쓰고 다른 사람의 사소한 한마디 말에 상처를 받기 쉽다.

• 면접관의 심리 : '동료들과 잘 지낼 수 있을까?', '실패할 때마다 위축되지 않을까?'

• 면접대책 : 다소 신경질적이라도 능력을 발휘할 수 있다는 평가를 얻도록 한다. 주변과 충분한 의사소통이 가능하고, 결정한 것을 실행할 수 있다는 것을 보여주어야 한다.

㉡ '그렇지 않다'가 많은 경우(정신적으로 안정적인 유형) : 사소한 일에 신경 쓰지 않고 금방 해결하며, 주위 사람의 말에 과민하게 반응하지 않는다.

• 면접관의 심리 : '계약할 때 필요한 유형이고, 사고 발생에도 유연하게 대처할 수 있다.'

• 면접대책 : 일반적으로 '민감성'의 측정치가 낮으면 플러스 평가를 받으므로 더욱 자신감 있는 모습을 보여준다.

② **자책성**(과민도) ··· 자신을 비난하거나 책망하는 정도를 측정한다.

질문	그렇다	약간 그렇다	그저 그렇다	별로 그렇지 않다	그렇지 않다
• 후회하는 일이 많다. • 자신이 하찮은 존재라 생각된다. • 문제가 발생하면 자기의 탓이라고 생각한다. • 무슨 일이든지 끙끙대며 진행하는 경향이 있다. • 온순한 편이다.					

▶측정결과

㉠ '그렇다'가 많은 경우(자책하는 유형) : 비관적이고 후회하는 유형이다.
 • 면접관의 심리 : '끙끙대며 괴로워하고, 일을 진행하지 못할 것 같다.'
 • 면접대책 : 기분이 저조해도 항상 의욕을 가지고 생활하는 것과 책임감이 강하다는 것을 보여준다.

㉡ '그렇지 않다'가 많은 경우(낙천적인 유형) : 기분이 항상 밝은 편이다.
 • 면접관의 심리 : '안정된 대인관계를 맺을 수 있고, 외부의 압력에도 흔들리지 않는다.'
 • 면접대책 : 일반적으로 '자책성'의 측정치가 낮아야 좋은 평가를 받는다.

③ **기분성**(불안도) ··· 기분의 굴곡이나 감정적인 면의 미숙함이 어느 정도인지를 측정하는 것이다.

질문	그렇다	약간 그렇다	그저 그렇다	별로 그렇지 않다	그렇지 않다
• 다른 사람의 의견에 자신의 결정이 흔들리는 경우가 많다. • 기분이 쉽게 변한다. • 종종 후회한다. • 다른 사람보다 의지가 약한 편이라고 생각한다. • 금방 싫증을 내는 성격이라는 말을 자주 듣는다.					

▶측정결과

㉠ '그렇다'가 많은 경우(감정의 기복이 많은 유형) : 의지력보다 기분에 따라 행동하기 쉽다.

• 면접관의 심리 : '감정적인 것에 약하며, 상황에 따라 생산성이 떨어지지 않을까?'

• 면접대책 : 주변 사람들과 항상 협조한다는 것을 강조하고 한결같은 상태로 일할 수 있다는 평가를 받도록 한다.

㉡ '그렇지 않다'가 많은 경우(감정의 기복이 적은 유형) : 감정의 기복이 없고, 안정적이다.

• 면접관의 심리 : '안정적으로 업무에 임할 수 있다.'

• 면접대책 : 기분성의 측정치가 낮으면 플러스 평가를 받으므로 자신감을 가지고 면접에 임한다.

④ **독자성**(개인도) … 주변에 대한 견해나 관심, 자신의 견해나 생각에 어느 정도의 속박감을 가지고 있는지를 측정한다.

질문	그렇다	약간 그렇다	그저 그렇다	별로 그렇지 않다	그렇지 않다
• 창의적 사고방식을 가지고 있다. • 융통성이 없는 편이다. • 혼자 있는 편이 많은 사람과 있는 것보다 편하다. • 개성적이라는 말을 듣는다. • 교제는 번거로운 것이라고 생각하는 경우가 많다.					

▶측정결과

㉠ '그렇다'가 많은 경우 : 자기의 관점을 중요하게 생각하는 유형으로, 주위의 상황보다 자신의 느낌과 생각을 중시한다.

• 면접관의 심리 : '제멋대로 행동하지 않을까?'

• 면접대책 : 주위 사람과 협조하여 일을 진행할 수 있다는 것과 상식에 얽매이지 않는다는 인상을 심어준다.

㉡ '그렇지 않다'가 많은 경우 : 상식적으로 행동하고 주변 사람의 시선에 신경을 쓴다.

• 면접관의 심리 : '다른 직원들과 협조하여 업무를 진행할 수 있겠다.'

• 면접대책 : 협조성이 요구되는 기업체에서는 플러스 평가를 받을 수 있다.

⑤ **자신감(자존심도)** … 자기 자신에 대해 얼마나 긍정적으로 평가하는지를 측정한다.

질문	그렇다	약간 그렇다	그저 그렇다	별로 그렇지 않다	그렇지 않다
• 다른 사람보다 능력이 뛰어나다고 생각한다. • 다소 반대의견이 있어도 나만의 생각으로 행동할 수 있다. • 나는 다른 사람보다 기가 센 편이다. • 동료가 나를 모욕해도 무시할 수 있다. • 대개의 일을 목적한 대로 헤쳐나갈 수 있다고 생각한다.					

▶측정결과

㉠ '그렇다'가 많은 경우 : 자기 능력이나 외모 등에 자신감이 있고, 비판당하는 것을 좋아하지 않는다.

  • 면접관의 심리 : '자만하여 지시에 잘 따를 수 있을까?'
  • 면접대책 : 다른 사람의 조언을 잘 받아들이고, 겸허하게 반성하는 면이 있다는 것을 보여주고, 동료들과 잘 지내며 리더의 자질이 있다는 것을 강조한다.

㉡ '그렇지 않다'가 많은 경우 : 자신감이 없고 다른 사람의 비판에 약하다.

  • 면접관의 심리 : '패기가 부족하지 않을까?', '쉽게 좌절하지 않을까?'
  • 면접대책 : 극도의 자신감 부족으로 평가되지는 않는다. 그러나 마음이 약한 면은 있지만 의욕적으로 일을 하겠다는 마음가짐을 보여준다.

⑥ **고양성(분위기에 들뜨는 정도)** … 자유분방함, 명랑함과 같이 감정(기분)의 높고 낮음의 정도를 측정한다.

질문	그렇다	약간 그렇다	그저 그렇다	별로 그렇지 않다	그렇지 않다
• 침착하지 못한 편이다. • 다른 사람보다 쉽게 우쭐해진다. • 모든 사람이 아는 유명인사가 되고 싶다. • 모임이나 집단에서 분위기를 이끄는 편이다. • 취미 등이 오랫동안 지속되지 않는 편이다.					

▶측정결과

㉠ '그렇다'가 많은 경우 : 자극이나 변화가 있는 일상을 원하고 기분을 들뜨게 하는 사람과 친밀하게 지내는 경향이 강하다.

• 면접관의 심리 : '일을 진행하는 데 변덕스럽지 않을까?'

• 면접대책 : 밝은 태도는 플러스 평가를 받을 수 있지만, 착실한 업무능력이 요구되는 직종에서는 마이너스 평가가 될 수 있다. 따라서 자기조절이 가능하다는 것을 보여준다.

㉡ '그렇지 않다'가 많은 경우 : 감정이 항상 일정하고, 속을 드러내 보이지 않는다.

• 면접관의 심리 : '안정적인 업무 태도를 기대할 수 있겠다.'

• 면접대책 : '고양성'의 낮음은 대체로 플러스 평가를 받을 수 있다. 그러나 '무엇을 생각하고 있는지 모르겠다' 등의 평을 듣지 않도록 주의한다.

⑦ 허위성(진위성) … 필요 이상으로 자기를 좋게 보이려 하거나 기업체가 원하는 '이상형'에 맞춘 대답을 하고 있는지, 없는지를 측정한다.

질문	그렇다	약간 그렇다	그저 그렇다	별로 그렇지 않다	그렇지 않다
• 약속을 깨뜨린 적이 한 번도 없다. • 다른 사람을 부럽다고 생각해 본 적이 없다. • 꾸지람을 들은 적이 없다. • 사람을 미워한 적이 없다. • 화를 낸 적이 한 번도 없다.					

▶측정결과

㉠ '그렇다'가 많은 경우 : 실제의 자기와는 다른, 말하자면 원칙으로 해답할 가능성이 있다.

• 면접관의 심리 : '거짓을 말하고 있다.'

• 면접대책 : 조금이라도 좋게 보이려고 하는 '거짓말쟁이'로 평가될 수 있다. '거짓을 말하고 있다.'는 마음 따위가 전혀 없다 해도 결과적으로는 정직하게 답하지 않는다는 것이 되어 버린다. '허위성'의 측정 질문은 구분되지 않고 다른 질문 중에 섞여 있다. 그러므로 모든 질문에 솔직하게 답하여야 한다. 또한 자기 자신과 너무 동떨어진 이미지로 답하면 좋은 결과를 얻지 못한다. 그리고 면접에서 '허위성'을 기본으로 한 질문을 받게 되므로 당황하거나 또 다른 모순된 답변을 하게 된다. 겉치레를 하거나 무리한 욕심을 부리지 말고 '이런 사회인이 되고 싶다.'는 현재의 자신보다, 조금 성장한 자신을 표현하는 정도가 적당하다.

㉡ '그렇지 않다'가 많은 경우 : 냉정하고 정직하며, 외부의 압력과 스트레스에 강한 유형이다. '대쪽 같음'의 이미지가 굳어지지 않도록 주의한다.

(2) 행동적인 측면

행동적 측면은 인격 중에 특히 행동으로 드러나기 쉬운 측면을 측정한다. 사람의 행동 특징 자체에는 선도 악도 없으나, 일반적으로는 일의 내용에 의해 원하는 행동이 있다. 때문에 행동적 측면은 주로 직종과 깊은 관계가 있는데 자신의 행동 특성을 살려 적합한 직종을 선택한다면 플러스가 될 수 있다.

행동 특성에서 보여 지는 특징은 면접장면에서도 드러나기 쉬운데 본서의 모의 TEST의 결과를 참고하여 자신의 태도, 행동이 면접관의 시선에 어떻게 비치는지를 점검하도록 한다.

① 사회적 내향성 … 대인관계에서 나타나는 행동경향으로 '낯가림'을 측정한다.

질문	선택
A : 파티에서는 사람을 소개받는 편이다. B : 파티에서는 사람을 소개하는 편이다.	
A : 처음 보는 사람과는 어색하게 시간을 보내는 편이다. B : 처음 보는 사람과는 즐거운 시간을 보내는 편이다.	
A : 친구가 적은 편이다. B : 친구가 많은 편이다.	
A : 자신의 의견을 말하는 경우가 적다. B : 자신의 의견을 말하는 경우가 많다.	
A : 사교적인 모임에 참석하는 것을 좋아하지 않는다. B : 사교적인 모임에 항상 참석한다.	

▶측정결과

㉠ 'A'가 많은 경우 : 내성적이고 사람들과 접하는 것에 소극적이다. 자신의 의견을 말하지 않고 조심스러운 편이다.
- 면접관의 심리 : '소극적인데 동료와 잘 지낼 수 있을까?'
- 면접대책 : 대인관계를 맺는 것을 싫어하지 않고 의욕적으로 일을 할 수 있다는 것을 보여준다.

㉡ 'B'가 많은 경우 : 사교적이고 자기의 생각을 명확하게 전달할 수 있다.
- 면접관의 심리 : '사교적이고 활동적인 것은 좋지만, 자기주장이 너무 강하지 않을까?'
- 면접대책 : 협조성을 보여주고, 자기주장이 너무 강하다는 인상을 주지 않도록 주의한다.

② **내성성(침착도)** … 자신의 행동과 일에 대해 침착하게 생각하는 정도를 측정한다.

질문	선택
A : 시간이 걸려도 침착하게 생각하는 경우가 많다. B : 짧은 시간에 결정을 하는 경우가 많다.	
A : 실패의 원인을 찾고 반성하는 편이다. B : 실패를 해도 그다지(별로) 개의치 않는다.	
A : 결론이 도출되어도 몇 번 정도 생각을 바꾼다. B : 결론이 도출되면 신속하게 행동으로 옮긴다.	
A : 여러 가지 생각하는 것이 능숙하다. B : 여러 가지 일을 재빨리 능숙하게 처리하는 데 익숙하다.	
A : 여러 가지 측면에서 사물을 검토한다. B : 행동한 후 생각을 한다.	

▶측정결과

㉠ 'A'가 많은 경우 : 행동하기 보다는 생각하는 것을 좋아하고 신중하게 계획을 세워 실행한다.
• 면접관의 심리 : '행동으로 실천하지 못하고, 대응이 늦은 경향이 있지 않을까?'
• 면접대책 : 발로 뛰는 것을 좋아하고, 일을 더디게 한다는 인상을 주지 않도록 한다.

㉡ 'B'가 많은 경우 : 차분하게 생각하는 것보다 우선 행동하는 유형이다.
• 면접관의 심리 : '생각하는 것을 싫어하고 경솔한 행동을 하지 않을까?'
• 면접대책 : 계획을 세우고 행동할 수 있는 것을 보여주고 '사려 깊다'라는 인상을 남기도록 한다.

③ 신체활동성 … 몸을 움직이는 것을 좋아하는가를 측정한다.

질문	선택
A : 민첩하게 활동하는 편이다. B : 준비행동이 없는 편이다.	
A : 일을 척척 해치우는 편이다. B : 일을 더디게 처리하는 편이다.	
A : 활발하다는 말을 듣는다. B : 얌전하다는 말을 듣는다.	
A : 몸을 움직이는 것을 좋아한다. B : 가만히 있는 것을 좋아한다.	
A : 스포츠를 하는 것을 즐긴다. B : 스포츠를 보는 것을 좋아한다.	

▶측정결과
㉠ 'A'가 많은 경우 : 활동적이고, 몸을 움직이게 하는 것이 컨디션이 좋다.
　• 면접관의 심리 : '활동적으로 활동력이 좋아 보인다.'
　• 면접대책 : 활동하고 얻은 성과 등과 주어진 상황의 대응능력을 보여준다.
㉡ 'B'가 많은 경우 : 침착한 인상으로, 차분하게 있는 타입이다.
　• 면접관의 심리 : '좀처럼 행동하려 하지 않아 보이고, 일을 빠르게 처리할 수 있을까?'

④ 지속성(노력성) … 무슨 일이든 포기하지 않고 끈기 있게 하려는 정도를 측정한다.

질문	선택
A : 일단 시작한 일은 시간이 걸려도 끝까지 마무리한다. B : 일을 하다 어려움에 부딪히면 단념한다.	
A : 끈질긴 편이다. B : 바로 단념하는 편이다.	
A : 인내가 강하다는 말을 듣는다. B : 금방 싫증을 낸다는 말을 듣는다.	
A : 집념이 깊은 편이다. B : 담백한 편이다.	
A : 한 가지 일에 구애되는 것이 좋다고 생각한다. B : 간단하게 체념하는 것이 좋다고 생각한다.	

▶측정결과

㉠ 'A'가 많은 경우 : 시작한 것은 어려움이 있어도 포기하지 않고 인내심이 높다.
- 면접관의 심리 : '한 가지의 일에 너무 구애되고, 업무의 진행이 원활할까?'
- 면접대책 : 인내력이 있는 것은 플러스 평가를 받을 수 있지만 집착이 강해 보이기도 한다.

㉡ 'B'가 많은 경우 : 뒤끝이 없고 조그만 실패로 일을 포기하기 쉽다.
- 면접관의 심리 : '질리는 경향이 있고, 일을 정확히 끝낼 수 있을까?'
- 면접대책 : 지속적인 노력으로 성공했던 사례를 준비하도록 한다.

⑤ 신중성(주의성) … 자신이 처한 주변상황을 즉시 파악하고 자신의 행동이 어떤 영향을 미치는지를 측정한다.

질문	선택
A : 여러 가지로 생각하면서 완벽하게 준비하는 편이다. B : 행동할 때부터 임기응변적인 대응을 하는 편이다.	
A : 신중해서 타이밍을 놓치는 편이다. B : 준비 부족으로 실패하는 편이다.	
A : 자신은 어떤 일에도 신중히 대응하는 편이다. B : 순간적인 충동으로 활동하는 편이다.	
A : 시험을 볼 때 끝날 때까지 재검토하는 편이다. B : 시험을 볼 때 한 번에 모든 것을 마치는 편이다.	
A : 일에 대해 계획표를 만들어 실행한다. B : 일에 대한 계획표 없이 진행한다.	

▶측정결과

㉠ 'A'가 많은 경우 : 주변 상황에 민감하고, 예측하여 계획 있게 일을 진행한다.
- 면접관의 심리 : '너무 신중해서 적절한 판단을 할 수 있을까?', '앞으로의 상황에 불안을 느끼지 않을까?'
- 면접대책 : 예측을 하고 실행을 하는 것은 플러스 평가가 되지만, 너무 신중하면 일의 진행이 정체될 가능성을 보이므로 추진력이 있다는 강한 의욕을 보여준다.

㉡ 'B'가 많은 경우 : 주변 상황을 살펴보지 않고 착실한 계획 없이 일을 진행시킨다.
- 면접관의 심리 : '사려 깊지 않고, 실패하는 일이 많지 않을까?', '판단이 빠르고 유연한 사고를 할 수 있을까?'
- 면접대책 : 사전준비를 중요하게 생각하고 있다는 것 등을 보여주고, 경솔한 인상을 주지 않도록 한다. 또한 판단력이 빠르거나 유연한 사고 덕분에 일 처리를 잘 할 수 있다는 것을 강조한다.

(3) 의욕적인 측면

의욕적인 측면은 의욕의 정도, 활동력의 유무 등을 측정한다. 여기서의 의욕이란 우리들이 보통 말하고 사용하는 '하려는 의지'와는 조금 뉘앙스가 다르다. '하려는 의지'란 그 때의 환경이나 기분에 따라 변화하는 것이지만, 여기에서는 조금 더 변화하기 어려운 특징, 말하자면 정신적 에너지의 양으로 측정하는 것이다.

의욕적 측면은 행동적 측면과는 다르고, 전반적으로 어느 정도 점수가 높은 쪽을 선호한다. 모의검사의 의욕적 측면의 결과가 낮다면, 평소 일에 몰두할 때 조금 의욕 있는 자세를 가지고 서서히 개선하도록 노력해야 한다.

① 달성의욕 … 목적의식을 가지고 높은 이상을 가지고 있는지를 측정한다.

질문	선택
A : 경쟁심이 강한 편이다. B : 경쟁심이 약한 편이다.	
A : 어떤 한 분야에서 제1인자가 되고 싶다고 생각한다. B : 어느 분야에서든 성실하게 임무를 진행하고 싶다고 생각한다.	
A : 규모가 큰일을 해보고 싶다. B : 맡은 일에 충실히 임하고 싶다.	
A : 아무리 노력해도 실패한 것은 아무런 도움이 되지 않는다. B : 가령 실패했을 지라도 나름대로의 노력이 있었으므로 괜찮다.	
A : 높은 목표를 설정하여 수행하는 것이 의욕적이다. B : 실현 가능한 정도의 목표를 설정하는 것이 의욕적이다.	

▶측정결과

㉠ 'A'가 많은 경우 : 큰 목표와 높은 이상을 가지고 승부욕이 강한 편이다.
- 면접관의 심리 : '열심히 일을 해줄 것 같은 유형이다.'
- 면접대책 : 달성의욕이 높다는 것은 어떤 직종이라도 플러스 평가가 된다.

㉡ 'B'가 많은 경우 : 현재의 생활을 소중하게 여기고 비약적인 발전을 위하여 기를 쓰지 않는다.
- 면접관의 심리 : '외부의 압력에 약하고, 기획입안 등을 하기 어려울 것이다.'
- 면접대책 : 일을 통하여 하고 싶은 것들을 구체적으로 어필한다.

② **활동의욕** … 자신에게 잠재된 에너지의 크기로, 정신적인 측면의 활동력이라 할 수 있다.

질문	선택
A : 하고 싶은 일을 실행으로 옮기는 편이다. B : 하고 싶은 일을 좀처럼 실행할 수 없는 편이다.	
A : 어려운 문제를 해결해 가는 것이 좋다. B : 어려운 문제를 해결하는 것을 잘하지 못한다.	
A : 일반적으로 결단이 빠른 편이다. B : 일반적으로 결단이 느린 편이다.	
A : 곤란한 상황에도 도전하는 편이다. B : 사물의 본질을 깊게 관찰하는 편이다.	
A : 시원시원하다는 말을 잘 듣는다. B : 꼼꼼하다는 말을 잘 듣는다.	

▶측정결과

㉠ 'A'가 많은 경우 : 꾸물거리는 것을 싫어하고 재빠르게 결단해서 행동하는 타입이다.
- 면접관의 심리 : '일을 처리하는 솜씨가 좋고, 일을 척척 진행할 수 있을 것 같다.'
- 면접대책 : 활동의욕이 높은 것은 플러스 평가가 된다. 사교성이나 활동성이 강하다는 인상을 준다.

㉡ 'B'가 많은 경우 : 안전하고 확실한 방법을 모색하고 차분하게 시간을 아껴서 일에 임하는 타입이다.
- 면접관의 심리 : '재빨리 행동을 못하고, 일의 처리속도가 느린 것이 아닐까?'
- 면접대책 : 활동성이 있는 것을 좋아하고 움직임이 더디다는 인상을 주지 않도록 한다.

3 성격의 유형

(1) 인성검사유형의 4가지 척도

정서적인 측면, 행동적인 측면, 의욕적인 측면의 요소들은 성격 특성이라는 관점에서 제시된 것들로 각 개인의 장·단점을 파악하는 데 유용하다. 그러나 전체적인 개인의 인성을 이해하는 데는 한계가 있다.

성격의 유형은 개인의 '성격적인 특색'을 가리키는 것으로, 사회인으로서 적합한지, 아닌지를 말하는 관점과는 관계가 없다. 따라서 채용의 합격 여부에는 사용되지 않는 경우가 많으며, 입사 후의 적정 부서 배치의 자료가 되는 편이라 생각하면 된다. 그러나 채용과 관계가 없다고 해서 아무런 준비도 필요없는 것은 아니다. 자신을 아는 것은 면접 대책의 밑거름이 되므로 모의검사 결과를 충분히 활용하도록 하여야 한다.

본서에서는 4개의 척도를 사용하여 기본적으로 16개의 패턴으로 성격의 유형을 분류하고 있다. 각 개인의 성격이 어떤 유형인지 재빨리 파악하기 위해 사용되며, '적성'에 맞는지, 맞지 않는지의 관점에 활용된다.

- 흥미·관심의 방향 : 내향형 ←————→ 외향형
- 사물에 대한 견해 : 직관형 ←————→ 감각형
- 판단하는 방법 : 감정형 ←————→ 사고형
- 환경에 대한 접근방법 : 지각형 ←————→ 판단형

(2) 성격유형

① 흥미·관심의 방향(내향⇆외향) … 흥미·관심의 방향이 자신의 내면에 있는지, 주위환경 등 외면에 향하는 지를 가리키는 척도이다.

질문	선택
A : 내성적인 성격인 편이다. B : 개방적인 성격인 편이다.	
A : 항상 신중하게 생각을 하는 편이다. B : 바로 행동에 착수하는 편이다.	
A : 수수하고 조심스러운 편이다. B : 자기 표현력이 강한 편이다.	
A : 다른 사람과 함께 있으면 침착하지 않다. B : 혼자서 있으면 침착하지 않다.	

▶측정결과

㉠ 'A'가 많은 경우(내향) : 관심의 방향이 자기 내면에 있으며, 조용하고 낯을 가리는 유형이다. 행동력은 부족하나 집중력이 뛰어나고 신중하고 꼼꼼하다.

㉡ 'B'가 많은 경우(외향) : 관심의 방향이 외부환경에 있으며, 사교적이고 활동적인 유형이다. 꼼꼼함이 부족하여 대충하는 경향이 있으나 행동력이 있다.

② **일(사물)을 보는 방법(직감⇆감각)** … 일(사물)을 보는 법이 직감적으로 형식에 얽매이는지, 감각적으로 상식적인지를 가리키는 척도이다.

질문	선택
A : 현실주의적인 편이다. B : 상상력이 풍부한 편이다. A : 정형적인 방법으로 일을 처리하는 것을 좋아한다. B : 만들어진 방법에 변화가 있는 것을 좋아한다. A : 경험에서 가장 적합한 방법으로 선택한다. B : 지금까지 없었던 새로운 방법을 개척하는 것을 좋아한다. A : 호기심이 강하다는 말을 듣는다. B : 성실하다는 말을 듣는다.	

▶측정결과

㉠ 'A'가 많은 경우(감각) : 현실적이고 경험주의적이며 보수적인 유형이다.

㉡ 'B'가 많은 경우(직관) : 새로운 주제를 좋아하며, 독자적인 시각을 가진 유형이다.

③ **판단하는 방법(감정⇆사고)** … 일을 감정적으로 판단하는지, 논리적으로 판단하는지를 가리키는 척도이다.

질문	선택
A : 인간관계를 중시하는 편이다. B : 일의 내용을 중시하는 편이다. A : 결론을 자기의 신념과 감정에서 이끌어내는 편이다. B : 결론을 논리적 사고에 의거하여 내리는 편이다. A : 다른 사람보다 동정적이고 눈물이 많은 편이다. B : 다른 사람보다 이성적이고 냉정하게 대응하는 편이다.	

▶측정결과

㉠ 'A'가 많은 경우(감정) : 일을 판단할 때 마음·감정을 중요하게 여기는 유형이다. 감정이 풍부하고 친절하나 엄격함이 부족하고 우유부단하며, 합리성이 부족하다.

㉡ 'B'가 많은 경우(사고) : 일을 판단할 때 논리성을 중요하게 여기는 유형이다. 이성적이고 합리적이나 타인에 대한 배려가 부족하다.

④ 환경에 대한 접근방법 … 주변상황에 어떻게 접근하는지, 그 판단기준을 어디에 두는지를 측정한다.

질문	선택
A : 사전에 계획을 세우지 않고 행동한다. B : 반드시 계획을 세우고 그것에 의거해서 행동한다. A : 자유롭게 행동하는 것을 좋아한다. B : 조직적으로 행동하는 것을 좋아한다. A : 조직성이나 관습에 속박당하지 않는다. B : 조직성이나 관습을 중요하게 여긴다. A : 계획 없이 낭비가 심한 편이다. B : 예산을 세워 물건을 구입하는 편이다.	

▶측정결과
㉠ 'A'가 많은 경우(지각) : 일의 변화에 융통성을 가지고 유연하게 대응하는 유형이다. 낙관적이며 질서보다는 자유를 좋아하나 임기응변식의 대응으로 무계획적인 인상을 줄 수 있다.
㉡ 'B'가 많은 경우(판단) : 일의 진행시 계획을 세워서 실행하는 유형이다. 순차적으로 진행하는 일을 좋아하고 끈기가 있으나 변화에 대해 적절하게 대응하지 못하는 경향이 있다.

(3) 성격유형의 판정

성격유형은 합격 여부의 판정보다는 배치를 위한 자료로써 이용된다. 즉, 기업은 입사시험단계에서 입사 후에도 사용할 수 있는 정보를 입수하고 있다는 것이다. 성격검사에서는 어느 척도가 얼마나 고득점이었는지에 주시하고 각각의 측면에서 반드시 하나씩 고르고 편성한다. 편성은 모두 16가지가 되나 각각의 측면을 더 세분하면 200가지 이상의 유형이 나온다.

여기에서는 16가지 편성을 제시한다. 성격검사에 어떤 정보가 게재되어 있는지를 이해하면서 자기의 성격유형을 파악하기 위한 실마리로 활용하도록 한다.

① 내향 – 직관 – 감정 – 지각(TYPE A)
관심이 내면에 향하고 조용하고 소극적이다. 사물에 대한 견해는 새로운 것에 대해 호기심이 강하고, 독창적이다. 감정은 좋아하는 것과 싫어하는 것의 판단이 확실하고, 감정이 풍부하고 따뜻한 느낌이 있는 반면, 합리성이 부족한 경향이 있다. 환경에 접근하는 방법은 순응적이고 상황의 변화에 대해 유연하게 대응하는 것을 잘한다.

② 내향 - 직관 - 감정 - 사고(TYPE B)

관심이 내면으로 향하고 조용하고 쑥스러움을 잘 타는 편이다. 사물을 보는 관점은 독창적이며, 자기 나름대로 궁리하며 생각하는 일이 많다. 좋고 싫음으로 판단하는 경향이 강하고 타인에게는 친절한 반면, 우유부단하기 쉬운 편이다. 환경 변화에 대해 유연하게 대응하는 것을 잘한다.

③ 내향 - 직관 - 사고 - 지각(TYPE C)

관심이 내면으로 향하고 얌전하고 교제범위가 좁다. 사물을 보는 관점은 독창적이며, 현실에서 먼 추상적인 것을 생각하기를 좋아한다. 논리적으로 생각하고 판단하는 경향이 강하고 이성적이지만, 남의 감정에 대해서는 무반응인 경향이 있다. 환경의 변화에 순응적이고 융통성 있게 임기응변으로 대응할 수가 있다.

④ 내향 - 직관 - 사고 - 판단(TYPE D)

관심이 내면으로 향하고 주의 깊고 신중하게 행동을 한다. 사물을 보는 관점은 독창적이며 논리를 좋아해서 이치를 따지는 경향이 있다. 논리적으로 생각하고 판단하는 경향이 강하고, 객관적이지만 상대방의 마음에 대한 배려가 부족한 경향이 있다. 환경에 대해서는 순응하는 것보다 대응하며, 한 번 정한 것은 끈질기게 행동하려 한다.

⑤ 내향 - 감각 - 감정 - 지각(TYPE E)

관심이 내면으로 향하고 조용하며 소극적이다. 사물을 보는 관점은 상식적이고 그대로의 것을 좋아하는 경향이 있다. 좋음과 싫음으로 판단하는 경향이 강하고 타인에 대해서 동정심이 많은 반면, 엄격한 면이 부족한 경향이 있다. 환경에 대해서는 순응적이고, 예측할 수 없다 해도 태연하게 행동하는 경향이 있다.

⑥ 내향 - 감각 - 감정 - 판단(TYPE F)

관심이 내면으로 향하고 얌전하며 쑥스러움을 많이 탄다. 사물을 보는 관점은 상식적이고 논리적으로 생각하는 것보다도 경험을 중요시하는 경향이 있다. 좋고 싫음으로 판단하는 경향이 강하고 사람이 좋은 반면, 개인적 취향이나 소원에 영향을 받는 일이 많은 경향이 있다. 환경에 대해서는 영향을 받지 않고, 자기 페이스대로 꾸준히 성취하는 일을 잘한다.

⑦ 내향 - 감각 - 사고 - 지각(TYPE G)

관심이 내면으로 향하고 얌전하고 교제범위가 좁다. 사물을 보는 관점은 상식적인 동시에 실천적이며, 틀에 박힌 형식을 좋아한다. 논리적으로 판단하는 경향이 강하고 침착하지만 사람에 대해서는 엄격하여 차가운 인상을 주는 일이 많다. 환경에 대해서 순응적이고, 계획적으로 행동하지 않으며 자유로운 행동을 좋아하는 경향이 있다.

⑧ 내향 – 감각 – 사고 – 판단(TYPE H)

관심이 내면으로 향하고 주의 깊고 신중하게 행동을 한다. 사물을 보는 관점이 상식적이고 새롭고 경험하지 못한 일에 대응을 잘 하지 못한다. 논리적으로 생각하고 판단하는 경향이 강하고, 공평하지만 상대방의 감정에 대해 배려가 부족할 때가 있다. 환경에 대해서는 작용하는 편이고, 질서 있게 행동하는 것을 좋아한다.

⑨ 외향 – 직관 – 감정 – 지각(TYPE I)

관심이 외향으로 향하고 밝고 활동적이며 교제범위가 넓다. 사물을 보는 관점은 독창적이고 호기심이 강하며 새로운 것을 생각하는 것을 좋아한다. 좋음 싫음으로 판단하는 경향이 강하다. 사람은 좋은 반면 개인적 취향이나 소원에 영향을 받는 일이 많은 편이다.

⑩ 외향 – 직관 – 감정 – 판단(TYPE J)

관심이 외향으로 향하고 개방적이며 누구와도 쉽게 친해질 수 있다. 사물을 보는 관점은 독창적이고 자기 나름대로 궁리하고 생각하는 면이 많다. 좋음과 싫음으로 판단하는 경향이 강하고, 타인에 대해 동정적이기 쉽고 엄격함이 부족한 경향이 있다. 환경에 대해서는 작용하는 편이고 질서 있는 행동을 하는 것을 좋아한다.

⑪ 외향 – 직관 – 사고 – 지각(TYPE K)

관심이 외향으로 향하고 태도가 분명하며 활동적이다. 사물을 보는 관점은 독창적이고 현실과 거리가 있는 추상적인 것을 생각하는 것을 좋아한다. 논리적으로 생각하고 판단하는 경향이 강하고, 공평하지만 상대에 대한 배려가 부족할 때가 있다.

⑫ 외향 – 직관 – 사고 – 판단(TYPE L)

관심이 외향으로 향하고 밝고 명랑한 성격이며 사교적인 것을 좋아한다. 사물을 보는 관점은 독창적이고 논리적인 것을 좋아하기 때문에 이치를 따지는 경향이 있다. 논리적으로 생각하고 판단하는 경향이 강하고 침착성이 뛰어나지만 사람에 대해서 엄격하고 차가운 인상을 주는 경우가 많다. 환경에 대해 작용하는 편이고 계획을 세우고 착실하게 실행하는 것을 좋아한다.

⑬ 외향 – 감각 – 감정 – 지각(TYPE M)

관심이 외향으로 향하고 밝고 활동적이고 교제범위가 넓다. 사물을 보는 관점은 상식적이고 종래대로 있는 것을 좋아한다. 보수적인 경향이 있고 좋아함과 싫어함으로 판단하는 경향이 강하며 타인에게는 친절한 반면, 우유부단한 경우가 많다. 환경에 대해 순응적이고, 융통성이 있고 임기응변으로 대응할 가능성이 높다.

⑭ 외향 - 감각 - 감정 - 판단(TYPE N)

관심이 외향으로 향하고 개방적이며 누구와도 쉽게 대면할 수 있다. 사물을 보는 관점은 상식적이고 논리적으로 생각하기보다는 경험을 중시하는 편이다. 좋아함과 싫어함으로 판단하는 경향이 강하고 감정이 풍부하며 따뜻한 느낌이 있는 반면에 합리성이 부족한 경우가 많다. 환경에 대해서 작용하는 편이고, 한 번 결정한 것은 끈질기게 실행하려고 한다.

⑮ 외향 - 감각 - 사고 - 지각(TYPE O)

관심이 외향으로 향하고 시원한 태도이며 활동적이다. 사물을 보는 관점이 상식적이며 동시에 실천적이고 명백한 형식을 좋아하는 경향이 있다. 논리적으로 생각하고 판단하는 경향이 강하고, 객관적이지만 상대 마음에 대해 배려가 부족한 경향이 있다.

⑯ 외향 - 감각 - 사고 - 판단(TYPE P)

관심이 외향으로 향하고 밝고 명랑하며 사교적인 것을 좋아한다. 사물을 보는 관점은 상식적이고 경험하지 못한 새로운 것에 대응을 잘 하지 못한다. 논리적으로 생각하고 판단하는 경향이 강하고 이성적이지만 사람의 감정에 무심한 경향이 있다. 환경에 대해서는 작용하는 편이고, 자기 페이스대로 꾸준히 성취하는 것을 잘한다.

4 **인성검사의 대책**

(1) 미리 알아두어야 할 점

① 출제 문항 수 … 인성검사의 출제 문항 수는 특별히 정해진 것이 아니며 각 기업체의 기준에 따라 달라질 수 있다. 보통 100문항 이상에서 500문항까지 출제된다고 예상하면 된다.

② 출제형식

　㉠ '예' 아니면 '아니오'의 형식

다음 문항을 읽고 자신에게 해당되는지 안 되는지를 판단하여 해당될 경우 '예'를, 해당되지 않을 경우 '아니오'를 고르시오.

질문	예	아니오
1. 자신의 생각이나 의견은 좀처럼 변하지 않는다.	○	
2. 구입한 후 끝까지 읽지 않은 책이 많다.		○

다음 문항에 대해서 평소에 자신이 생각하고 있는 것이나 행동하고 있는 것에 ○표를 하시오.

질문	그렇다	약간 그렇다	그저 그렇다	별로 그렇지 않다	그렇지 않다
1. 시간에 쫓기는 것이 싫다.		○			
2. 여행가기 전에 계획을 세운다.			○		

　㉡ A와 B의 선택형식

A와 B에 주어진 문장을 읽고 자신에게 해당되는 것을 고르시오.

질문	선택
A : 걱정거리가 있어서 잠을 못 잘 때가 있다.	(○)
B : 걱정거리가 있어도 잠을 잘 잔다.	( )

(2) 임하는 자세

① **솔직하게 있는 그대로 표현한다** … 인성검사는 평범한 일상생활 내용들을 다룬 짧은 문장과 어떤 대상이나 일에 대한 선로를 선택하는 문장으로 구성되었으므로 평소에 자신이 생각한 바를 너무 골똘히 생각하지 말고 문제를 보는 순간 떠오른 것을 표현한다.

② **모든 문제를 신속하게 대답한다** … 인성검사는 시간제한이 없는 것이 원칙이지만 기업체들은 일정한 시간제한을 두고 있다. 인성검사는 개인의 성격과 자질을 알아보기 위한 검사이기 때문에 정답이 없다. 다만, 기업체에서 바람직하게 생각하거나 기대되는 결과가 있을 뿐이다. 따라서 시간에 쫓겨서 대충 대답을 하는 것은 바람직하지 못하다.

③ **일관성 있게 대답한다** … 간혹 반복되는 문제들이 출제되기 때문에 일관성 있게 답하지 않으면 감점될 수 있으므로 유의한다. 실제로 공기업 인사부 직원의 인터뷰에 따르면 일관성이 없게 대답한 응시자들이 감점을 받아 탈락했다고 한다. 거짓된 응답을 하다보면 일관성 없는 결과가 나타날 수 있으므로, 위에서 언급한 대로 신속하고 솔직하게 답해 일관성 있는 응답을 하는 것이 중요하다.

④ **마지막까지 집중해서 검사에 임한다** … 장시간 진행되는 검사에 지치지 않고 마지막까지 집중해서 정확히 답할 수 있도록 해야 한다.

CHAPTER

02 실전 인성검사

※ 인성검사는 응시자의 인성을 파악하기 위한 자료로서 별도의 답안을 제공하지 않습니다.

>> 예시 1

▌1~200▐ 다음 제시된 문항이 당신에게 해당한다면 YES, 그렇지 않다면 NO를 선택하시오.

	YES	NO
1. 조금이라도 나쁜 소식은 절망의 시작이라고 생각해버린다.	( )	( )
2. 언제나 실패가 걱정이 되어 어쩔 줄 모른다.	( )	( )
3. 다수결의 의견에 따르는 편이다.	( )	( )
4. 혼자서 커피숍에 들어가는 것은 전혀 두려운 일이 아니다.	( )	( )
5. 승부근성이 강하다.	( )	( )
6. 자주 흥분해서 침착하지 못하다.	( )	( )
7. 지금까지 살면서 타인에게 폐를 끼친 적이 없다.	( )	( )
8. 소곤소곤 이야기하는 것을 보면 자기에 대해 험담하고 있는 것으로 생각된다.	( )	( )
9. 무엇이든지 자기가 나쁘다고 생각하는 편이다.	( )	( )
10. 자신을 변덕스러운 사람이라고 생각한다.	( )	( )
11. 고독을 즐기는 편이다.	( )	( )
12. 자존심이 강하다고 생각한다.	( )	( )
13. 금방 흥분하는 성격이다.	( )	( )
14. 거짓말을 한 적이 없다.	( )	( )
15. 신경질적인 편이다.	( )	( )
16. 끙끙대며 고민하는 타입이다.	( )	( )
17. 감정적인 사람이라고 생각한다.	( )	( )
18. 자신만의 신념을 가지고 있다.	( )	( )
19. 다른 사람을 바보 같다고 생각한 적이 있다.	( )	( )
20. 금방 말해버리는 편이다.	( )	( )

                                                              YES   NO

21. 싫어하는 사람이 없다. ···( )( )

22. 대재앙이 오지 않을까 항상 걱정을 한다. ·····································( )( )

23. 쓸데없는 고생을 사서 하는 일이 많다. ···( )( )

24. 자주 생각이 바뀌는 편이다. ··( )( )

25. 문제점을 해결하기 위해 여러 사람과 상의한다. ··························( )( )

26. 내 방식대로 일을 한다. ···( )( )

27. 영화를 보고 운 적이 많다. ··( )( )

28. 어떤 것에 대해서도 화낸 적이 없다. ···( )( )

29. 사소한 충고에도 걱정을 한다. ···( )( )

30. 자신은 도움이 안되는 사람이라고 생각한다. ·······························( )( )

31. 금방 싫증을 내는 편이다. ··( )( )

32. 개성적인 사람이라고 생각한다. ···( )( )

33. 자기 주장이 강한 편이다. ··( )( )

34. 산만하다는 말을 들은 적이 있다. ···( )( )

35. 학교를 쉬고 싶다고 생각한 적이 한 번도 없다. ··························( )( )

36. 사람들과 관계맺는 것을 보면 잘하지 못한다. ·····························( )( )

37. 사려깊은 편이다. ··( )( )

38. 몸을 움직이는 것을 좋아한다. ···( )( )

39. 끈기가 있는 편이다. ··( )( )

40. 신중한 편이라고 생각한다. ··( )( )

41. 인생의 목표는 큰 것이 좋다. ···( )( )

42. 어떤 일이라도 바로 시작하는 타입이다. ·····································( )( )

43. 낯가림을 하는 편이다. ···( )( )

44. 생각하고 나서 행동하는 편이다. ···( )( )

45. 쉬는 날은 밖으로 나가는 경우가 많다. ·······································( )( )

46. 시작한 일은 반드시 완성시킨다. ···( )( )

47. 면밀한 계획을 세운 여행을 좋아한다. ···( )( )

48. 야망이 있는 편이라고 생각한다. ……………………………………………………… (   )(   )

49. 활동력이 있는 편이다. ……………………………………………………………………… (   )(   )

50. 많은 사람들과 왁자지껄하게 식사하는 것을 좋아하지 않는다. ………………… (   )(   )

51. 돈을 허비한 적이 없다. ……………………………………………………………………… (   )(   )

52. 운동회를 아주 좋아하고 기대했다. …………………………………………………… (   )(   )

53. 하나의 취미에 열중하는 타입이다. …………………………………………………… (   )(   )

54. 모임에서 회장에 어울린다고 생각한다. ……………………………………………… (   )(   )

55. 입신출세의 성공이야기를 좋아한다. …………………………………………………… (   )(   )

56. 어떠한 일도 의욕을 가지고 임하는 편이다. ………………………………………… (   )(   )

57. 학급에서는 존재가 희미했다. …………………………………………………………… (   )(   )

58. 항상 무언가를 생각하고 있다. …………………………………………………………… (   )(   )

59. 스포츠는 보는 것보다 하는 게 좋다. ………………………………………………… (   )(   )

60. '참 잘했네요'라는 말을 듣는다. ………………………………………………………… (   )(   )

61. 흐린 날은 반드시 우산을 가지고 간다. ……………………………………………… (   )(   )

62. 주연상을 받을 수 있는 배우를 좋아한다. …………………………………………… (   )(   )

63. 공격하는 타입이라고 생각한다. ………………………………………………………… (   )(   )

64. 리드를 받는 편이다. ………………………………………………………………………… (   )(   )

65. 너무 신중해서 기회를 놓친 적이 있다. ……………………………………………… (   )(   )

66. 시원시원하게 움직이는 타입이다. ……………………………………………………… (   )(   )

67. 야근을 해서라도 업무를 끝낸다. ……………………………………………………… (   )(   )

68. 누군가를 방문할 때는 반드시 사전에 확인한다. …………………………………… (   )(   )

69. 노력해도 결과가 따르지 않으면 의미가 없다. ……………………………………… (   )(   )

70. 무조건 행동해야 한다. ……………………………………………………………………… (   )(   )

71. 유행에 둔감하다고 생각한다. …………………………………………………………… (   )(   )

72. 정해진 대로 움직이는 것은 시시하다. ……………………………………………… (   )(   )

73. 꿈을 계속 가지고 있고 싶다. …………………………………………………………… (   )(   )

74. 질서보다 자유를 중요시하는 편이다. ………………………………………………… (   )(   )

YES NO

75. 혼자서 취미에 몰두하는 것을 좋아한다. ··· (　)(　)

76. 직관적으로 판단하는 편이다. ·· (　)(　)

77. 영화나 드라마를 보면 등장인물의 감정에 이입된다. ······························· (　)(　)

78. 시대의 흐름에 역행해서라도 자신을 관철하고 싶다. ······························ (　)(　)

79. 다른 사람의 소문에 관심이 없다. ·· (　)(　)

80. 창조적인 편이다. ·· (　)(　)

81. 비교적 눈물이 많은 편이다. ·· (　)(　)

82. 융통성이 있다고 생각한다. ·· (　)(　)

83. 친구의 휴대전화 번호를 잘 모른다. ·· (　)(　)

84. 스스로 고안하는 것을 좋아한다. ·· (　)(　)

85. 정이 두터운 사람으로 남고 싶다. ··· (　)(　)

86. 조직의 일원으로 별로 안 어울린다. ··· (　)(　)

87. 세상의 일에 별로 관심이 없다. ··· (　)(　)

88. 변화를 추구하는 편이다. ·· (　)(　)

89. 업무는 인간관계로 선택한다. ·· (　)(　)

90. 환경이 변하는 것에 구애되지 않는다. ·· (　)(　)

91. 불안감이 강한 편이다. ·· (　)(　)

92. 인생은 살 가치가 없다고 생각한다. ·· (　)(　)

93. 의지가 약한 편이다. ··· (　)(　)

94. 다른 사람이 하는 일에 별로 관심이 없다. ··· (　)(　)

95. 사람을 설득시키는 것은 어렵지 않다. ·· (　)(　)

96. 심심한 것을 못 참는다. ·· (　)(　)

97. 다른 사람을 욕한 적이 한 번도 없다. ·· (　)(　)

98. 다른 사람에게 어떻게 보일지 신경을 쓴다. ··· (　)(　)

99. 금방 낙심하는 편이다. ·· (　)(　)

100. 다른 사람에게 의존하는 경향이 있다. ··· (　)(　)

101. 그다지 융통성이 있는 편이 아니다. ··· (　)(　)

102. 다른 사람이 내 의견에 간섭하는 것이 싫다. ·· (   )(   )

103. 낙천적인 편이다. ·· (   )(   )

104. 숙제를 잊어버린 적이 한 번도 없다. ·· (   )(   )

105. 밤길에는 발소리가 들리기만 해도 불안하다. ·· (   )(   )

106. 상냥하다는 말을 들은 적이 있다. ·· (   )(   )

107. 자신은 유치한 사람이다. ·· (   )(   )

108. 잡담을 하는 것보다 책을 읽는 게 낫다. ·· (   )(   )

109. 나는 영업에 적합한 타입이라고 생각한다. ·· (   )(   )

110. 술자리에서 술을 마시지 않아도 흥을 돋울 수 있다. ·· (   )(   )

111. 한 번도 병원에 간 적이 없다. ·· (   )(   )

112. 나쁜 일은 걱정이 되어서 어쩔 줄을 모른다. ·· (   )(   )

113. 금세 무기력해지는 편이다. ·· (   )(   )

114. 비교적 고분고분한 편이라고 생각한다. ·· (   )(   )

115. 독자적으로 행동하는 편이다. ·· (   )(   )

116. 적극적으로 행동하는 편이다. ·· (   )(   )

117. 금방 감격하는 편이다. ·· (   )(   )

118. 어떤 것에 대해서는 불만을 가진 적이 없다. ·· (   )(   )

119. 밤에 못 잘 때가 많다. ·· (   )(   )

120. 자주 후회하는 편이다. ·· (   )(   )

121. 뜨거워지기 쉽고 식기 쉽다. ·· (   )(   )

122. 자신만의 세계를 가지고 있다. ·· (   )(   )

123. 많은 사람 앞에서도 긴장하는 일은 없다. ·· (   )(   )

124. 말하는 것을 아주 좋아한다. ·· (   )(   )

125. 인생을 포기하는 마음을 가진 적이 한 번도 없다. ·· (   )(   )

126. 어두운 성격이다. ·· (   )(   )

127. 금방 반성한다. ·· (   )(   )

128. 활동범위가 넓은 편이다. ·· (   )(   )

129. 자신을 끈기 있는 사람이라고 생각한다. ··· (　)(　)

130. 좋다고 생각하더라도 좀 더 검토하고 나서 실행한다. ····························· (　)(　)

131. 위대한 인물이 되고 싶다. ··· (　)(　)

132. 한 번에 많은 일을 떠맡아도 힘들지 않다. ·· (　)(　)

133. 사람과 만날 약속은 부담스럽다. ·· (　)(　)

134. 질문을 받으면 충분히 생각하고 나서 대답하는 편이다. ························· (　)(　)

135. 머리를 쓰는 것보다 땀을 흘리는 일이 좋다. ······································ (　)(　)

136. 결정한 것에는 철저히 구속받는다. ·· (　)(　)

137. 외출 시 문을 잠갔는지 몇 번을 확인한다. ·· (　)(　)

138. 이왕 할 거라면 일등이 되고 싶다. ·· (　)(　)

139. 과감하게 도전하는 타입이다. ·· (　)(　)

140. 자신은 사교적이 아니라고 생각한다. ·· (　)(　)

141. 무심코 도리에 대해서 말하고 싶어진다. ·· (　)(　)

142. '항상 건강하네요'라는 말을 듣는다. ··· (　)(　)

143. 단념하면 끝이라고 생각한다. ·· (　)(　)

144. 예상하지 못한 일은 하고 싶지 않다. ·· (　)(　)

145. 파란만장하더라도 성공하는 인생을 걷고 싶다. ···································· (　)(　)

146. 활기찬 편이라고 생각한다. ·· (　)(　)

147. 소극적인 편이라고 생각한다. ·· (　)(　)

148. 무심코 평론가가 되어 버린다. ·· (　)(　)

149. 자신은 성급하다고 생각한다. ·· (　)(　)

150. 꾸준히 노력하는 타입이라고 생각한다. ··· (　)(　)

151. 내일의 계획이라도 메모한다. ·· (　)(　)

152. 리더십이 있는 사람이 되고 싶다. ·· (　)(　)

153. 열정적인 사람이라고 생각한다. ·· (　)(　)

154. 다른 사람 앞에서 이야기를 잘 하지 못한다. ······································ (　)(　)

155. 통찰력이 있는 편이다. ·· (　)(　)

156. 엉덩이가 가벼운 편이다. ·· (   )(   )

157. 여러 가지로 구애됨이 있다. ·· (   )(   )

158. 돌다리도 두들겨 보고 건너는 쪽이 좋다. ······································· (   )(   )

159. 자신에게는 권력욕이 있다. ·· (   )(   )

160. 업무를 할당받으면 기쁘다. ·· (   )(   )

161. 사색적인 사람이라고 생각한다. ·· (   )(   )

162. 비교적 개혁적이다. ··· (   )(   )

163. 좋고 싫음으로 정할 때가 많다. ·· (   )(   )

164. 전통에 구애되는 것은 버리는 것이 적절하다. ······························· (   )(   )

165. 교제 범위가 좁은 편이다. ·· (   )(   )

166. 발상의 전환을 할 수 있는 타입이라고 생각한다. ··························· (   )(   )

167. 너무 주관적이어서 실패한다. ··· (   )(   )

168. 현실적이고 실용적인 면을 추구한다. ·· (   )(   )

169. 내가 어떤 배우의 팬인지 아무도 모른다. ····································· (   )(   )

170. 현실보다 가능성이다. ··· (   )(   )

171. 마음이 담겨 있으면 선물은 아무 것이나 좋다. ····························· (   )(   )

172. 여행은 마음대로 하는 것이 좋다. ··· (   )(   )

173. 추상적인 일에 관심이 있는 편이다. ··· (   )(   )

174. 일은 대담히 하는 편이다. ·· (   )(   )

175. 괴로워하는 사람을 보면 우선 동정한다. ······································· (   )(   )

176. 가치기준은 자신의 안에 있다고 생각한다. ···································· (   )(   )

177. 조용하고 조심스러운 편이다. ··· (   )(   )

178. 상상력이 풍부한 편이라고 생각한다. ·· (   )(   )

179. 의리, 인정이 두터운 상사를 만나고 싶다. ····································· (   )(   )

180. 인생의 앞날을 알 수 없어 재미있다. ·· (   )(   )

181. 밝은 성격이다. ··· (   )(   )

182. 별로 반성하지 않는다. ··· (   )(   )

183. 활동범위가 좁은 편이다. ·· ( )( )

184. 자신을 시원시원한 사람이라고 생각한다. ···································· ( )( )

185. 좋다고 생각하면 바로 행동한다. ··· ( )( )

186. 좋은 사람이 되고 싶다. ··· ( )( )

187. 한 번에 많은 일을 떠맡는 것은 골칫거리라고 생각한다. ·············· ( )( )

188. 사람과 만날 약속은 즐겁다. ·· ( )( )

189. 질문을 받으면 그때의 느낌으로 대답하는 편이다. ······················· ( )( )

190. 땀을 흘리는 것보다 머리를 쓰는 일이 좋다. ······························· ( )( )

191. 결정한 것이라도 그다지 구속받지 않는다. ··································· ( )( )

192. 외출 시 문을 잠갔는지 별로 확인하지 않는다. ··························· ( )( )

193. 지위에 어울리면 된다. ·· ( )( )

194. 안전책을 고르는 타입이다. ·· ( )( )

195. 자신은 사교적이라고 생각한다. ··· ( )( )

196. 도리는 상관없다. ··· ( )( )

197. '침착하네요'라는 말을 듣는다. ·· ( )( )

198. 단념이 중요하다고 생각한다. ·· ( )( )

199. 예상하지 못한 일도 해보고 싶다. ·· ( )( )

200. 평범하고 평온하게 행복한 인생을 살고 싶다. ······························ ( )( )

>> 예시 2

| 1~40 | 다음 주어진 보기 중에서 자신과 가장 가깝다고 생각하는 것은 'ㄱ'에 표시하고, 자신과 가장 멀다고 생각하는 것은 'ㅁ'에 표시하시오.

1
① 모임에서 리더에 어울리지 않는다고 생각한다.
② 착실한 노력으로 성공한 이야기를 좋아한다.
③ 어떠한 일에도 의욕이 없이 임하는 편이다.
④ 학급에서는 존재가 두드러졌다.

ㄱ	① ② ③ ④
ㅁ	① ② ③ ④

2
① 아무것도 생각하지 않을 때가 많다.
② 스포츠는 하는 것보다는 보는 게 좋다.
③ 성격이 급한 편이다.
④ 비가 오지 않으면 우산을 가지고 가지 않는다.

ㄱ	① ② ③ ④
ㅁ	① ② ③ ④

3
① 1인자보다는 조력자의 역할을 좋아한다.
② 의리를 지키는 타입이다.
③ 리드를 하는 편이다.
④ 남의 이야기를 잘 들어준다.

ㄱ	① ② ③ ④
ㅁ	① ② ③ ④

4
① 여유 있게 대비하는 타입이다.
② 업무가 진행 중이라도 야근을 하지 않는다.
③ 즉흥적으로 약속을 잡는다.
④ 노력하는 과정이 결과보다 중요하다.

5

① 무리해서 행동할 필요는 없다.
② 유행에 민감하다고 생각한다.
③ 정해진 대로 움직이는 편이 안심된다.
④ 현실을 직시하는 편이다.

ㄱ	① ② ③ ④
ㅁ	① ② ③ ④

6

① 자유보다 질서를 중요시하는 편이다.
② 사람들과 이야기하는 것을 좋아한다.
③ 경험에 비추어 판단하는 편이다.
④ 영화나 드라마는 각본의 완성도나 화면구성에 주목한다.

ㄱ	① ② ③ ④
ㅁ	① ② ③ ④

7

① 혼자 자유롭게 생활하는 것이 편하다.
② 다른 사람의 소문에 관심이 많다.
③ 실무적인 편이다.
④ 비교적 냉정한 편이다.

ㄱ	① ② ③ ④
ㅁ	① ② ③ ④

8

① 협조성이 있다고 생각한다.
② 친한 친구의 휴대폰 번호는 대부분 외운다.
③ 정해진 순서에 따르는 것을 좋아한다.
④ 이성적인 사람으로 남고 싶다.

ㄱ	① ② ③ ④
ㅁ	① ② ③ ④

9

① 단체 생활을 잘 한다.
② 세상의 일에 관심이 많다.
③ 안정을 추구하는 편이다.
④ 도전하는 것이 즐겁다.

ㄱ	① ② ③ ④
ㅁ	① ② ③ ④

10

① 되도록 환경은 변하지 않는 것이 좋다.
② 밝은 성격이다.
③ 지나간 일에 연연하지 않는다.
④ 활동범위가 좁은 편이다.

ㄱ	① ② ③ ④
ㅁ	① ② ③ ④

11

① 자신을 시원시원한 사람이라고 생각한다.
② 좋다고 생각하면 바로 행동한다.
③ 세상에 필요한 사람이 되고 싶다.
④ 한 번에 많은 일을 떠맡는 것은 골칫거리라고 생각한다.

ㄱ	① ② ③ ④
ㅁ	① ② ③ ④

12

① 사람과 만나는 것이 즐겁다.
② 질문을 받으면 그때의 느낌으로 대답하는 편이다.
③ 땀을 흘리는 것보다 머리를 쓰는 일이 좋다.
④ 이미 결정된 것이라도 그다지 구속받지 않는다.

ㄱ	① ② ③ ④
ㅁ	① ② ③ ④

13
① 외출시 문을 잠갔는지 잘 확인하지 않는다.
② 권력욕이 있다.
③ 안전책을 고르는 타입이다.
④ 자신이 사교적이라고 생각한다.

ㄱ	① ② ③ ④
ㅁ	① ② ③ ④

14
① 예절 · 규칙 · 법 따위에 민감하다.
② '참 착하네요'라는 말을 자주 듣는다.
③ 내가 즐거운 것이 최고다.
④ 누구도 예상하지 못한 일을 해보고 싶다.

ㄱ	① ② ③ ④
ㅁ	① ② ③ ④

15
① 평범하고 평온하게 행복한 인생을 살고 싶다.
② 모험하는 것이 좋다.
③ 특별히 소극적이라고 생각하지 않는다.
④ 이것저것 평하는 것이 싫다.

ㄱ	① ② ③ ④
ㅁ	① ② ③ ④

16
① 자신은 성급하지 않다고 생각한다.
② 꾸준히 노력하는 것을 잘 하지 못한다.
③ 내일의 계획을 미리 머릿속에 기억한다.
④ 협동성이 있는 사람이 되고 싶다.

ㄱ	① ② ③ ④
ㅁ	① ② ③ ④

17

① 열정적인 사람이라고 생각하지 않는다.
② 다른 사람 앞에서 이야기를 잘한다.
③ 행동력이 있는 편이다.
④ 엉덩이가 무거운 편이다.

ㄱ	① ② ③ ④
ㅁ	① ② ③ ④

18

① 특별히 구애받는 것이 없다.
② 돌다리는 두들겨 보지 않고 건너도 된다.
③ 새로운 제품이 출시되면 가장 먼저 구매하고 싶다.
④ 업무를 할당받으면 부담스럽다.

ㄱ	① ② ③ ④
ㅁ	① ② ③ ④

19

① 활동적인 사람이라고 생각한다.
② 비교적 보수적이다.
③ 차가워 보인다는 말을 자주 듣는다.
④ 감정표현에 서툴다.

ㄱ	① ② ③ ④
ㅁ	① ② ③ ④

20

① 교제 범위가 넓은 편이다.
② 상식적인 판단을 할 수 있는 타입이라고 생각한다.
③ 너무 객관적이어서 실패한다.
④ 보수적인 면을 추구한다.

ㄱ	① ② ③ ④
ㅁ	① ② ③ ④

21

① 내가 어떤 연예인의 팬인지 주변의 사람들이 안다.
② 가능성을 크게 생각한다.
③ 합리적인 결정을 추구한다.
④ 여행은 계획적으로 하는 것이 좋다.

ㄱ	① ② ③ ④
ㅁ	① ② ③ ④

22

① 구체적인 일에 관심이 있는 편이다.
② 일은 착실히 하는 편이다.
③ 괴로워하는 사람을 보면 우선 이유를 생각한다.
④ 사회가 정한 범주 내에서 생각한다.

ㄱ	① ② ③ ④
ㅁ	① ② ③ ④

23

① 밝고 개방적인 편이다.
② 현실 인식을 잘하는 편이라고 생각한다.
③ 공평하고 공적인 상사를 만나고 싶다.
④ 시시해도 계획적인 인생이 좋다.

ㄱ	① ② ③ ④
ㅁ	① ② ③ ④

24

① 손재주가 있는 편이다.
② 사물에 대해 가볍게 생각하는 경향이 있다.
③ 계획을 정확하게 세워서 행동하는 것을 못한다.
④ 주변의 일을 여유 있게 해결한다.

ㄱ	① ② ③ ④
ㅁ	① ② ③ ④

25

① 생각했다고 해서 꼭 행동으로 옮기는 것은 아니다.

② 목표 달성에 별로 구애받지 않는다.

③ 경쟁하는 것을 좋아한다.

④ 정해진 친구만 교제한다.

ㄱ	① ② ③ ④
ㅁ	① ② ③ ④

26

① 활발한 사람이라는 말을 듣는 편이다.

② 자주 기회를 놓치는 편이다.

③ 단념하는 것이 필요할 때도 있다.

④ 학창시절 체육수업을 못했다.

ㄱ	① ② ③ ④
ㅁ	① ② ③ ④

27

① 결과보다 과정이 중요하다.

② 자기 능력의 범위 내에서 정확히 일을 하고 싶다.

③ 새로운 사람을 만나는 것은 즐겁다.

④ 차분하고 사려 깊은 사람을 동경한다.

ㄱ	① ② ③ ④
ㅁ	① ② ③ ④

28

① 음식점에 가면 늘 먹는 음식만 시킨다.

② 여러 가지 일을 경험하고 싶다.

③ 스트레스를 해소하기 위해 집에서 조용히 지낸다.

④ 늘 계획만 거창하다.

ㄱ	① ② ③ ④
ㅁ	① ② ③ ④

29

① 무리한 도전을 할 필요는 없다고 생각한다.
② 남의 앞에 나서는 것을 잘 한다.
③ 납득이 안 되면 행동이 안 된다.
④ 약속시간에 여유 있게 도착하는 편이다.

ㄱ	①	②	③	④
ㅁ	①	②	③	④

30

① 갑작스러운 상황에 유연히 대응하는 편이다.
② 휴일에는 집 안에서 편안하게 있을 때가 많다.
③ 위험성을 무릅쓰면서 성공하고 싶다고 생각하지 않는다.
④ 의존적인 성격이다.

ㄱ	①	②	③	④
ㅁ	①	②	③	④

31

① 친구가 적은 편이다.
② 결론이 나도 여러 번 생각을 하는 편이다.
③ 걱정이 별로 없다.
④ 같은 일을 계속해서 잘 하지 못한다.

ㄱ	①	②	③	④
ㅁ	①	②	③	④

32

① 움직이지 않고 많은 생각을 하는 것이 즐겁다.
② 현실적이다.
③ 오늘 하지 않아도 되는 일은 내일 하는 편이다.
④ 적은 친구랑 깊게 사귀는 편이다.

ㄱ	①	②	③	④
ㅁ	①	②	③	④

33
① 체험을 중요하게 여기는 편이다.
② 예의바른 사람을 좋아한다.
③ 연구직에 알맞은 성격이다.
④ 쉬는 날은 외출하고 싶다.

ㄱ	① ② ③ ④
ㅁ	① ② ③ ④

34
① 기계 · 공학에 관심이 많다.
② 생각날 때 물건을 산다.
③ 이성적인 사람이 되고 싶다고 생각한다.
④ 초면인 사람을 만나는 일은 잘 하지 못한다.

ㄱ	① ② ③ ④
ㅁ	① ② ③ ④

35
① 재미있는 것을 추구하는 경향이 있다.
② 어려움에 처해 있는 사람을 보면 원인을 생각한다.
③ 돈이 없으면 걱정이 된다.
④ 한 가지 일에 매달리는 편이다.

ㄱ	① ② ③ ④
ㅁ	① ② ③ ④

36
① 연구는 이론체계를 만들어 내는 데 의의가 있다.
② 규칙을 벗어나서까지 사람을 돕고 싶지 않다.
③ 일부러 위험에 접근하는 것은 어리석다고 생각한다.
④ 남의 주목을 받고 싶어 하는 편이다.

37

① 내 의견이 반영되지 않으면 화가 난다.

② 언제나 실패가 걱정이 되어 어쩔 줄 모른다.

③ 다수결의 의견에 따르는 편이다.

④ 혼자서 식당에 들어가는 것은 전혀 두려운 일이 아니다.

ㄱ	① ② ③ ④
ㅁ	① ② ③ ④

38

① 승부근성이 강하다.

② 침착하고 차분하다.

③ 지금까지 살면서 타인에게 폐를 끼친 적이 없다.

④ 소곤소곤 이야기하는 것을 보면 자기에 대해 험담하고 있는 것으로 생각된다.

ㄱ	① ② ③ ④
ㅁ	① ② ③ ④

39

① 남 탓을 잘한다.

② 자신을 변덕스러운 사람이라고 생각한다.

③ 고독을 즐기는 편이다.

④ 자존심이 강하다고 생각한다.

ㄱ	① ② ③ ④
ㅁ	① ② ③ ④

40

① 금방 흥분하는 성격이다.

② 거짓말을 한 적이 없다.

③ 신경질적인 편이다.

④ 끙끙대며 고민하는 타입이다.

ㄱ	① ② ③ ④
ㅁ	① ② ③ ④

>> 예시 3

▌1~20 ▌ 다음은 직장생활이나 사회생활에서 겪을 수 있는 상황들이다. 각 상황에 대한 반응의 적당한 정도를 표시하시오.

1 회사의 아이디어 공모에 평소 당신이 생각했던 것을 알고 있던 동료가 자기 이름으로 제안을 하여 당선이 되었다면 당신은 어떻게 할 것인가?

a. 나의 아이디어였음을 솔직히 말하고 당선을 취소시킨다.

매우 바람직하다   전혀 바람직하지 않다.

①   ②   ③   ④   ⑤   ⑥   ⑦

b. 동료에게 나의 아이디어였음을 말하고 설득한다.

매우 바람직하다   전혀 바람직하지 않다.

①   ②   ③   ④   ⑤   ⑥   ⑦

c. 모른 척 그냥 넘어간다.

매우 바람직하다   전혀 바람직하지 않다.

①   ②   ③   ④   ⑤   ⑥   ⑦

d. 상사에게 동료가 가로챈 것이라고 알린다.

매우 바람직하다   전혀 바람직하지 않다.

①   ②   ③   ④   ⑤   ⑥   ⑦

2 회사에서 근무를 하던 중 본의 아닌 실수를 저질렀다. 그로 인하여 상사로부터 꾸지람을 듣게 되었는데 당신의 실수에 비해 상당히 심한 인격적 모독까지 듣게 되었다면 당신은 어떻게 할 것인가?

a. 부당한 인격적 모욕에 항의한다.

매우 바람직하다						전혀 바람직하지 않다.
①	②	③	④	⑤	⑥	⑦

b. 그냥 자리로 돌아가 일을 계속 한다.

매우 바람직하다						전혀 바람직하지 않다.
①	②	③	④	⑤	⑥	⑦

c. 더 위의 상사에게 보고하여 그 상사의 사직을 권고한다.

매우 바람직하다						전혀 바람직하지 않다.
①	②	③	④	⑤	⑥	⑦

d. 동료들에게 상사의 험담을 한다.

매우 바람직하다						전혀 바람직하지 않다.
①	②	③	④	⑤	⑥	⑦

3 회사의 비품이 점점 없어지고 있다. 그런데 당신이 범인이라는 소문이 퍼져 있다면 당신은 어떻게 할 것인가?

a. 내가 아니면 그만이므로 그냥 참고 모른 척 한다.

매우 바람직하다   전혀 바람직하지 않다.
①   ②   ③   ④   ⑤   ⑥   ⑦

b. 소문을 퍼트린 자를 찾아낸다.

매우 바람직하다   전혀 바람직하지 않다.
①   ②   ③   ④   ⑤   ⑥   ⑦

c. 사람들에게 억울함을 호소한다.

매우 바람직하다   전혀 바람직하지 않다.
①   ②   ③   ④   ⑤   ⑥   ⑦

d. 회사 물품뿐만 아니라 회사 기밀도 마구 빼돌렸다고 과장된 거짓말을 한다.

매우 바람직하다   전혀 바람직하지 않다.
①   ②   ③   ④   ⑤   ⑥   ⑦

4   상사가 직원들과 대화를 할 때 항상 반말을 하며, 이름을 함부로 부른다. 당신은 어떻게 하겠는가?

a. 참고 지나간다.

매우 바람직하다   전혀 바람직하지
                                                                                      않다.
　①　　　②　　　③　　　④　　　⑤　　　⑥　　　⑦

b. 상사에게 존댓말과 바른 호칭을 쓸 것을 요구한다.

매우 바람직하다   전혀 바람직하지
                                                                                      않다.
　①　　　②　　　③　　　④　　　⑤　　　⑥　　　⑦

c. 더 위의 상사에게 이런 상황에 대한 불쾌감을 호소한다.

매우 바람직하다   전혀 바람직하지
                                                                                      않다.
　①　　　②　　　③　　　④　　　⑤　　　⑥　　　⑦

d. 듣지 못한 척 한다.

매우 바람직하다   전혀 바람직하지
                                                                                      않다.
　①　　　②　　　③　　　④　　　⑤　　　⑥　　　⑦

5 신입사원으로 출근을 한 지 한 달이 지났지만 사무실의 분위기와 환경이 잘 맞지 않아 적응하는게 무척 힘들고 어렵다고 느끼고 있다. 그러나 어렵게 입사한 직장이라 더욱 부담은 커지고 하루하루 지친다는 생각이 든다. 당신은 어떻게 하겠는가?

a. 분위기에 적응하려고 애쓴다.

매우 바람직하다   전혀 바람직하지 않다.

①   ②   ③   ④   ⑤   ⑥   ⑦

b. 상사에게 힘든 사항을 말하고 조언을 구한다.

매우 바람직하다   전혀 바람직하지 않다.

①   ②   ③   ④   ⑤   ⑥   ⑦

c. 여가시간을 활용한 다른 취미생활을 찾아본다.

매우 바람직하다   전혀 바람직하지 않다.

①   ②   ③   ④   ⑤   ⑥   ⑦

d. 다른 직장을 알아본다.

매우 바람직하다   전혀 바람직하지 않다.

①   ②   ③   ④   ⑤   ⑥   ⑦

6 당신이 야근을 마치고 엘리베이터를 타고 내려가고 있는데 갑자기 정전이 되었다면 어떻게 할 것인 가?

a. 비상벨을 누른다.

매우 바람직하다						전혀 바람직하지 않다.
①	②	③	④	⑤	⑥	⑦

b. 사람을 부른다.

매우 바람직하다						전혀 바람직하지 않다.
①	②	③	④	⑤	⑥	⑦

c. 핸드폰으로 도움을 요청한다.

매우 바람직하다						전혀 바람직하지 않다.
①	②	③	④	⑤	⑥	⑦

d. 소리를 지른다.

매우 바람직하다						전혀 바람직하지 않다.
①	②	③	④	⑤	⑥	⑦

7 30명의 회사직원들과 함께 산악회를 결성하여 산행을 가게 되었다. 그런데 오후 12시에 산 밑으로 배달되기로 했던 도시락이 배달되지 않아, 우유와 빵으로 점심을 때우게 되었다. 점심을 다 먹고 난 후 도시락 배달원이 도착하였는데 음식점 주인이 실수로 배달장소를 다른 곳으로 알려주는 바람에 늦었다고 한다. 당신은 어떻게 할 것인가?

a. 음식점 주인의 잘못이므로 돈을 주지 않는다.

매우 바람직하다   전혀 바람직하지
                                                                        않다.

①   ②   ③   ④   ⑤   ⑥   ⑦

b. 빵과 우유값을 공제한 음식값을 지불한다.

매우 바람직하다   전혀 바람직하지
                                                                        않다.

①   ②   ③   ④   ⑤   ⑥   ⑦

c. 음식점 주인의 잘못이므로 절반의 돈만 준다.

매우 바람직하다   전혀 바람직하지
                                                                        않다.

①   ②   ③   ④   ⑤   ⑥   ⑦

d. 늦게라도 도착하였으므로 돈을 전액 주도록 한다.

매우 바람직하다   전혀 바람직하지
                                                                        않다.

①   ②   ③   ④   ⑤   ⑥   ⑦

8 회사의 사정이 좋지 않아 직원을 채용하지 못해 업무량만 늘어나고 있다. 동료 중 한 명이 회사를 떠나려고 사직을 준비하고 있다. 당신은 어떻게 하겠는가?

a. 회사 사정이 좋아질 때까지 조금만 더 참을 것을 요구한다.

매우 바람직하다						전혀 바람직하지 않다.
①	②	③	④	⑤	⑥	⑦

b. 내 업무만 신경 쓴다.

매우 바람직하다						전혀 바람직하지 않다.
①	②	③	④	⑤	⑥	⑦

c. 동료가 다른 직장을 구했는지 알아보고 그 회사가 직원을 더 구하고 있는지 알아본다.

매우 바람직하다						전혀 바람직하지 않다.
①	②	③	④	⑤	⑥	⑦

d. 같이 퇴사할 것을 고려해 본다.

매우 바람직하다						전혀 바람직하지 않다.
①	②	③	④	⑤	⑥	⑦

9 회사에서 구조조정을 한다는 소문이 돌고 있으며, 상사와 동료들로부터 냉정하고 따가운 시선이 느껴진다면 당신은 어떻게 하겠는가?

a. 모르는 척 무시한다.

매우 바람직하다						전혀 바람직하지 않다.
①	②	③	④	⑤	⑥	⑦

b. 퇴사를 준비한다.

매우 바람직하다						전혀 바람직하지 않다.
①	②	③	④	⑤	⑥	⑦

c. 싸늘한 시선이 느껴짐을 사람들 앞에서 큰소리로 말한다.

매우 바람직하다						전혀 바람직하지 않다.
①	②	③	④	⑤	⑥	⑦

d. 다른 사람의 잘못된 점을 은근슬쩍 꼬집어 상사에게 말한다.

매우 바람직하다						전혀 바람직하지 않다.
①	②	③	④	⑤	⑥	⑦

10 평소 애인과 함께 보고 싶었던 유명한 오케스트라 공연 티켓을 간신히 구했다. 회사를 막 퇴근하려고 하는데 상사로부터 전원 야근이라는 소리를 들었다. 당신은 어떻게 하겠는가?

a. 상사에게 양해를 구하고 공연을 보러 간다.

매우 바람직하다						전혀 바람직하지 않다.
①	②	③	④	⑤	⑥	⑦

b. 티켓을 환불하고 다음에 다른 공연을 보러 가자고 애인에게 알린다.

매우 바람직하다						전혀 바람직하지 않다.
①	②	③	④	⑤	⑥	⑦

c. 공연 관람 후 다시 회사로 돌아와 야근을 한다.

매우 바람직하다						전혀 바람직하지 않다.
①	②	③	④	⑤	⑥	⑦

d. 애인에게 티켓을 주고 다른 사람과 보러 가라고 한다.

매우 바람직하다						전혀 바람직하지 않다.
①	②	③	④	⑤	⑥	⑦

11 당신의 옆자리에 근무하는 동료가 업무시간에 자꾸 졸고 있다면 당신은 어떻게 하겠는가?

a. 모른 척한다.

매우 바람직하다						전혀 바람직하지 않다.
①	②	③	④	⑤	⑥	⑦

b. 잠시 말을 걸어본다.

매우 바람직하다						전혀 바람직하지 않다.
①	②	③	④	⑤	⑥	⑦

c. 깨운다.

매우 바람직하다						전혀 바람직하지 않다.
①	②	③	④	⑤	⑥	⑦

d. 커피나 녹차를 타다 준다.

매우 바람직하다						전혀 바람직하지 않다.
①	②	③	④	⑤	⑥	⑦

12 당신이 업무상 4박 5일의 지방출장을 가게 되어 회사로부터 출장비를 지급받았다. 그런데 마침 출장 중인 지역에서 친구를 만나 친구의 권유로 4박 5일 동안 친구의 집에서 숙박을 하게 되었다. 출장을 마치고 돌아오니 숙박비가 절약되어 출장비가 절반 이상 남게 되었다. 당신은 어떻게 하겠는가?

a. 회사 경리과에 반납한다.

매우 바람직하다   전혀 바람직하지 않다.

①   ②   ③   ④   ⑤   ⑥   ⑦

b. 상사에게 절반을 주고 나머지는 내가 사용한다.

매우 바람직하다   전혀 바람직하지 않다.

①   ②   ③   ④   ⑤   ⑥   ⑦

c. 회사에 알리지 않고 평소에 사고 싶었던 것을 산다.

매우 바람직하다   전혀 바람직하지 않다.

①   ②   ③   ④   ⑤   ⑥   ⑦

d. 회사에 필요한 물품을 구입하여 제공한다.

매우 바람직하다   전혀 바람직하지 않다.

①   ②   ③   ④   ⑤   ⑥   ⑦

13 우연히 같은 부서에 근무하는 선배의 연봉을 알게 되었다. 그 선배는 평소 능력을 인정받고 있고, 회사에 헌신적이다. 몇 년 뒤 그 선배만큼 경력이 쌓이면 더 많은 연봉을 받게 될 줄 알았는데, 생각보다 너무 적은 연봉액수에 당신은 놀란 상태이다. 당신은 어떻게 하겠는가?

a. 선배에게 이직을 권유한다.

매우 바람직하다   전혀 바람직하지 않다.

① ② ③ ④ ⑤ ⑥ ⑦

b. 나는 다를 수도 있으므로 더 열심히 일해서 나중에 연봉협상을 하면 된다.

매우 바람직하다   전혀 바람직하지 않다.

① ② ③ ④ ⑤ ⑥ ⑦

c. 내 앞날이 깜깜하다고 생각하여 당장 관둔다.

매우 바람직하다   전혀 바람직하지 않다.

① ② ③ ④ ⑤ ⑥ ⑦

d. 조금만 더 일하다가 더 좋은 조건의 회사를 찾아 이직한다.

매우 바람직하다   전혀 바람직하지 않다.

① ② ③ ④ ⑤ ⑥ ⑦

14 당신의 옆자리에 앉아 있는 동료 A는 평소 경거망동하여 기분 내키는 대로 행동할 뿐만 아니라 신중하지 못한 언행으로 사람을 당황하게 할 때가 많다. 당신은 어떻게 하겠는가?

a. 동료 A에게 잘못된 점을 지적하고 그러지 말라고 충고한다.

매우 바람직하다						전혀 바람직하지 않다.
①	②	③	④	⑤	⑥	⑦

b. 그냥 내버려둔다.

매우 바람직하다						전혀 바람직하지 않다.
①	②	③	④	⑤	⑥	⑦

c. 상사에게 A의 잘못된 점을 알린다.

매우 바람직하다						전혀 바람직하지 않다.
①	②	③	④	⑤	⑥	⑦

d. 동료 A와 똑같이 행동을 한다.

매우 바람직하다						전혀 바람직하지 않다.
①	②	③	④	⑤	⑥	⑦

15 사내 게시판에 바로 옆자리에서 같이 근무하는 동료를 비방하는 글이 게재되었다. 평소 언행으로 보아 그럴 사람이 아니라고 믿고 있지만, 주위의 다른 동료들은 그를 불신하고 있다. 당신은 어떻게 하겠는가?

a. 무시한다.

매우 바람직하다   전혀 바람직하지
                                                                            않다.
　　　①　　　　②　　　　③　　　　④　　　　⑤　　　　⑥　　　　⑦

b. 일단 추이를 지켜본 뒤 잠잠해 질 때까지 기다렸다가 동료를 위로한다.

매우 바람직하다   전혀 바람직하지
                                                                            않다.
　　　①　　　　②　　　　③　　　　④　　　　⑤　　　　⑥　　　　⑦

c. 게시판에 댓글을 달아 적극적으로 동료를 변호한다.

매우 바람직하다   전혀 바람직하지
                                                                            않다.
　　　①　　　　②　　　　③　　　　④　　　　⑤　　　　⑥　　　　⑦

d. 게시판 관리자에게 찾아가 글의 삭제를 요구한다.

매우 바람직하다   전혀 바람직하지
                                                                            않다.
　　　①　　　　②　　　　③　　　　④　　　　⑤　　　　⑥　　　　⑦

16 과도한 업무량에 의해 눈코 뜰 새 없이 바빠 급하게 서류를 옆자리 후배에게 전달하면서 슬쩍 밀었는데, 느닷없이 후배가 벌떡 일어나 서류를 던지지 말라고 소리를 지른다. 업무가 끝나자 후배는 아무 일도 없었다는 듯 인사를 하고 퇴근을 한다. 당신은 어떻게 하겠는가?

a. 참고 그냥 넘어간다.

매우 바람직하다   전혀 바람직하지 않다.

①   ②   ③   ④   ⑤   ⑥   ⑦

b. 후배의 무례한 행동에 대해 따지고 잘못을 지적한다.

매우 바람직하다   전혀 바람직하지 않다.

①   ②   ③   ④   ⑤   ⑥   ⑦

c. 다음부터 못 본 체 한다.

매우 바람직하다   전혀 바람직하지 않다.

①   ②   ③   ④   ⑤   ⑥   ⑦

d. 상사에게 자리를 옮겨 줄 것을 권유한다.

매우 바람직하다   전혀 바람직하지 않다.

①   ②   ③   ④   ⑤   ⑥   ⑦

17 같은 부서에 근무하는 입사동기보다 업무능력 등 모든 면에서 당신이 더 뛰어나다고 생각하고 있다. 그런데 승진심사에서 입사동기만 승진을 하게 되었다. 당신은 어떻게 하겠는가?

a. 상사에게 항의를 한다.

매우 바람직하다   전혀 바람직하지 않다.

①   ②   ③   ④   ⑤   ⑥   ⑦

b. 회사를 그만 둔다.

매우 바람직하다   전혀 바람직하지 않다.

①   ②   ③   ④   ⑤   ⑥   ⑦

c. 회사의 판단이 옳음에 순응한다.

매우 바람직하다   전혀 바람직하지 않다.

①   ②   ③   ④   ⑤   ⑥   ⑦

d. 승진심사의 재심을 요구한다.

매우 바람직하다   전혀 바람직하지 않다.

①   ②   ③   ④   ⑤   ⑥   ⑦

18 유명 외국계회사와 합병이 되면서 약 1년간 해외에서 근무할 직원으로 옆자리의 동료가 추천되었다. 그러나 해외에서의 업무가 당신의 경력에 도움이 많이 될 것 같아 해외근무를 희망하고 있던 중이었다. 당신은 어떻게 할 것인가?

a. 다음 기회를 기약하며 모든 것을 받아들인다.

매우 바람직하다   전혀 바람직하지
                                                                                   않다.
①   ②   ③   ④   ⑤   ⑥   ⑦

b. 상사에게 나를 추천해 줄 것을 요구한다.

매우 바람직하다   전혀 바람직하지
                                                                                   않다.
①   ②   ③   ④   ⑤   ⑥   ⑦

c. 내가 선발되도록 동료 직원들에게 도움을 요청한다.

매우 바람직하다   전혀 바람직하지
                                                                                   않다.
①   ②   ③   ④   ⑤   ⑥   ⑦

d. 추천을 받은 동료에게 나와 바꿔줄 것을 요구한다.

매우 바람직하다   전혀 바람직하지
                                                                                   않다.
①   ②   ③   ④   ⑤   ⑥   ⑦

19 점심시간 이후 유난히 낮잠이 쏟아져 업무에 집중을 할 수가 없다. 곤혹을 견디다 못해 살짝 엎드려 있는데 상사가 들어와 잠을 깨우며 게으름을 피운다고 핀잔을 주었다. 당신은 이 경우 어떻게 하겠는가?

a. 그냥 아무 일 없는 것처럼 업무를 한다.

매우 바람직하다						전혀 바람직하지 않다.
①	②	③	④	⑤	⑥	⑦

b. 너무 피곤해서 잠깐 엎드린 거라고 상사에게 말한다.

매우 바람직하다						전혀 바람직하지 않다.
①	②	③	④	⑤	⑥	⑦

c. 화장실에 가서 세수를 하고 와서 업무를 시작한다.

매우 바람직하다						전혀 바람직하지 않다.
①	②	③	④	⑤	⑥	⑦

d. 상사에게 뭐 이런 것도 못 봐주냐며 따진다.

매우 바람직하다						전혀 바람직하지 않다.
①	②	③	④	⑤	⑥	⑦

20 입사동기인 A와 함께 진행하던 업무를 끝마치고 상사로부터 개인적인 특별휴가를 받았는데 당신에게만 휴가가 없다. 당신은 어떻게 하겠는가?

a. 상사에게 나만 휴가가 없는 이유를 묻는다.

매우 바람직하다   전혀 바람직하지
                                                                                    않다.
    ①   ②   ③   ④   ⑤   ⑥   ⑦

b. 그냥 A와 같이 휴가를 가버린다.

매우 바람직하다   전혀 바람직하지
                                                                                    않다.
    ①   ②   ③   ④   ⑤   ⑥   ⑦

c. 회사를 그만둔다.

매우 바람직하다   전혀 바람직하지
                                                                                    않다.
    ①   ②   ③   ④   ⑤   ⑥   ⑦

d. 상사에게 나의 휴가는 언제냐고 태연한 척 묻는다.

매우 바람직하다   전혀 바람직하지
                                                                                    않다.
    ①   ②   ③   ④   ⑤   ⑥   ⑦

PART

04

면접

CHAPTER

01 면접의 기본

1 면접준비

(1) 면접의 기본 원칙

① **면접의 의미** … 면접이란 다양한 면접기법을 활용하여 지원한 직무에 필요한 능력을 지원자가 보유하고 있는지를 확인하는 절차라고 할 수 있다. 즉, 지원자의 입장에서는 채용 직무수행에 필요한 요건들과 관련하여 자신의 환경, 경험, 관심사, 성취 등에 대해 기업에 직접 어필할 수 있는 기회를 제공받는 것이며, 기업의 입장에서는 서류전형만으로 알 수 없는 지원자에 대한 정보를 직접적으로 수집하고 평가하는 것이다.

② **면접의 특징** … 면접은 기업의 입장에서 서류전형이나 필기전형에서 드러나지 않는 지원자의 능력이나 성향을 볼 수 있는 기회로, 면대면으로 이루어지며 즉흥적인 질문들이 포함될 수 있기 때문에 지원자가 완벽하게 준비하기 어려운 부분이 있다. 하지만 지원자 입장에서도 서류전형이나 필기전형에서 모두 보여주지 못한 자신의 능력 등을 기업의 인사담당자에게 어필할 수 있는 추가적인 기회가 될 수도 있다.

[서류·필기전형과 차별화되는 면접의 특징]

- 직무수행과 관련된 다양한 지원자 행동에 대한 관찰이 가능하다.
- 면접관이 알고자 하는 정보를 심층적으로 파악할 수 있다.
- 서류상의 미비한 사항과 의심스러운 부분을 확인할 수 있다.
- 커뮤니케이션 능력, 대인관계 능력 등 행동·언어적 정보도 얻을 수 있다.

③ **면접의 유형**

㉠ **구조화 면접** : 구조화 면접은 사전에 계획을 세워 질문의 내용과 방법, 지원자의 답변 유형에 따른 추가 질문과 그에 대한 평가 역량이 정해져 있는 면접 방식으로 표준화 면접이라고도 한다.
  - 표준화된 질문이나 평가요소가 면접 전 확정되며, 지원자는 편성된 조나 면접관에 영향을 받지 않고 동일한 질문과 시간을 부여받을 수 있다.

- 조직 또는 직무별로 주요하게 도출된 역량을 기반으로 평가요소가 구성되어, 조직 또는 직무에서 필요한 역량을 가진 지원자를 선발할 수 있다.
- 표준화된 형식을 사용하는 특성 때문에 비구조화 면접에 비해 신뢰성과 타당성, 객관성이 높다.

   ⓛ 비구조화 면접 : 비구조화 면접은 면접 계획을 세울 때 면접 목적만을 명시하고 내용이나 방법은 면접관에게 전적으로 일임하는 방식으로 비표준화 면접이라고도 한다.

- 표준화된 질문이나 평가요소 없이 면접이 진행되며, 편성된 조나 면접관에 따라 지원자에게 주어지는 질문이나 시간이 다르다.
- 면접관의 주관적인 판단에 따라 평가가 이루어져 평가 오류가 빈번히 일어난다.
- 상황 대처나 언변이 뛰어난 지원자에게 유리한 면접이 될 수 있다.

④ 경쟁력 있는 면접 요령

   ㉠ 면접 전에 준비하고 유념할 사항

- 예상 질문과 답변을 미리 작성한다.
- 작성한 내용을 문장으로 외우지 않고 키워드로 기억한다.
- 지원한 회사의 최근 기사를 검색하여 기억한다.
- 지원한 회사가 속한 산업군의 최근 기사를 검색하여 기억한다.
- 면접 전 1주일간 이슈가 되는 뉴스를 기억하고 자신의 생각을 반영하여 정리한다.
- 찬반토론에 대비한 주제를 목록으로 정리하여 자신의 논리를 내세운 예상답변을 작성한다.

   ⓛ 면접장에서 유념할 사항

- 질문의 의도 파악 : 답변을 할 때에는 질문 의도를 파악하고 그에 충실한 답변이 될 수 있도록 질문사항을 유념해야 한다. 많은 지원자가 하는 실수 중 하나로 답변을 하는 도중 자기 말에 심취되어 질문의 의도와 다른 답변을 하거나 자신이 알고 있는 지식만을 나열하는 경우가 있는데, 이럴 경우 의사소통능력이 부족한 사람으로 인식될 수 있으므로 주의하도록 한다.
- 답변은 두괄식 : 답변을 할 때에는 두괄식으로 결론을 먼저 말하고 그 이유를 설명하는 것이 좋다. 미괄식으로 답변을 할 경우 용두사미의 답변이 될 가능성이 높으며, 결론을 이끌어 내는 과정에서 논리성이 결여될 우려가 있다. 또한 면접관이 결론을 듣기 전에 말을 끊고 다른 질문을 추가하는 예상치 못한 상황이 발생될 수 있으므로 답변은 자신이 전달하고자 하는 바를 먼저 밝히고 그에 대한 설명을 하는 것이 좋다.

- 지원한 회사의 기업정신과 인재상을 기억 : 답변을 할 때에는 회사가 원하는 인재라는 인상을 심어주기 위해 지원한 회사의 기업정신과 인재상 등을 염두에 두고 답변을 하는 것이 좋다. 모든 회사에 해당되는 두루뭉술한 답변보다는 지원한 회사에 맞는 맞춤형 답변을 하는 것이 좋다.
- 나보다는 회사와 사회적 관점에서 답변 : 답변을 할 때에는 자기중심적인 관점을 피하고 좀 더 넓은 시각으로 회사와 국가, 사회적 입장까지 고려하는 인재임을 어필하는 것이 좋다. 자기중심적 시각을 바탕으로 자신의 출세만을 위해 회사에 입사하려는 인상을 심어줄 경우 면접에서 불이익을 받을 가능성이 높다.
- 난처한 질문은 정직한 답변 : 난처한 질문에 답변을 해야 할 때에는 피하기보다는 정면 돌파로 정직하고 솔직하게 답변하는 것이 좋다. 난처한 부분을 감추고 드러내지 않으려 회피하려는 지원자의 모습은 인사담당자에게 입사 후에도 비슷한 상황에 처했을 때 회피할 수도 있다는 우려를 심어줄 수 있다. 따라서 직장생활에 있어 중요한 덕목 중 하나인 정직을 바탕으로 솔직하게 답변을 하도록 한다.

(2) 면접의 종류 및 준비 전략

① 인성면접

  ⊙ 면접 방식 및 판단기준
- 면접 방식 : 인성면접은 면접관이 가지고 있는 개인적 면접 노하우나 관심사에 의해 질문을 실시한다. 주로 입사지원서나 자기소개서의 내용을 토대로 지원동기, 과거의 경험, 미래 포부 등을 이야기하도록 하는 방식이다.
- 판단기준 : 면접관의 개인적 가치관과 경험, 해당 역량의 수준, 경험의 구체성·진실성 등

  ⓒ 특징 : 인성면접은 그 방식으로 인해 역량과 무관한 질문들이 많고 지원자에게 주어지는 면접질문, 시간 등이 다를 수 있다. 또한 입사지원서나 자기소개서의 내용을 토대로 하기 때문에 지원자별 질문이 달라질 수 있다.

ⓒ 예시 문항 및 준비전략

• 예시 문항

> • 3분 동안 자기소개를 해 보십시오.
> • 자신의 장점과 단점을 말해 보십시오.
> • 학점이 좋지 않은데 그 이유가 무엇입니까?
> • 최근에 인상 깊게 읽은 책은 무엇입니까?
> • 회사를 선택할 때 중요시하는 것은 무엇입니까?
> • 일과 개인생활 중 어느 쪽을 중시합니까?
> • 10년 후 자신은 어떤 모습일 것이라고 생각합니까?
> • 휴학 기간 동안에는 무엇을 했습니까?

• 준비전략 : 인성면접은 입사지원서나 자기소개서의 내용을 바탕으로 하는 경우가 많으므로 자신이 작성한 입사지원서와 자기소개서의 내용을 충분히 숙지하도록 한다. 또한 최근 사회적으로 이슈가 되고 있는 뉴스에 대한 견해를 묻거나 시사상식 등에 대한 질문을 받을 수 있으므로 이에 대한 대비도 필요하다. 자칫 부담스러워 보이지 않는 질문으로 가볍게 대답하지 않도록 주의하고 모든 질문에 입사 의지를 담아 성실하게 답변하는 것이 중요하다.

② 발표면접

㉠ 면접 방식 및 판단기준

• 면접 방식 : 지원자가 특정 주제와 관련된 자료를 검토하고 그에 대한 자신의 생각을 면접관 앞에서 주어진 시간 동안 발표하고 추가 질의를 받는 방식으로 진행된다.

• 판단기준 : 지원자의 사고력, 논리력, 문제해결력 등

㉡ 특징 : 발표면접은 지원자에게 과제를 부여한 후, 과제를 수행하는 과정과 결과를 관찰·평가한다. 따라서 과제수행 결과뿐 아니라 수행과정에서의 행동을 모두 평가할 수 있다.

ⓒ 예시 문항 및 준비전략

• 예시 문항

[신입사원 조기 이직 문제]
※ 지원자는 아래에 제시된 자료를 검토한 뒤, 신입사원 조기 이직의 원인을 크게 3가지로 정리하고 이에
 대한 구체적인 개선안을 도출하여 발표해 주시기 바랍니다.
※ 본 과제에 정해진 정답은 없으나 논리적 근거를 들어 개선안을 작성해 주십시오.

• A기업은 동종업계 유사기업들과 비교해 볼 때, 비교적 높은 재무안정성을 유지하고 있으며 업무강도
 가 그리 높지 않은 것으로 외부에 알려져 있음.
• 최근 조사결과, 동종업계 유사기업들과 연봉을 비교해 보았을 때 연봉 수준도 그리 나쁘지 않은 편이
 라는 것이 확인되었음.
• 그러나 지난 3년간 1~2년차 직원들의 이직률이 계속해서 증가하고 있는 추세이며, 경영진 회의에서
 최우선 해결과제 중 하나로 거론되었음.
• 이에 따라 인사팀에서 현재 1~2년차 사원들을 대상으로 개선되어야 하는 A기업의 조직문화에 대한
 설문조사를 실시한 결과, '상명하복식의 의사소통'이 36.7%로 1위를 차지했음.
• 이러한 설문조사와 함께, 신입사원 조기 이직에 대한 원인을 분석한 결과 파랑새 증후군, 셀프홀릭
 증후군, 피터팬 증후군 등 3가지로 분류할 수 있었음.

〈동종업계 유사기업들과의 연봉 비교〉　　〈우리 회사 조직문화 중 개선되었으면 하는 것〉

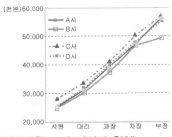
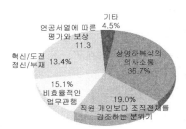

〈신입사원 조기 이직의 원인〉
• 파랑새 증후군
 −현재의 직장보다 더 좋은 직장이 있을 것이라는 막연한 기대감으로 끊임없이 새로운 직장을 탐색함.
 −학력 수준과 맞지 않는 '하향지원', 전공과 적성을 고려하지 않고 일단 취업하고 보자는 '묻지마 지원'
 이 파랑새 증후군을 초래함.
• 셀프홀릭 증후군
 −본인의 역량에 비해 가치가 낮은 일을 주로 하면서 갈등을 느낌.
• 피터팬 증후군
 −기성세대의 문화를 무조건 수용하기보다는 자유로움과 변화를 추구함.
 −상명하복, 엄격한 규율 등 기성세대가 당연시하는 관행에 거부감을 가지며 직장에 답답함을 느낌.

- 준비전략 : 발표면접의 시작은 과제 안내문과 과제 상황, 과제 자료 등을 정확하게 이해하는 것에서 출발한다. 과제 안내문을 침착하게 읽고 제시된 주제 및 문제와 관련된 상황의 맥락을 파악한 후 과제를 검토한다. 제시된 기사나 그래프 등을 충분히 활용하여 주어진 문제를 해결할 수 있는 해결책이나 대안을 제시하며, 발표를 할 때에는 명확하고 자신 있는 태도로 전달할 수 있도록 한다.

③ 토론면접

  ㉠ 면접 방식 및 판단기준
  - 면접 방식 : 상호갈등적 요소를 가진 과제 또는 공통의 과제를 해결하는 내용의 토론 과제를 제시하고, 그 과정에서 개인 간의 상호작용 행동을 관찰하는 방식으로 면접이 진행된다.
  - 판단기준 : 팀워크, 적극성, 갈등 조정, 의사소통능력, 문제해결능력 등
  ㉡ 특징 : 토론을 통해 도출해 낸 최종안의 타당성도 중요하지만, 결론을 도출해 내는 과정에서의 의사소통능력이나 갈등상황에서 의견을 조정하는 능력 등이 중요하게 평가되는 특징이 있다.
  ㉢ 예시 문항 및 준비전략
  - 예시 문항

    - 자율주행 상용화에 대한 토론
    - CCTV 및 레이더 사용에 대한 토론
    - 도로공사에서 관리하는 시설물과 개선방안에 대한 토론

  - 준비전략 : 토론면접은 무엇보다 팀워크와 적극성이 강조된다. 따라서 토론과정에 적극적으로 참여하며 자신의 의사를 분명하게 전달하며, 갈등상황에서 자신의 의견만 내세울 것이 아니라 다른 지원자의 의견을 경청하고 배려하는 모습도 중요하다. 갈등상황을 일목요연하게 정리하여 조정하는 등의 의사소통능력을 발휘하는 것도 좋은 전략이 될 수 있다.

④ 상황면접

  ㉠ 면접 방식 및 판단기준
  - 면접 방식 : 상황면접은 직무 수행 시 접할 수 있는 상황들을 제시하고, 그러한 상황에서 어떻게 행동할 것인지를 이야기하는 방식으로 진행된다.
  - 판단기준 : 해당 상황에 적절한 역량의 구현과 구체적 행동지표

ⓛ 특징 : 실제 직무 수행 시 접할 수 있는 상황들을 제시하므로 입사 이후 지원자의 업무수행능력을 평가하는 데 적절한 면접 방식이다. 또한 지원자의 가치관, 태도, 사고방식 등의 요소를 통합적으로 평가하는 데 용이하다.

ⓒ 예시 문항 및 준비전략

- 예시 문항

> 당신은 생산관리팀의 팀원으로, 생산팀이 기한에 맞춰 효율적으로 제품을 생산할 수 있도록 관리하는 역할을 맡고 있습니다. 3개월 뒤에 제품A를 정상적으로 출시하기 위해 생산팀의 생산 계획을 수립한 상황입니다. 그러나 원가가 곧 실적으로 이어지는 구매팀에서는 최대한 원가를 줄여 전반적 단가를 낮추려고 원가절감을 위한 제안을 하였으나, 연구개발팀에서는 구매팀이 제안한 방식으로 제품을 생산할 경우 대부분이 구매팀의 실적으로 산정될 것이므로 제대로 확인도 해보지 않은 채 적합하지 않은 방식이라고 판단하고 있습니다. 당신은 어떻게 하겠습니까?

- 준비전략 : 상황면접은 먼저 주어진 상황에서 핵심이 되는 문제가 무엇인지를 파악하는 것에서 시작한다. 주질문과 세부질문을 통하여 질문의 의도를 파악하였다면, 그에 대한 구체적인 행동이나 생각 등에 대해 응답할수록 높은 점수를 얻을 수 있다.

⑤ 역할면접

㉠ 면접 방식 및 판단기준

- 면접 방식 : 역할면접 또는 역할연기 면접은 기업 내 발생 가능한 상황에서 부딪히게 되는 문제와 역할을 가상적으로 설정하여 특정 역할을 맡은 사람과 상호작용하고 문제를 해결해 나가도록 하는 방식으로 진행된다. 역할연기 면접에서는 면접관이 직접 역할연기를 하면서 지원자를 관찰하기도 하지만, 역할연기 수행만 전문적으로 하는 사람을 투입할 수도 있다.

- 판단기준 : 대처능력, 대인관계능력, 의사소통능력 등

ⓛ 특징 : 역할면접은 실제 상황과 유사한 가상 상황에서의 행동을 관찰함으로서 지원자의 성격이나 대처 행동 등을 관찰할 수 있다.

ⓒ 예시 문항 및 준비전략

- 예시 문항

> [금융권 역할면접의 예]
> 당신은 ○○은행의 신입 텔러이다. 사람이 많은 월말 오전 한 할아버지(면접관 또는 역할담당자)께서 ○○은행을 사칭한 보이스피싱으로 500만 원을 피해 보았다며 소란을 일으키고 있다. 실제 업무상황이라고 생각하고 상황에 대처해 보시오.

• 준비전략 : 역할연기 면접에서 측정하는 역량은 주로 갈등의 원인이 되는 문제를 해결 하고 제시된 해결방안을 상대방에게 설득하는 것이다. 따라서 갈등해결, 문제해결, 조정·통합, 설득력과 같은 역량이 중요시된다. 또한 갈등을 해결하기 위해서 상대방에 대한 이해도 필수적인 요소이므로 고객 지향을 염두에 두고 상황에 맞게 대처해야 한다.

역할면접에서는 변별력을 높이기 위해 면접관이 압박적인 분위기를 조성하는 경우가 많기 때문에 스트레스 상황에서 불안해하지 않고 유연하게 대처할 수 있도록 시간과 노력을 들여 충분히 연습하는 것이 좋다.

2 면접 이미지 메이킹

(1) 성공적인 이미지 메이킹 포인트

① 복장 및 스타일

㉠ 남성

• 양복 : 양복은 단색으로 하며 넥타이나 셔츠로 포인트를 주는 것이 효과적이다. 짙은 회색이나 감청색이 가장 단정하고 품위 있는 인상을 준다.
• 셔츠 : 흰색이 가장 선호되나 자신의 피부색에 맞추는 것이 좋다. 푸른색이나 베이지색은 산뜻한 느낌을 줄 수 있다. 양복과의 배색도 고려하도록 한다.
• 넥타이 : 의상에 포인트를 줄 수 있는 아이템이지만 너무 화려한 것은 피한다. 지원자의 피부색은 물론, 정장과 셔츠의 색을 고려하며, 체격에 따라 넥타이 폭을 조절하는 것이 좋다.
• 구두&양말 : 구두는 검정색이나 짙은 갈색이 어느 양복에나 무난하게 어울리며 깔끔하게 닦아 준비한다. 양말은 정장과 동일한 색상이나 검정색을 착용한다.
• 헤어스타일 : 머리스타일은 단정한 느낌을 주는 짧은 헤어스타일이 좋으며 앞 머리가 있다면 이마나 눈썹을 가리지 않는 선에서 정리하는 것이 좋다.

ⓛ 여성

- 의상 : 단정한 스커트 투피스 정장이나 슬랙스 슈트가 무난하다. 블랙이나 그레이, 네이비, 브라운 등 차분해 보이는 색상을 선택하는 것이 좋다.
- 소품 : 구두, 핸드백 등은 같은 계열로 코디하는 것이 좋으며 구두는 너무 화려한 디자인이나 굽이 높은 것을 피한다. 스타킹은 의상과 구두에 맞춰 단정한 것으로 선택한다.
- 액세서리 : 액세서리는 너무 크거나 화려한 것은 좋지 않으며 과하게 많이 하는 것도 좋은 인상을 주지 못한다. 착용하지 않거나 작고 깔끔한 디자인으로 포인트를 주는 정도가 적당하다.
- 메이크업 : 화장은 자연스럽고 밝은 이미지를 표현하는 것이 좋으며 진한 색조는 인상이 강해 보일 수 있으므로 피한다.
- 헤어스타일 : 커트나 단발처럼 짧은 머리는 활동적이면서도 단정한 이미지를 줄 수 있도록 정리한다. 긴 머리의 경우 하나로 묶거나 단정한 머리망으로 정리하는 것이 좋으며, 짙은 염색이나 화려한 웨이브는 피한다.

② 인사

ⓐ 인사의 의미 : 인사는 예의범절의 기본이며 상대방의 마음을 여는 기본적인 행동이라고 할 수 있다. 인사는 처음 만나는 면접관에게 호감을 살 수 있는 가장 쉬운 방법이 될 수 있기도 하지만 제대로 예의를 지키지 않으면 지원자의 인성 전반에 대한 평가로 이어질 수 있으므로 각별히 주의해야 한다.

ⓛ 인사의 핵심 포인트

- 인사말 : 인사말을 할 때에는 밝고 친근감 있는 목소리로 하며, 자신의 이름과 수험번호 등을 간략하게 소개한다.
- 시선 : 인사는 상대방의 눈을 보며 하는 것이 중요하며 너무 빤히 쳐다본다는 느낌이 들지 않도록 주의한다.
- 표정 : 인사는 마음에서 우러나오는 존경이나 반가움을 표현하고 예의를 차리는 것이므로 살짝 미소를 지으며 하는 것이 좋다.
- 자세 : 인사를 할 때에는 가볍게 목만 숙인다거나 흐트러진 상태에서 인사를 하지 않도록 주의하며 절도 있고 확실하게 하는 것이 좋다.

③ 시선처리와 표정, 목소리

　⊙ **시선처리와 표정** : 표정은 면접에서 지원자의 첫인상을 결정하는 중요한 요소이다. 얼굴표정은 사람의 감정을 가장 잘 표현할 수 있는 의사소통 도구로 표정 하나로 상대방에게 호감을 주거나, 비호감을 사기도 한다. 호감이 가는 인상의 특징은 부드러운 눈썹, 자연스러운 미간, 적당히 볼록한 광대, 올라간 입 꼬리 등으로 가볍게 미소를 지을 때의 표정과 일치한다. 따라서 면접 중에는 밝은 표정으로 미소를 지어 호감을 형성할 수 있도록 한다. 시선은 면접관과 고르게 맞추되 생기 있는 눈빛을 띄도록 하며, 너무 빤히 쳐다본다는 인상을 주지 않도록 한다.

　⊙ **목소리** : 면접은 주로 면접관과 지원자의 대화로 이루어지므로 목소리가 미치는 영향이 상당하다. 답변을 할 때에는 부드러우면서도 활기차고 생동감 있는 목소리로 하는 것이 면접관에게 호감을 줄 수 있으며 적당한 제스처가 더해진다면 상승효과를 얻을 수 있다. 그러나 적절한 답변을 하였음에도 불구하고 콧소리나 날카로운 목소리, 자신감 없는 작은 목소리는 답변의 신뢰성을 떨어뜨릴 수 있으므로 주의하도록 한다.

④ 자세

　⊙ **걷는 자세**

　　• 면접장에 입실할 때에는 상체를 곧게 유지하고 발끝은 평행이 되게 하며 무릎을 스치듯 11자로 걷는다.
　　• 시선은 정면을 향하고 턱은 가볍게 당기며 어깨나 엉덩이가 흔들리지 않도록 주의한다.
　　• 발바닥 전체가 닿는 느낌으로 안정감 있게 걸으며 발소리가 나지 않도록 주의한다.
　　• 보폭은 어깨넓이만큼이 적당하지만, 스커트를 착용했을 경우 보폭을 줄인다.
　　• 걸을 때도 미소를 유지한다.

　⊙ **서있는 자세**

　　• 몸 전체를 곧게 펴고 가슴을 자연스럽게 내민 후 등과 어깨에 힘을 주지 않는다.
　　• 정면을 바라본 상태에서 턱을 약간 당기고 아랫배에 힘을 주어 당기며 바르게 선다.
　　• 양 무릎과 발뒤꿈치는 붙이고 발끝은 11자 또는 V형을 취한다.
　　• 남성의 경우 팔을 자연스럽게 내리고 양손을 가볍게 쥐어 바지 옆선에 붙이고, 여성의 경우 공수자세를 유지한다.

ⓒ 앉은 자세

• 남성

> • 의자 깊숙이 앉고 등받이와 등 사이에 주먹 1개 정도의 간격을 두며 기대듯 앉지 않도록 주의한다. (남녀 공통 사항)
> • 무릎 사이에 주먹 2개 정도의 간격을 유지하고 발끝은 11자를 취한다.
> • 시선은 정면을 바라보며 턱은 가볍게 당기고 미소를 짓는다. (남녀 공통 사항)
> • 양손은 가볍게 주먹을 쥐고 무릎 위에 올려놓는다.
> • 앉고 일어날 때에는 자세가 흐트러지지 않도록 주의한다. (남녀 공통 사항)

• 여성

> • 스커트를 입었을 경우 왼손으로 뒤쪽 스커트 자락을 누르고 오른손으로 앞쪽 자락을 누르며 의자에 앉는다.
> • 무릎은 붙이고 발끝을 가지런히 한다.
> • 양손을 모아 무릎 위에 모아 놓으며 스커트를 입었을 경우 스커트 위를 가볍게 누르듯이 올려놓는다.

(2) 면접 예절

① 행동 관련 예절

ㄱ 지각은 절대금물 : 시간을 지키는 것은 예절의 기본이다. 지각을 할 경우 면접에 응시할 수 없거나, 면접 기회가 주어지더라도 불이익을 받을 가능성이 높아진다. 따라서 면접장소가 결정되면 교통편과 소요시간을 확인하고 가능하다면 사전에 미리 방문해 보는 것도 좋다. 면접 당일에는 서둘러 출발하여 면접 시간 20~30분 전에 도착하여 회사를 둘러보고 환경에 익숙해지는 것도 성공적인 면접을 위한 요령이 될 수 있다.

ㄴ 면접 대기 시간 : 지원자들은 대부분 면접장에서의 행동과 답변 등으로만 평가를 받는다고 생각하지만 그렇지 않다. 면접관이 아닌 면접진행자 역시 대부분 인사실무자이며 면접관이 면접 후 지원자에 대한 평가에 있어 확신을 위해 면접진행자의 의견을 구한다면 면접진행자의 의견이 당락에 영향을 줄 수 있다. 따라서 면접 대기 시간에도 행동과 말을 조심해야 하며, 면접을 마치고 돌아가는 순간까지도 긴장을 늦춰서는 안 된다. 면접 중 압박적인 질문에 답변을 잘 했지만, 면접장을 나와 흐트러진 모습을 보이거나 욕설을 한다면 면접 탈락의 요인이 될 수 있으므로 주의해야 한다.

ⓒ 입실 후 태도 : 본인의 차례가 되어 호명되면 또렷하게 대답하고 들어간다. 만약 면접장 문이 닫혀 있다면 상대에게 소리가 들릴 수 있을 정도로 노크를 두세 번 한 후 대답을 듣고 나서 들어가야 한다. 문을 여닫을 때에는 소리가 나지 않게 조용히 하며 공손한 자세로 인사한 후 성명과 수험번호를 말하고 면접관의 지시에 따라 자리에 앉는다. 이 경우 착석하라는 말이 없는데 먼저 의자에 앉으면 무례한 사람으로 보일 수 있으므로 주의한다. 의자에 앉을 때에는 끝에 앉지 말고 무릎 위에 양손을 가지런히 얹는 것이 예절이라고 할 수 있다.

ⓓ 옷매무새를 자주 고치지 마라. : 일부 지원자의 경우 옷매무새 또는 헤어스타일을 자주 고치거나 확인하기도 하는데 이러한 모습은 과도하게 긴장한 것 같아 보이거나 면접에 집중하지 못하는 것으로 보일 수 있다. 남성 지원자의 경우 넥타이를 자꾸 고쳐 맨다거나 정장 상의 끝을 너무 자주 만지작거리지 않는다. 여성 지원자는 머리를 계속 쓸어 올리지 않고, 특히 짧은 치마를 입고서 신경이 쓰여 치마를 끌어 내리는 행동은 좋지 않다.

ⓔ 다리를 떨거나 산만한 시선은 면접 탈락의 지름길 : 자신도 모르게 다리를 떨거나 손가락을 만지는 등의 행동을 하는 지원자가 있는데, 이는 면접관의 주의를 끌 뿐만 아니라 불안하고 산만한 사람이라는 느낌을 주게 된다. 따라서 가능한 한 바른 자세로 앉아 있는 것이 좋다. 또한 면접관과 시선을 맞추지 못하고 여기저기 둘러보는 듯한 산만한 시선은 지원자가 거짓말을 하고 있다고 여겨지거나 신뢰할 수 없는 사람이라고 생각될 수 있다.

② 답변 관련 예절

ⓐ 면접관이나 다른 지원자와 가치 논쟁을 하지 않는다. : 질문을 받고 답변하는 과정에서 면접관 또는 다른 지원자의 의견과 다른 의견이 있을 수 있다. 특히 평소 지원자가 관심이 많은 문제이거나 잘 알고 있는 문제인 경우 자신과 다른 의견에 대해 이의가 있을 수 있다. 하지만 주의할 것은 면접에서 면접관이나 다른 지원자와 가치 논쟁을 할 필요는 없다는 것이며 오히려 불이익을 당할 수도 있다. 정답이 정해져 있지 않은 경우에는 가치관이나 성장배경에 따라 문제를 받아들이는 태도에서 답변까지 충분히 차이가 있을 수 있으므로 굳이 면접관이나 다른 지원자의 가치관을 지적하고 고치려 드는 것은 좋지 않다.

ⓑ 답변은 항상 정직해야 한다. : 면접이라는 것이 아무리 지원자의 장점을 부각시키고 단점을 축소시키는 것이라고 해도 절대로 거짓말을 해서는 안 된다. 거짓말을 하게 되면 지원자는 불안하거나 꺼림칙한 마음이 들게 되어 면접에 집중을 하지 못하게 되고 수많은 지원자를 상대하는 면접관은 그것을 놓치지 않는다. 거짓말은 그 지원자에 대한 신뢰성을 떨어뜨리며 이로 인해 다른 스펙이 아무리 훌륭하다고 해도 채용에서 탈락하게 될 수 있음을 명심하도록 한다.

ⓒ 경력직을 경우 전 직장에 대해 험담하지 않는다. : 지원자가 전 직장에서 무슨 업무를 담당했고 어떤 성과를 올렸는지는 면접관이 관심을 둘 사항일 수 있지만, 이전 직장의 기업문화나 상사들이 어땠는지는 그다지 궁금해 하는 사항이 아니다. 전 직장에 대해 험담을 늘어놓는다든가, 동료와 상사에 대한 악담을 하게 된다면 오히려 지원자에 대한 부정적인 이미지만 심어줄 수 있다. 만약 전 직장에 대한 말을 해야 할 경우가 생긴다면 가능한 한 객관적으로 이야기하는 것이 좋다.

ⓔ 자기 자신이나 배경에 대해 자랑하지 않는다. : 자신의 성취나 부모 형제 등 집안사람들이 사회 · 경제적으로 어떠한 위치에 있는지에 대한 자랑은 면접관으로 하여금 지원자에 대해 오만한 사람이거나 배경에 의존하려는 나약한 사람이라는 이미지를 갖게 할 수 있다. 따라서 자기 자신이나 배경에 대해 자랑하지 않도록 하고, 자신이 한 일에 대해서 너무 자세하게 얘기하지 않도록 주의해야 한다.

3 면접 질문 및 답변 포인트

(1) 가족 및 대인관계에 관한 질문

① 당신의 가정은 어떤 가정입니까?

면접관들은 지원자의 가정환경과 성장과정을 통해 지원자의 성향을 알고 싶어 이와 같은 질문을 한다. 비록 가정 일과 사회의 일이 완전히 일치하는 것은 아니지만 '가화만사성'이라는 말이 있듯이 가정이 화목해야 사회에서도 화목하게 지낼 수 있기 때문이다. 그러므로 답변 시에는 가족사항을 정확하게 설명하고 집안의 분위기와 특징에 대해 이야기하는 것이 좋다.

② 친구 관계에 대해 말해 보십시오.

지원자의 인간성을 판단하는 질문으로 교우관계를 통해 답변자의 성격과 대인관계능력을 파악할 수 있다. 새로운 환경에 적응을 잘하여 새로운 친구들이 많은 것도 좋지만, 깊고 오래 지속되어온 인간관계를 말하는 것이 더욱 바람직하다.

(2) 성격 및 가치관에 관한 질문

① 당신의 PR포인트를 말해 주십시오.

PR포인트를 말할 때에는 지나치게 겸손한 태도는 좋지 않으며 적극적으로 자기를 주장하는 것이 좋다. 앞으로 입사 후 하게 될 업무와 관련된 자기의 특성을 구체적인 일화를 더하여 이야기하도록 한다.

② 당신의 장·단점을 말해 보십시오.

지원자의 구체적인 장·단점을 알고자 하기 보다는 지원자가 자기 자신에 대해 얼마나 알고 있으며 어느 정도의 객관적인 분석을 하고 있나, 그리고 개선의 노력 등을 시도하는지를 파악하고자 하는 것이다. 따라서 장점을 말할 때는 업무와 관련된 장점을 뒷받침할 수 있는 근거와 함께 제시하며, 단점을 이야기할 때에는 극복을 위한 노력을 반드시 포함해야 한다.

③ 가장 존경하는 사람은 누구입니까?

존경하는 사람을 말하기 위해서는 우선 그 인물에 대해 알아야 한다. 잘 모르는 인물에 대해 존경한다고 말하는 것은 면접관에게 바로 지적당할 수 있으므로, 추상적이라도 좋으니 평소에 존경스럽다고 생각했던 사람에 대해 그 사람의 어떤 점이 좋고 존경스러운지 대답하도록 한다. 또한 자신에게 어떤 영향을 미쳤는지도 언급하면 좋다.

(3) 학교생활에 관한 질문

① 지금까지의 학교생활 중 가장 기억에 남는 일은 무엇입니까?

가급적 직장생활에 도움이 되는 경험을 이야기하는 것이 좋다. 또한 경험만을 간단하게 말하지 말고 그 경험을 통해서 얻을 수 있었던 교훈 등을 예시와 함께 이야기하는 것이 좋으나 너무 상투적인 답변이 되지 않도록 주의해야 한다.

② 성적은 좋은 편이었습니까?

면접관은 이미 서류심사를 통해 지원자의 성적을 알고 있다. 그럼에도 불구하고 이 질문을 하는 것은 지원자가 성적에 대해서 어떻게 인식하느냐를 알고자 하는 것이다. 성적이 나빴던 이유에 대해서 변명하려 하지 말고 담백하게 받아드리고 그것에 대한 개선노력을 했음을 밝히는 것이 적절하다.

③ 학창시절에 시위나 집회 등에 참여한 경험이 있습니까?

기업에서는 노사분규를 기업의 사활이 걸린 중대한 문제로 인식하고 거시적인 차원에서 접근한다. 이러한 기업문화를 제대로 인식하지 못하여 학창시절의 시위나 집회 참여 경험을 자랑스럽게 답변할 경우 감점요인이 되거나 심지어는 탈락할 수 있다는 사실에 주의한다. 시위나 집회에 참가한 경험을 말할 때에는 타당성과 정도에 유의하여 답변해야 한다.

(4) 지원동기 및 직업의식에 관한 질문

① 왜 우리 회사를 지원했습니까?

이 질문은 어느 회사나 가장 먼저 물어보고 싶은 것으로 지원자들은 기업의 이념, 대표의 경영능력, 재무구조, 복리후생 등 외적인 부분을 설명하는 경우가 많다. 이러한 답변도 적절하지만 지원 회사의 주력 상품에 관한 소비자의 인지도, 경쟁사 제품과의 시장점유율을 비교하면서 입사동기를 설명한다면 상당히 주목 받을 수 있을 것이다.

② 만약 이번 채용에 불합격하면 어떻게 하겠습니까?

불합격할 것을 가정하고 회사에 응시하는 지원자는 거의 없을 것이다. 이는 지원자를 궁지로 몰아넣고 어떻게 대응하는지를 살펴보며 입사 의지를 알아보려고 하는 것이다. 이 질문은 너무 깊이 들어가지 말고 침착하게 답변하는 것이 좋다.

③ 당신이 생각하는 바람직한 사원상은 무엇입니까?

직장인으로서 또는 조직의 일원으로서의 자세를 묻는 질문으로 지원하는 회사에서 어떤 인재상을 요구하는 가를 알아두는 것이 좋으며, 평소에 자신의 생각을 미리 정리해 두어 당황하지 않도록 한다.

④ 직무상의 적성과 보수의 많음 중 어느 것을 택하겠습니까?

이런 질문에서 회사 측에서 원하는 답변은 당연히 직무상의 적성에 비중을 둔다는 것이다. 그러나 적성만을 너무 강조하다 보면 오히려 솔직하지 못하다는 인상을 줄 수 있으므로 어느 한 쪽을 너무 강조하거나 경시하는 태도는 바람직하지 못하다.

⑤ 상사와 의견이 다를 때 어떻게 하겠습니까?

과거와 다르게 최근에는 상사의 명령에 무조건 따르겠다는 수동적인 자세는 바람직하지 않다. 회사에서는 때에 따라 자신이 판단하고 행동할 수 있는 직원을 원하기 때문이다. 그러나 지나치게 자신의 의견만을 고집한다면 이는 팀원 간의 불화를 야기할 수 있으며 팀 체제에 악영향을 미칠 수 있으므로 선호하지 않는다는 것에 유념하여 답해야 한다.

⑥ 근무지가 지방인데 근무가 가능합니까?

근무지가 지방 중에서도 특정 지역은 되고 다른 지역은 안 된다는 답변은 바람직하지 않다. 직장에서는 순환 근무라는 것이 있으므로 처음에 지방에서 근무를 시작했다고 해서 계속 지방에만 있는 것은 아님을 유의하고 답변하도록 한다.

(5) 여가 활용에 관한 질문 - 취미가 무엇입니까?

기초적인 질문이지만 특별한 취미가 없는 지원자의 경우 대답이 애매할 수밖에 없다. 그래서 가장 많이 대답하게 되는 것이 독서, 영화감상, 혹은 음악감상 등과 같은 흔한 취미를 말하게 되는데 이런 취미는 면접관의 주의를 끌기 어려우며 설사 정말 위와 같은 취미를 가지고 있다하더라도 제대로 답변하기는 힘든 것이 사실이다. 가능하면 독특한 취미를 말하는 것이 좋으며 이제 막 시작한 것이라도 열의를 가지고 있음을 설명할 수 있으면 그것을 취미로 답변하는 것도 좋다.

(6) 지원자를 당황하게 하는 질문

① 성적이 좋지 않은데 이 정도의 성적으로 우리 회사에 입사할 수 있다고 생각합니까?

비록 자신의 성적이 좋지 않더라도 이미 서류심사에 통과하여 면접에 참여하였다면 기업에서는 지원자의 성적보다 성적 이외의 요소, 즉 성격·열정 등을 높이 평가했다는 것이라고 할 수 있다. 그러나 이런 질문을 받게 되면 지원자는 당황할 수 있으나 주눅 들지 말고 침착하게 대처하는 면모를 보인다면 더 좋은 인상을 남길 수 있다.

② 우리 회사 회장님 함자를 알고 있습니까?

회장이나 사장의 이름을 조사하는 것은 면접일을 통고받았을 때 이미 사전 조사되었어야 하는 사항이다. 단답형으로 이름만 말하기보다는 그 기업에 입사를 희망하는 지원자의 입장에서 답변하는 것이 좋다.

③ 당신은 이 회사에 적합하지 않은 것 같군요.

이 질문은 지원자의 입장에서 상당히 곤혹스러울 수밖에 없다. 질문을 듣는 순간 그렇다면 면접은 왜 참가시킨 것인가 하는 생각이 들 수도 있다. 하지만 당황하거나 흥분하지 말고 침착하게 자신의 어떤 면이 회사에 적당하지 않는지 겸손하게 물어보고 지적당한 부분에 대해서 고치겠다는 의지를 보인다면 오히려 자신의 능력을 어필할 수 있는 기회로 사용할 수도 있다.

④ 다시 공부할 계획이 있습니까?

이 질문은 지원자가 합격하여 직장을 다니다가 공부를 더 하기 위해 회사를 그만 두거나 학습에 더 관심을 두어 일에 대한 능률이 저하될 것을 우려하여 묻는 것이다. 이때에는 당연히 학습보다는 일을 강조해야 하며, 업무 수행에 필요한 학습이라면 업무에 지장이 없는 범위에서 야간학교를 다니거나 회사에서 제공하는 연수 프로그램 등을 활용하겠다고 답변하는 것이 적당하다.

⑤ 지원한 분야가 전공한 분야와 다른데 여기 일을 할 수 있겠습니까?

수험생의 입장에서 본다면 지원한 분야와 전공이 다르지만 서류전형과 필기전형에 합격하여 면접을 보게 된 경우라고 할 수 있다. 이는 결국 해당 회사의 채용 방침상 전공에 크게 영향을 받지 않는다는 것이므로 무엇보다 자신이 전공하지는 않았지만 어떤 업무도 적극적으로 임할 수 있다는 자신감과 능동적인 자세를 보여주도록 노력하는 것이 좋다.

CHAPTER 02 면접기출

1 발표 · 토론 면접기출

① 로드킬의 원인과 대책방안

② 사고다발유발지점의 원인과 대책방안

③ 현 고속도로의 비점오염원과 환경적인 대책방안

④ VE제도의 도입 효과

⑤ 우리나라에 민자 고속도로가 설치된 구간과 민자 고속도로의 단점 개선 방향

⑥ 교통수요추정방법의 종류

⑦ 대표관료제

⑧ 공기업의 민영화

⑨ JIT(just in time)방식의 장점

⑩ BCG매트릭스와 GE매트릭스의 비교

⑪ 선도이자율, 만기수익률, 현물이자율 설명

⑫ 행정의 대표적인 이념

⑬ 옴부즈만제도에 대해 설명

⑭ 예산의 신축성에 대해 설명

⑮ 거버넌스와 뉴거버넌스의 비교

⑯ 이슈공동체와 NGO의 차이에 대해 설명

⑰ 한국도로공사의 개선점

⑱ 통행료 인상에 대한 본인의 생각

⑲ 오지근무에 대한 생각

⑳ 현 고속도로의 비점오염원과 환경적인 대책 방안

2　인성면접

① 자기소개

② 지원동기

③ 살면서 가장 힘들었을 때

④ 직원 간 갈등 극복방법

⑤ 대인관계에 있어 리더, 동조자, 분위기 메이커 중 어떤 유형인가?

⑥ 주말부부에 대해 어떻게 생각하는가?

⑦ 3교대 근무에 대한 생각

⑧ 직장 상사가 커피 심부름을 시킨다면?

⑨ 친한 친구는 몇 명인가?

⑩ 입사 후 자기 개발을 위해 무엇을 어떻게 하겠는가?

⑪ 도로공사에 대해 느낀 점

⑫ 결혼 후 순환근무로 비연고지로 발령된 경우 어떻게 하겠는가?

⑬ 본인의 직무역량과 성격

⑭ 매뉴얼대로 지켜지지 않거나 지연됐을 때의 대처방식

3　면접 출제예상

① 자기소개서에 기재하지 않은 내용으로 1분 내로 자기소개를 해보시오.

② 결혼 후 잦은 야근을 해야 한다면 어떻게 할 것인가?

③ 대학 졸업 후 공백 기간 동안 어떠한 일을 하였는가?

④ 간단한 영어자기소개, 영어입사동기를 말해보시오.

⑤ 한국도로공사에 대한 이미지 하면 떠오르는 것 10초간 말해보시오.

⑥ 한국도로공사 E-biz에 대해 말해 보시오.

⑦ 직장 상사가 나보다 어리면 어떻게 극복하겠는가?

⑧ 다른 회사에 지원한곳이 있는가, 왜 떨어졌다고 생각하는가?

⑨ 기업이미지 제고 방안과 효과에 대해 설명하시오.

⑩ 개인의 이익과 공공의 이익 중 어느 것이 먼저라고 생각하는가?

⑪ '취직을 하면 이런 사람은 되지 않겠다.'를 말하고 자신은 어떤 직원이 되겠는가?

⑫ 복수노조에 대한 자신의 생각은?

⑬ 공기업의 사회공헌에 대한 자신의 생각은?

⑭ 트위터 및 SNS 열풍에 대한 견해와 우리사회에 미칠 영향을 설명하시오.

⑮ 제2의 도약을 위해 한국도로공사직원으로써 갖춰야할 덕목은?

서원각 용어사전 시리즈

상식은 "용어사전"

용어사전으로 중요한 용어만 한눈에 보자

중요한 용어만 공부하자!

❋ **시사용어사전 1200**
매일 접하는 각종 기사와 정보 속에서 현대인이
놓치기 쉬운, 그러나 꼭 알아야 할 최신 시사상식
을 쏙쏙 뽑아 이해하기 쉽도록 정리했다!

❋ **경제용어사전 1030**
주요 경제용어는 거의 다 실었다! 경제가 쉬워지
는 책, 경제용어사전!

3 **부동산용어사전 1300**
부동산에 대한 이해를 높이고 부동산의 개발과 활
용, 투자 및 부동산 용어 학습에도 적극적으로 이
용할 수 있는 부동산용어사전!

- 최신 관련 기사 수록
- 다양한 용어를 수록하여 1000개 이상의 용어 한눈에 파악
- 용어별 중요도 표시 및 꼼꼼한 용어 설명
- 파트별 TEST를 통해 실력점검

자격증

한번에 따기 위한 서원각 교재

한 권에 준비하기 시리즈 / 기출문제 정복하기 시리즈를 통해 자격증 준비하자!